NOCHMALS 50 TIPS & TRICKS FÜR DYNAMICS AX 2012

VON MURRAY FIFE

(Autor)

UND

KURT MEKELBURG

(Übersetzer)

ISBN-10: 1505680557

ISBN-13: 978-1505680553

Vorwort

Voraussetzungen

Alle in diesem Ratgeber dargestellten Beispiele wurden erstellt mit dem Microsoft Dynamics AX 2012 VM Image, welches von Microsoft CustomerSource oder PartnerSource heruntergeladen werden kann. Falls Sie nicht über eine eigene Installation von Microsoft Dynamics AX 2012 verfügen, können Sie sich auch in der Microsoft Cloud über das Lifecycle Services Azure Deployment Portal eine Demoversion von Dynamics AX 2012 R3 bereitstellen lassen.

Für diesen Ratgeber wurde folgende Software als Grundlage verwendet:

*   Microsoft Dynamics AX 2012 R3

Die "Rezepturen" in diesem Buch sollten auch auf früheren Versionen von Dynamics AX 2012 mit kleinen Korrekturen und Anpassungen lauffähig sein sowie auch auf späteren Versionen von Dynamics AX ohne Änderungen funktionieren.

Errata

Obwohl wir mit großer Sorgfalt arbeiten, um die Richtigkeit unserer Inhalte zu gewährleisten, Fehler passieren immer wieder. Wenn Sie einen Fehler in einem unserer Bücher finden - vielleicht im Text oder im Code -, wären wir Ihnen dankbar, wenn Sie uns dies melden würden. Damit können Sie anderen Lesern Frustration ersparen und uns helfen, die nachfolgenden Versionen dieses Buches zu verbessern. Wenn Sie einen Druckfehler finden, melden Sie diesen bitte per E-Mail an murray@murrayfife.me.

Piraterie

Piraterie von urheberrechtlich geschütztem Material im Internet ist ein ständiges Problem für alle Medien. Wenn Sie auf illegale Kopien unserer Werke stoßen - im Internet oder in anderer Form -, teilen Sie uns bitte die Standort-Adresse oder den Website-Namen sofort mit, damit wir eine Gegenmaßnahme einleiten können. Bitte kontaktieren Sie uns unter murray@murrayfife.me mit einem Link zu der vermuteten Raubkopie. Wir bedanken uns für Ihre Hilfe beim Schutz unserer Autoren und unseren Bemühungen, Sie mit wertvollen Inhalten zu versorgen.

Fragen

Sie können uns über murray@murrayfife.me kontaktieren, wenn Sie mit irgendeinem Aspekt des Buches ein Problem haben sollten, und wir werden unser Bestes tun, um es abzustellen

Inhaltsverzeichnis

FUNKTIONALE TRICKS (Ctd)

OFFICE TRICKS

WORKFLOW TRICKS

EINFÜHRUNG

Dynamics AX hat unglaublich viele Funktionen, die in den einzelnen Modulen konfiguriert werden können. Aber die tatsächliche Leistungsfähigkeit des Produktes ist das Ergebnis einer Vielzahl kleinerer Features, die in den unterschiedlichen Modulen und der Benutzeroberfläche verborgen sind. Darüber hinaus können Sie Dynamics AX noch leistungsstärker machen, indem Sie die Vorteile anderer Produkte wie SharePoint und Office nutzen. Der eigentliche Trick ist es zu wissen, dass diese Möglichkeiten bestehen, und das ist es auch, was mit diesem Buch bezweckt werden soll.

In diesem 3. Band der Tips & Tricks Serie haben wir nochmals 50 Tips zusammen-gestellt, die Sie innerhalb Dynamics AX vorteilhaft nutzen können. Diese 50 Tips befassen sich mit der Fragestellung wie Ihr Desktop Client justiert werden kann, wie auf kreative Art und Weise Office und SharePoint integriert werden können und wie der Systemadministrator die Konfiguration optimieren kann, um die Dynamics AX Prozesse zu erweitern und zu kontrollieren.

Auch der routinierteste Dynamics AX Anwender oder Administrator sollte hier noch einen neuen Tip oder Trick finden, so dass er seinen Mitmenschen wie ein "Außerirdischer" erscheint.

DESKTOP CLIENT TIPS

Sie müssen sich nicht allzu sehr in Dynamics AX vertiefen, um Funktionen ausfindig zu machen, die Ihre Arbeit etwas einfacher machen, da der Desktop Client selbst mit Features vollgepackt ist. Sie können einstellen, in welchem Modus Masken geöffnet sowie wie Filter und Datensatzvorlagen erstellt werden, und wie Sie die Sprache der Benutzeroberfläche wechseln können.

Öffne Masken automatisch im Bearbeitungsmodus

Es gibt Personen, die Dynamics AX nur gelegentlich nutzen, sich Daten ansehen und diese Daten hin und wieder modifizieren, und es gibt andere, die Daten im System regelmäßig ändern und optimieren. Wenn Sie zur letzteren der beiden Gruppen gehören, dann werden Sie es wahrscheinlich hassen, jedesmal nach dem Öffnen einer Maske den Schaltknopf Bearbeiten zu klicken, um die Daten ändern zu können. Sicherlich, es ist nur ein Klick, aber wenn Sie es tausendmal am Tag machen, dann wird das Ganze schnell zu einer lästigen Pflicht. Glücklicherweise gibt es eine einfache Grundeinstellung, die es erlaubt, eine Maske so voreinzustellen, dass sie automatisch im Bearbeitungsmodus gestartet wird.

Was werden Sie mit der gewonnenen Zeit nur anfangen ...

Öffne Masken automatisch im Bearbeitungsmodus

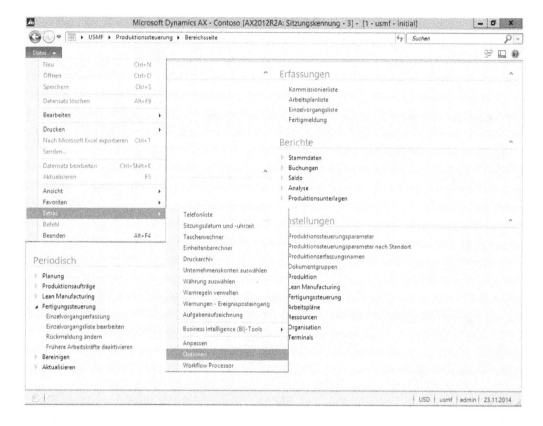

Klicken Sie auf den Menübefehl Datei, wählen das Untermenü Extras und klicken anschließend auf den Menüpunkt Optionen.

Öffne Masken automatisch im Bearbeitungsmodus

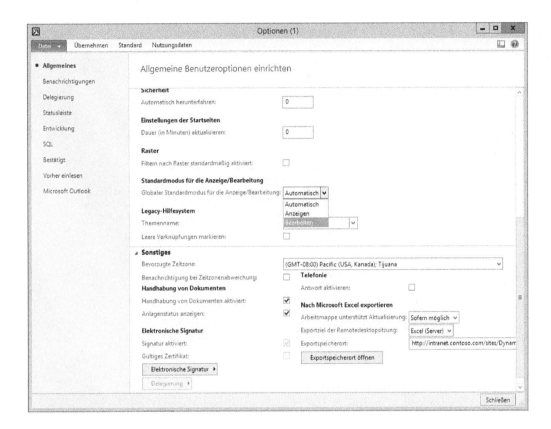

Innerhalb der Option Allgemeines öffnen Sie das Auswahlmenü Globaler Standardmodus für die Anzeige/Bearbeitung und wählen Bearbeiten als Standardmodus aus.

Danach klicken Sie auf Schließen.

Öffne Masken automatisch im Bearbeitungsmodus

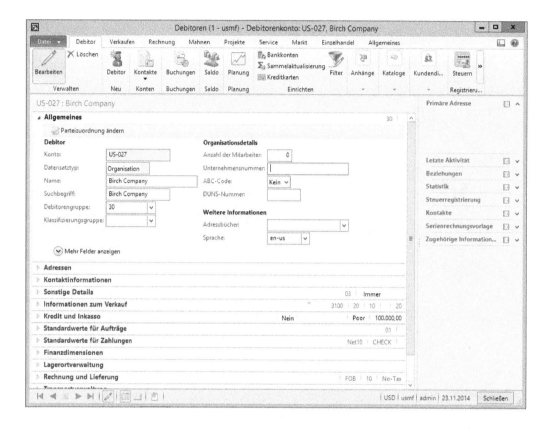

Jedesmal wenn Sie jetzt eine Maske öffnen, befinden Sie sich automatisch im Bearbeitungsmodus, und Sie müssen nie mehr in der Aktionsleiste auf Bearbeiten klicken.

Erstelle Filter mit offenem Ende mit Hilfe von Abfragen ohne Anfang oder Ende

Jeder weiß, dass man beim Filtern von Daten die Zeichen "…" verwenden kann, um nach Datenreihen zu suche. Aber das Ganze wird noch erheblich nützlicher, wenn Sie beim Auswahlfilter entweder den Anfang oder das Ende weglassen, weil Sie dann einen Filter für alles davor oder alles danach eines bestimmten Wertes erzeugen können.

Es ist wie die Erstellung Ihrer eigenen Version einer nie endenden (oder nie beginnenden) Geschichte.

Erstelle Filter mit offenem Ende mit Hilfe von Abfragen ohne Anfang oder Ende

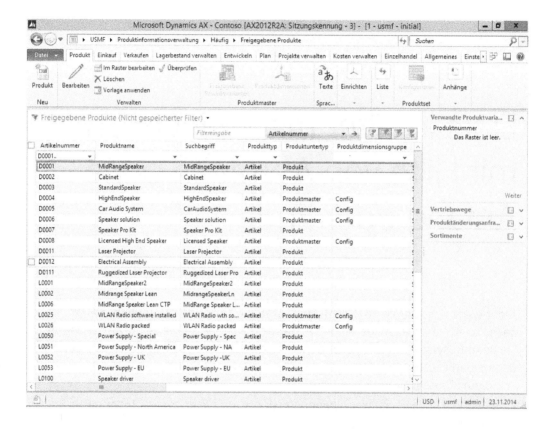

Wenn Sie einen Filter erstellen (CTRL+G) mit einem Anfangswert, aber keinen Endwert (z.B. "D0001.."), dann sehen Sie im System alles ab diesem Datensatz.

Erstelle Filter mit offenem Ende mit Hilfe von Abfragen ohne Anfang oder Ende

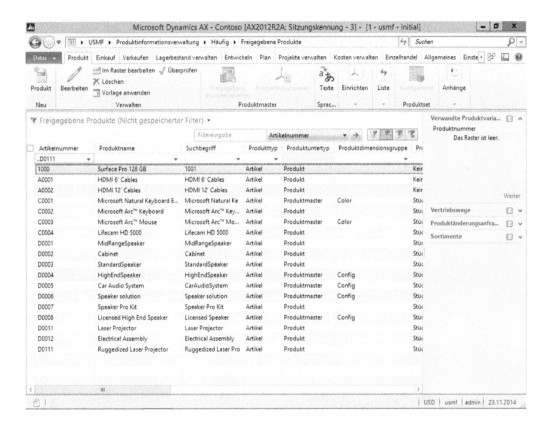

Wenn Sie einen Filter mit einem Endwert, aber keinen Anfangswert erstellen (z.B. "..D0111"), dann sehen Sie alles bis zu diesem Datensatz.

Ändere die Standard-Sprache innerhalb des Client

Dynamics AX ist ein wahrhaft mehrsprachiges System. Die Sprache zu wechseln, die der Client verwenden soll, ist letztlich eine einfache Angelegenheit.

Sie haben dadurch Ihr eigenes Babel Fish in Ihrem Ohr.

Ändere die Standard-Sprache innerhalb des Client

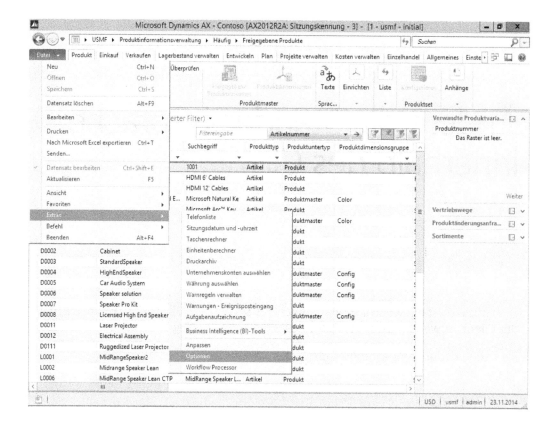

Um die Sprache zu wechseln, die Ihr Client verwenden soll, öffnen Sie das Dateimenü, wählen das Untermenü Extras und klicken danach auf den Menüpunkt Optionen.

Ändere die Standard-Sprache innerhalb des Client

Wenn das Formular Optionen angezeigt wird, klicken Sie auf das Auswahlfeld Sprache, und Sie bekommen sämtliche Sprachen aufgelistet, die Sie für Ihren Client nutzen können.

Ändere die Standard-Sprache innerhalb des Client

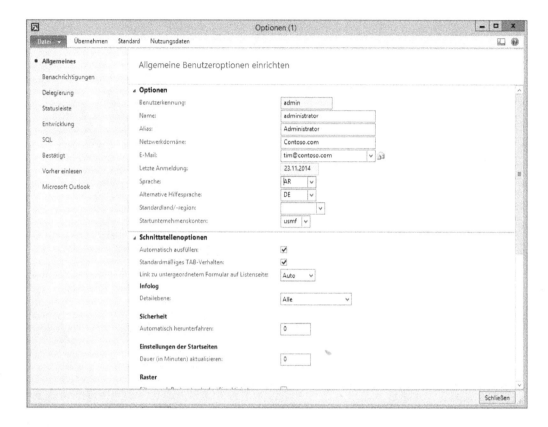

Wählen Sie die Sprache, die Sie verwenden möchten, schließen das Formular und starten den Client neu.

تغيير اللغة الافتراضية ضمن العميل الغنية

الآن يجب على العميل سوف تبدو مختلفة قليلاً.

تغيير اللغة الافتراضية ضمن العميل الغنية

لتغيير اللغة مرة أخرى، تفتح الملفات القائمة حدد القائمة الفرعية أدوات، ومن ثم انقر فوق عنصر القائمة
"خيارات".

تغيير اللغة الافتراضية ضمن العميل الغنية

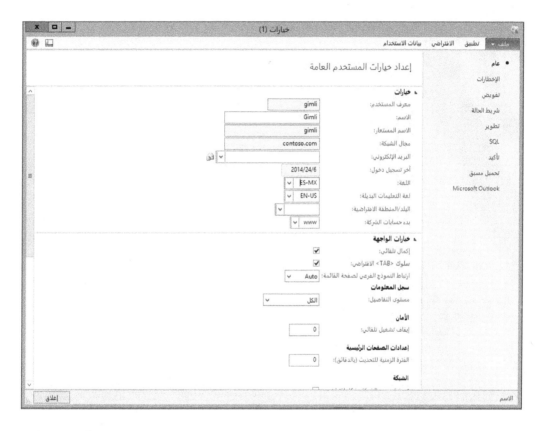

عندما يتم عرض النموذج خيارات، انقر فوق القائمة المنسدلة لحقل اللغة، وسوف تكون قادراً على مشاهدة
كافة اللغات الافتراضية التي يمكنك استخدامها للعميل الخاص بك.

Cambiar El Idioma Predeterminado Dentro Del Cliente Rico

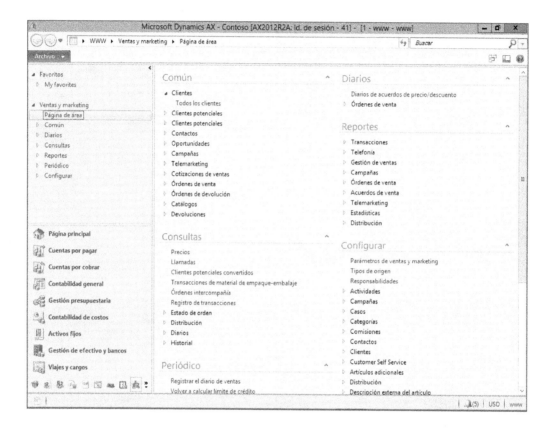

Ahora estarás en un idioma diferente.

Cambiar El Idioma Predeterminado Dentro Del Cliente Rico

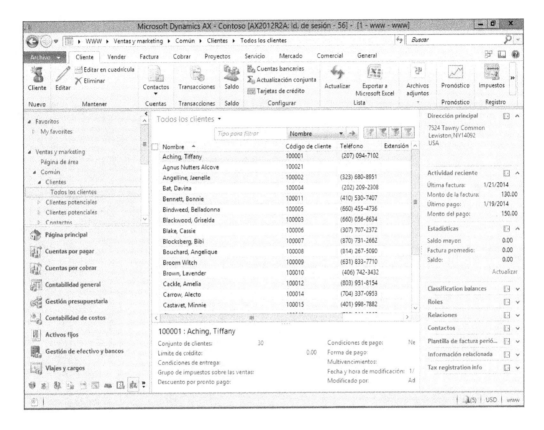

Observe que todas las cajas de hecho y las partidas son cambiadas, así cuando taladra en los formularios.

Cambiar El Idioma Predeterminado Dentro Del Cliente Rico

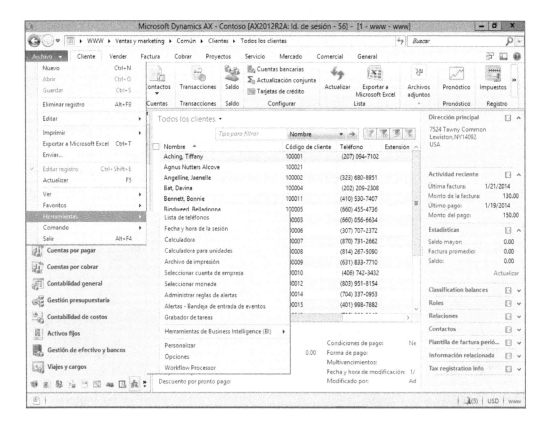

Para volver a los ingleses, abra los archivos de menú Seleccione el submenú herramientas y luego haga clic en el menú de opciones.

Cambiar El Idioma Predeterminado Dentro Del Cliente Rico

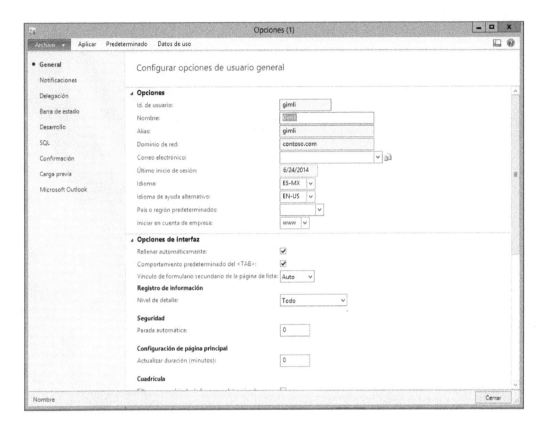

Cambiar el idioma a tu idioma original quiere usar y luego cerrar el formulario de opciones y reiniciar el cliente.

Cambiar El Idioma Predeterminado Dentro Del Cliente Rico

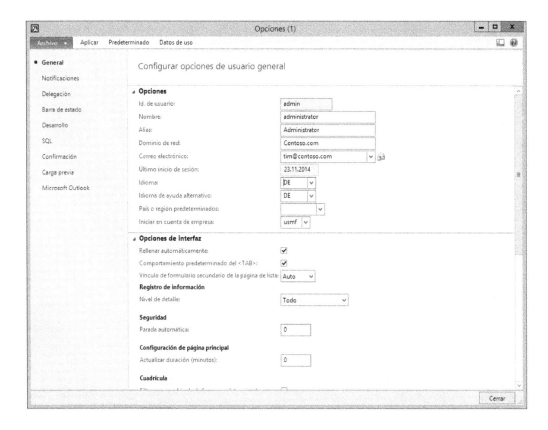

Cambiar el idioma a tu idioma original quiere usar y luego cerrar el formulario de opciones y reiniciar el cliente.

Ändere die Standard-Sprache innerhalb des Client

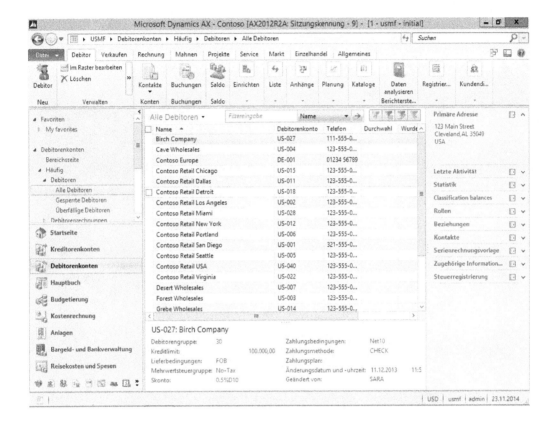

Jetzt sind wir zurück bei der Ausgangssprache.

How cool is that!

Wenn Sie die Darstellung Ihrer Daten nicht mögen – benenne sie um

Wenn Sie wie ich unter einer Zwangsvorstellung hinsichtlich sauberer Datenbestände leiden, dann hassen Sie vermutlich Daten, die nicht exakt mit allen übrigen Daten übereinstimmen. Vielleicht weil Sie beim Hinzufügen von Daten einen Fehler gemacht haben, oder Sie wollen einfach, dass die Daten etwas sauberer dargestellt werden. Glücklicherweise müssen Sie nicht mit "schiefen" Daten innerhalb Dynamics AX leben, denn Sie können Daten jederzeit umbenennen und alle verknüpften Datensätze werden ebenfalls umbenannt.

Wenn es für Gordon Matthew Thomas Sumner gut genug ist, dann ist es auch gut genug für Ihre Daten.

Wenn Sie die Darstellung Ihrer Daten nicht mögen – benenne sie um

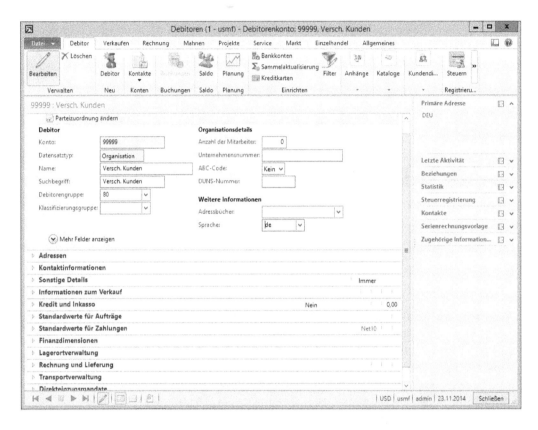

Öffnen Sie den Datensatz, den Sie umbenennen möchten.

Wenn Sie die Darstellung Ihrer Daten nicht mögen – benenne sie um

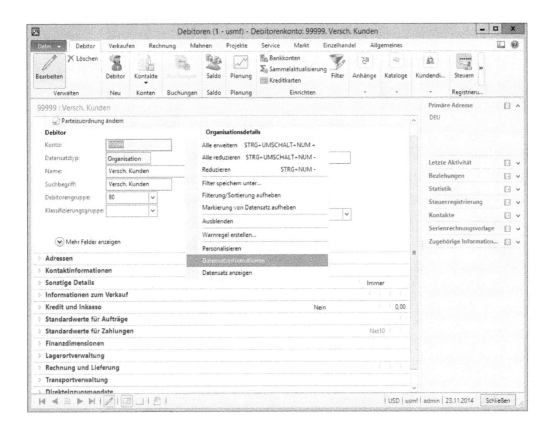

Klicken Sie in der Maske die rechte Maustaste, und wählen Sie den Menüpunkt Datensatzinformationen.

Wenn Sie die Darstellung Ihrer Daten nicht mögen – benenne sie um

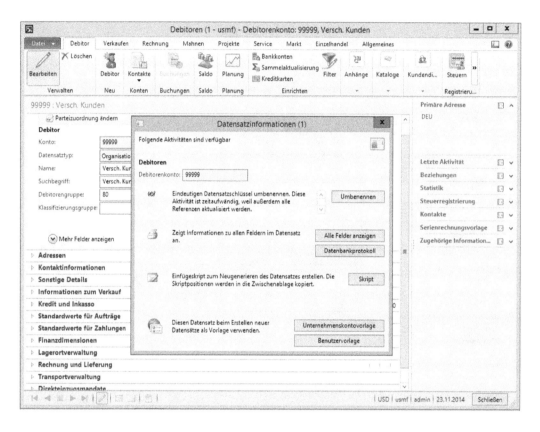

Wenn die Dialogbox Datensatzinformationen angezeigt wird, klicken Sie auf Umbenennen.

Wenn Sie die Darstellung Ihrer Daten nicht mögen – benenne sie um

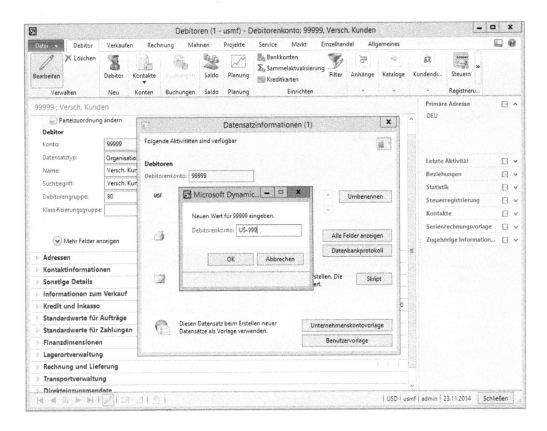

Eine Dialogbox wird angezeigt, geben Sie einen neuen Wert für das Debitorenkonto ein und klicken dann OK.

Wenn Sie die Darstellung Ihrer Daten nicht mögen – benenne sie um

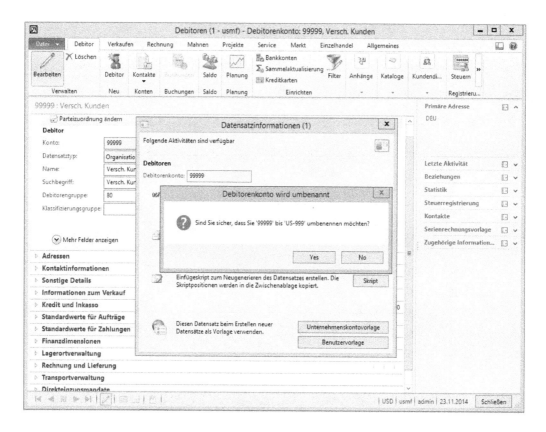

Wenn Sie sich sicher sind, dass Sie den Datensatz umbenennen wollen, dann klicken Sie auf JA (Yes).

Wenn Sie die Darstellung Ihrer Daten nicht mögen – benenne sie um

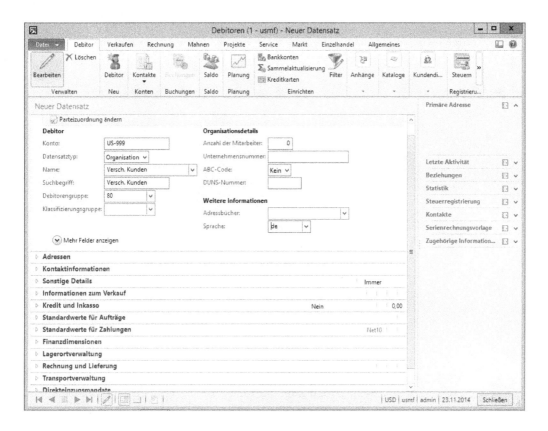

Wenn Sie jetzt zurückkehren, werden Sie feststellen, dass der Datensatzindex geändert wurde.

Wenn Sie die Darstellung Ihrer Daten nicht mögen – benenne sie um

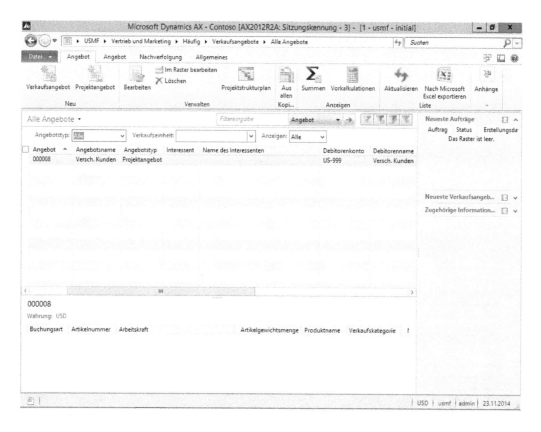

Selbstverständlich werden alle verknüpften Datensätze ebenso geändert.

How cool is that.

Konvertiere jeden Datensatz in eine Vorlage

Sie werden vertraut sein mit dem Leistungsvermögen von Vorlagen, die innerhalb der Freigegebenen Produkte verfügbar sind. Aber dies ist nicht die einzige Stelle, wo Sie Vorlagen erstellen können. Sie können jeden Datensatz innerhalb Dynamics AX in eine öffentliche oder persönliche Vorlage verwandeln, um bestimmte Felder vorzubelegen. Das erspart Einrichtungszeit und stellt außerdem sicher, dass all die verschiedenen Felder konfiguriert werden wie Sie es wünschen.

Es ist vergleichbar der Anwendung einer Ausstechform.

Konvertiere jeden Datensatz in eine Vorlage

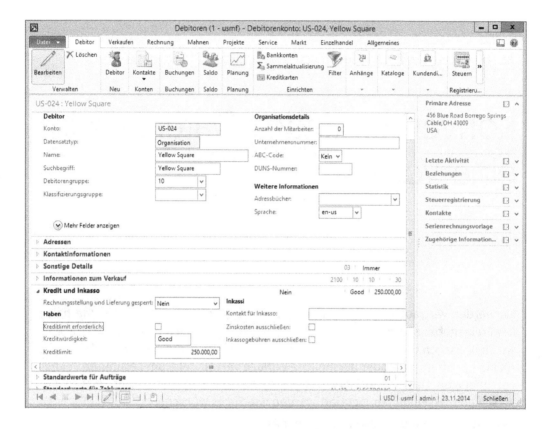

Dazu ist es notwendig, den Datensatz zu finden, den Sie als Vorlage verwenden möchten.

Konvertiere jeden Datensatz in eine Vorlage

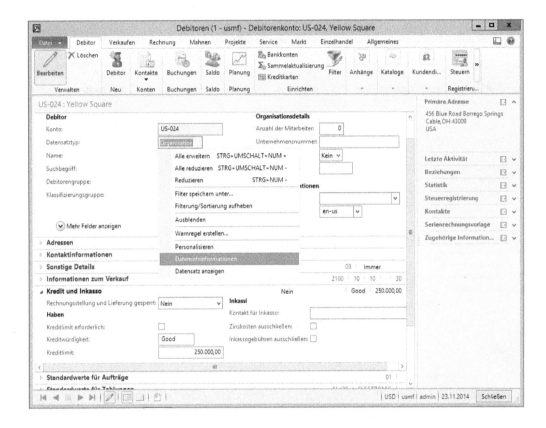

Dann klicken Sie in der Maske die rechte Maustaste und wählen den Menüpunkt Datensatzinformationen.

Konvertiere jeden Datensatz in eine Vorlage

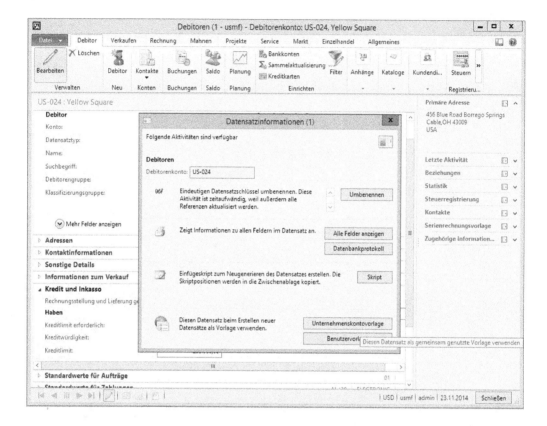

Wenn die Dialogbox Datensatzinformationen angezeigt wird, dann klicken Sie entweder auf den Schaltknopf Unternehmenskontovorlage, falls Sie diese Vorlage für jeden verfügbar machen wollen, oder den Schaltknopf Benutzervorlage, wenn Sie die Vorlage nur für den eigenen Gebrauch erstellen möchten.

Konvertiere jeden Datensatz in eine Vorlage

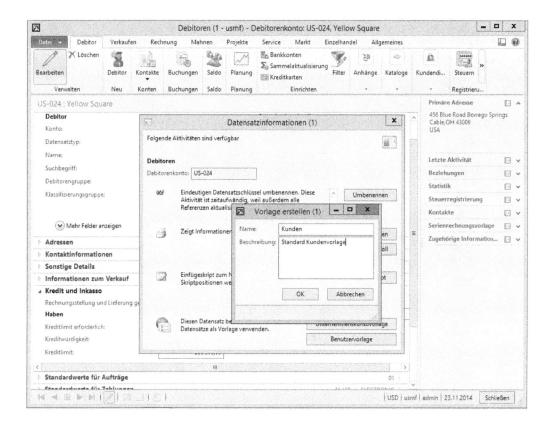

Das öffnet eine Dialogbox zur Erstellung einer Vorlage, wo Sie nur noch Ihrer Vorlage einen Namen und eine Beschreibung zuweisen brauchen. Anschließend klicken Sie auf OK.

Konvertiere jeden Datensatz in eine Vorlage

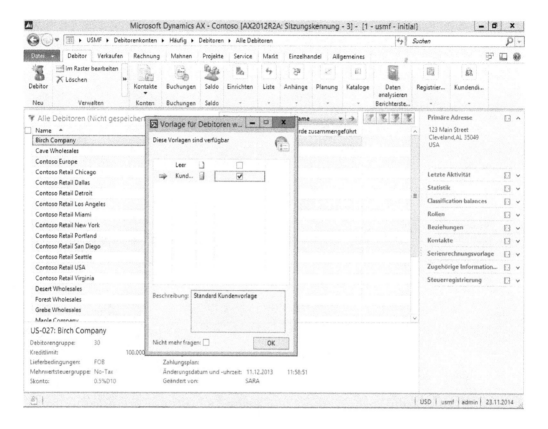

Wenn Sie jetzt einen neuen Datensatz erstellen, wird eine Dialogbox angezeigt, wo Sie auswählen können, welche Vorlage Sie als Grundlage nutzen wollen. Sie müssen jetzt nur noch eine Vorlage auswählen und dann OK klicken.

Konvertiere jeden Datensatz in eine Vorlage

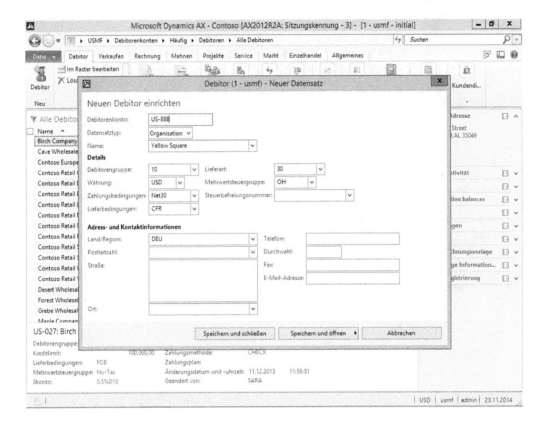

Sämtliche Informationen aus der Vorlage werden eingefügt.

Konvertiere jeden Datensatz in eine Vorlage

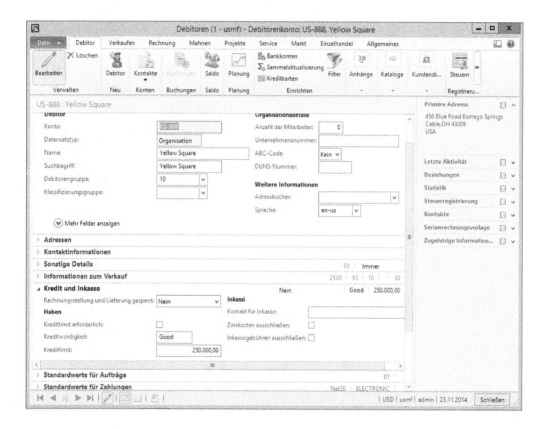

All die verschiedenen Felder, die letztlich Einrichtungszeit kosten, werden für Sie vorbelegt.

Das sollte Ihre Arbeit erheblich vereinfachen.

FUNKTIONALE TRICKS

Dynamics AX beinhaltet eine Menge Funktionalität, aber das kann nur der Ausgangspunkt sein. Es sind eine Menge Features zur Unterstützung der Kernfunktionen in der Applikation vorhanden. Sie müssen nur wissen, was sie bedeuten.

In diesem Kapitel werden wir Ihnen u.a. zeigen, wie die Zeiten von Mitarbeitern erfaßt, Social Media Informationen hinterlegt, Personalgespräche geplant, Barcode-beschriftungen erstellt, Preise aktualisiert, Bestelländerungen aufgezeichnet sowie die Adressbücher gehandhabt werden können.

Ein- und Ausstempeln der Mitarbeiter mit Hilfe der Einzelvorgangserfassung

Der Einzelvorgangserfassungs-Bildschirm innerhalb des Produktionssteuerungs-moduls bietet Ihnen eine hervorragende Möglichkeit, Ihre Produktionsvorgänge mit Hilfe eines Touchscreens upzudaten; aber der Bildschirm kann ebenso für eine Vielzahl von anderen Funktionen genutzt werden – einschließlich der Zeiterfassung via Ein- und Ausstempeln der Mitarbeiter.

Die Mitarbeiter müssen nur Ihren Ausweis durchziehen und die Zeit beginnt zu laufen.

Ein- und Ausstempeln der Mitarbeiter mit Hilfe der Einzelvorgangserfassung

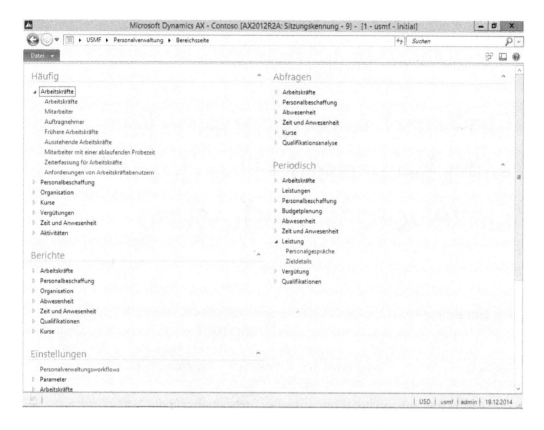

Der erste Schritt ist die Konfiguration der Mitarbeiter-Stammdaten, damit die betreffenden Personen die Möglichkeit besitzen, den Registrierungsbildschirm und das Zeiterfassungs-Feature zu nutzen. Dazu klicken Sie auf den Menüpunkt Mitarbeiter im Ordner Arbeitskräfte unter Häufig im Modul Personalverwaltung.

Ein- und Ausstempeln der Mitarbeiter mit Hilfe der Einzelvorgangserfassung

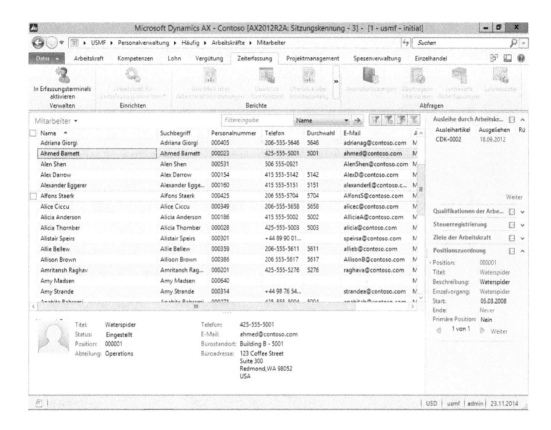

Wählen Sie den Mitarbeiter, den Sie für Ein- und Ausstempeln freischalten möchten, und klicken anschließend auf den Schaltknopf In Erfassungsterminals aktivieren innerhalb der Aktionsleiste Zeiterfassung.

Ein- und Ausstempeln der Mitarbeiter mit Hilfe der Einzelvorgangserfassung

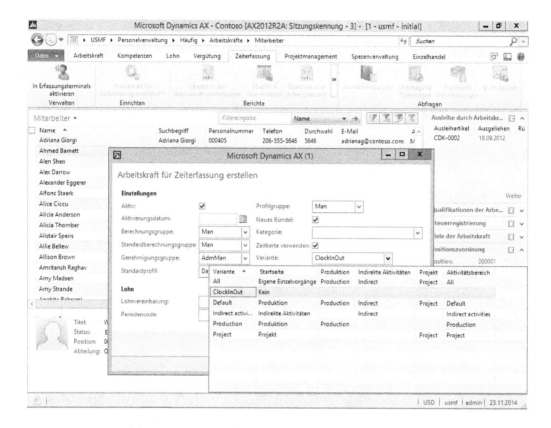

Wenn die Dialogbox Arbeitskraft für Zeiterfassung erstellen erscheint, konfigurieren Sie sämtliche erforderlichen Gruppen und Standardprofile, und wählen dann das Konfigurationsprofil ClockInOut.

Beachte: Falls Sie nur die Ein- und Ausstempelfunktion benötigen, dann aktivieren Sie Zeitkarte verwenden.

Wenn das erledigt ist, klicken Sie auf OK und verlassen die Maske.

Ein- und Ausstempeln der Mitarbeiter mit Hilfe der Einzelvorgangserfassung

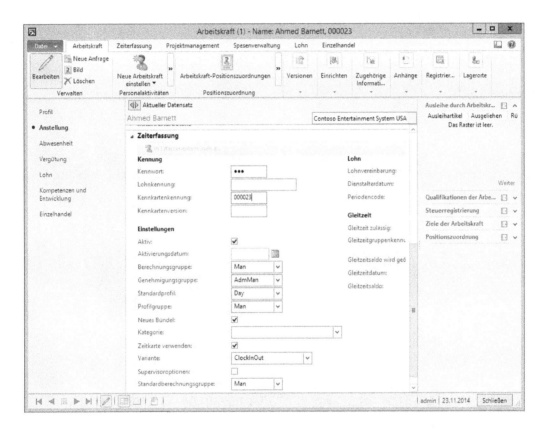

Eine weitere Konfiguration, die Sie ausführen müssen, ist die Zuweisung eines Passwortes. Dazu öffnen Sie den Mitarbeiterdatensatz, wählen links die Seite Anstellung und können nun in der Registerkartei Zeiterfassung im Feld Kennwort das Passwort hinterlegen.

Ein- und Ausstempeln der Mitarbeiter mit Hilfe der Einzelvorgangserfassung

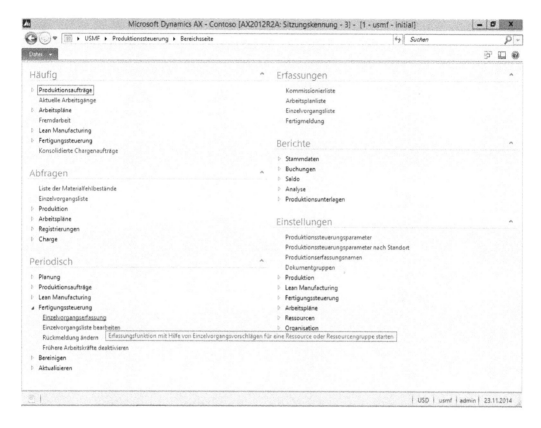

Jetzt klicken Sie auf den Menüpunkt Einzelvorgangserfassung im Modul Produktionssteuerung unter Periodisch.

Beachte: In der Adressleiste im Kopf des Dynamics AX Bildschirms können Sie immer nachvollziehen, welcher Menüpunkt für die jeweiligen AX Bildschirme aufgerufen wird.

Ein- und Ausstempeln der Mitarbeiter mit Hilfe der Einzelvorgangserfassung

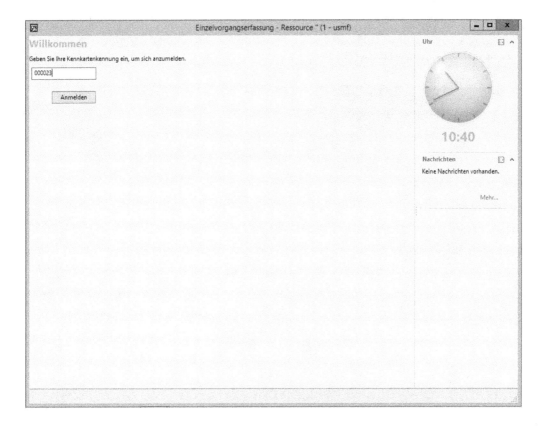

Daraufhin wird die Einzelvorgangserfassungsmaske geöffnet, wo der Benutzer seine ID eingeben kann (oder seinen Ausweis scannen) und dann sein Passwort eintippt.

Ein- und Ausstempeln der Mitarbeiter mit Hilfe der Einzelvorgangserfassung

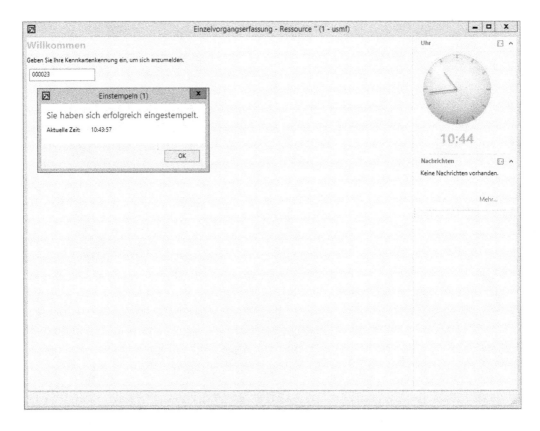

Falls für den Mitarbeiter die Zeiterfassung aktiviert wurde, wird er eingestempelt.

Ein- und Ausstempeln der Mitarbeiter mit Hilfe der Einzelvorgangserfassung

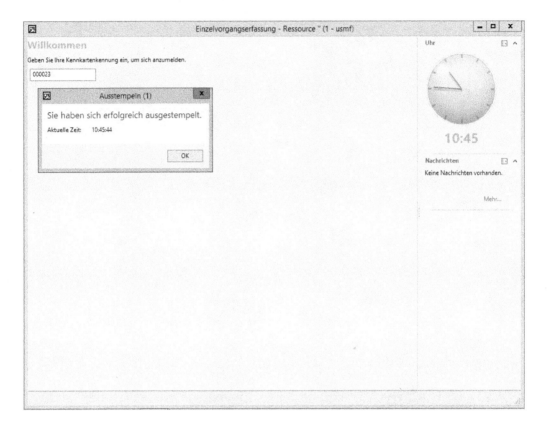

Wenn er sich das nächste Mal anmeldet, wird er ausgestempelt.

Ein- und Ausstempeln der Mitarbeiter mit Hilfe der Einzelvorgangserfassung

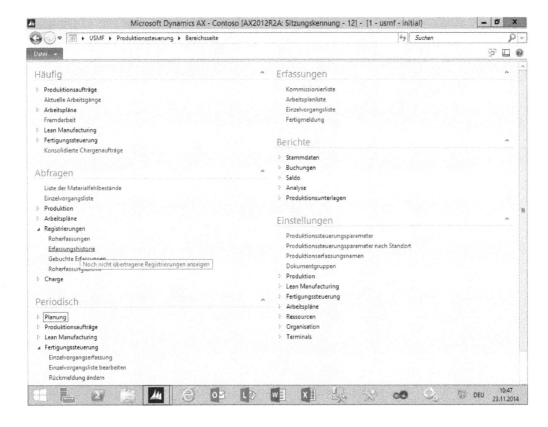

Um alle Ein- und Ausstempelungen zu sehen, müssen Sie nur den Menüpunkt Erfassungshistorie aufrufen unter Abfragen im Produktionssteuerungsmodul.

Ein- und Ausstempeln der Mitarbeiter mit Hilfe der Einzelvorgangserfassung

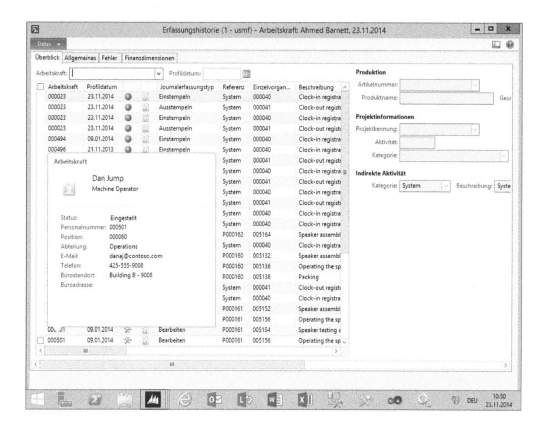

Hier werden Ihnen alle Datensätze aufgelistet und sämtliche Zeiten für das Ein- und Ausstempeln.

How cool is that.

Ändere den Standarddatensatztyp von Organisation nach Person

Wenn Sie einen neuen Parteidatensatz wie z.B. einen Kunden, Lieferanten, Interessenten etc. anlegen, ist der Standarddatensatztyp, der verwendet wird, Organisation - was OK ist, wenn Sie immer mit Unternehmen arbeiten. Aber wenn Sie mit Personen als Ihren primären Account arbeiten, dann müssen Sie jedesmal, wenn Sie einen Datensatz anlegen, den Datensatztyp nach Person wechseln. Das ist auf die Dauer etwas nervig.

Damit Sie sich nicht ständig selbst quälen, ändern Sie einfach den Standarddatensatztyp auf Person, und schon wird alles viel einfacher.

Ändere den Standarddatensatztyp von Organisation nach Person

Dazu klicken Sie auf den Menüpunkt Parameter für globales Adressbuch im Modul Organisationsverwaltung unter Einstellungen.

Ändere den Standarddatensatztyp von Organisation nach Person

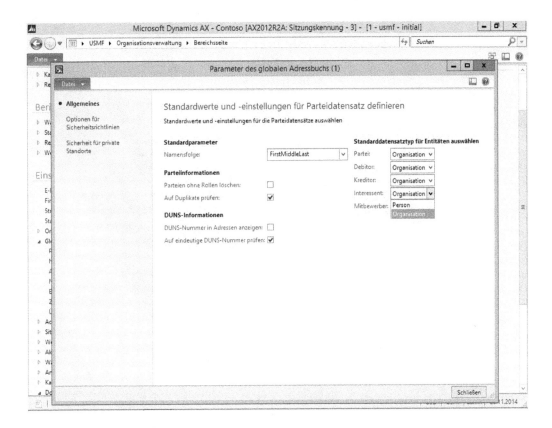

Unter Allgemeines sehen Sie die Feldgruppe Standarddatensatztyp für Entitäten auswählen, wo Sie den Vorgabetyp von Organisation auf Person ändern können.

Ändere den Standarddatensatztyp von Organisation nach Person

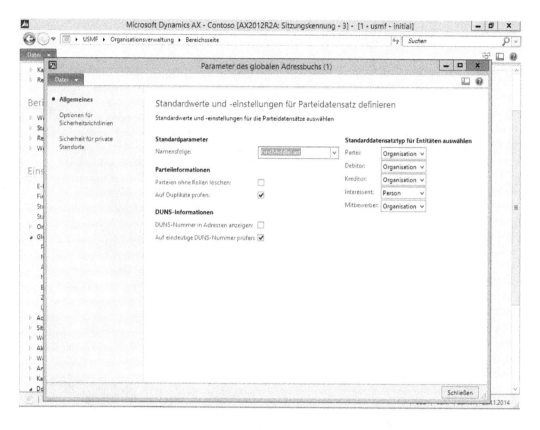

Ändern Sie die Einstellungen, wo standardmäßig Organisation durch Person ersetzt werden soll und klicken auf Schließen.

Ändere den Standarddatensatztyp von Organisation nach Person

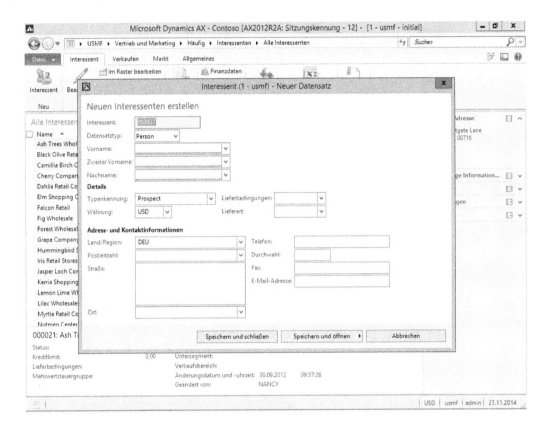

Wenn Sie jetzt einen Datensatz für eine Entität erstellen, deren Datensatztyp Sie geändert haben, wird automatisch Person vorgegeben.

Ergänze zusätzliche Email Verwendungszwecke, um Emails an verschiedene Gruppen einer Organisation zu routen

Die Druckverwaltungsfunktion innerhalb Dynamics AX ist großartig und wird seit dem CU7 Release von R2 immer besser, da die Befähigung ergänzt wurde, eine Email-Zieladresse als Sendeinformation zu hinterlegen. Standardmäßig gibt es nur einige restriktive Möglichkeiten, um Ihre Kontaktdetails zu segregieren, falls Sie einen Kunden mit mehreren Abteilungen haben, und Sie sollen Emails an verschiedene Personen abhängig vom Verwendungszweck senden. Machen Sie sich keine Gedanken – Sie können innerhalb Dynamics AX eigene neue Verwendungszwecke erstellen und diese dann innerhalb der Druckverwaltung nutzen, um unterschiedliche Dokumente an verschiedene Adressen zu routen.

Ob Regen oder Sonnenschein, die Email wird ab jetzt der richtigen Person zugestellt.

Ergänze zusätzliche Email Verwendungszwecke, um Emails an verschiedene Gruppen einer Organisation zu routen

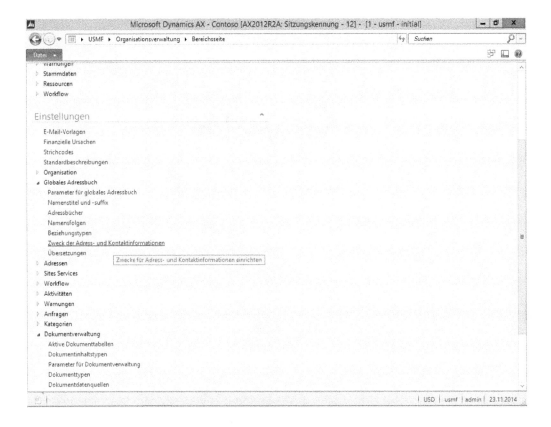

Klicken Sie auf den Menüpunkt Zweck der Adress- und Kontaktinformationen im Modul Organisationsverwaltung unter Einstellungen im Ordner Globales Adressbuch.

Ergänze zusätzliche Email Verwendungszwecke, um Emails an verschiedene Gruppen einer Organisation zu routen

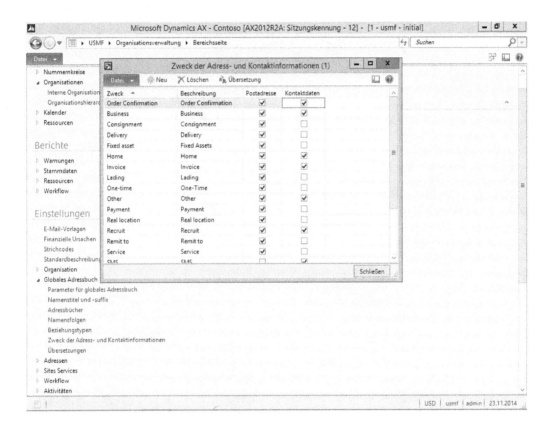

Wenn das Bearbeitungsformular Zweck der Adress- und Kontaktinformationen angezeigt wird, klicken Sie auf Neu in der Menüleiste, um einen neuen Datensatz zu erstellen.

Fügen Sie dem Datensatz einen Code für Zweck hinzu, eine Beschreibung und dann aktivieren Sie Postadresse, falls Sie diesen Code für die Postadresse verwenden möchten, und aktivieren Sie die Checkbox Kontaktdaten, wenn Sie den Code auch für Emails und Telefonnummern anwenden wollen.

Ergänze zusätzliche Email Verwendungszwecke, um Emails an verschiedene Gruppen einer Organisation zu routen

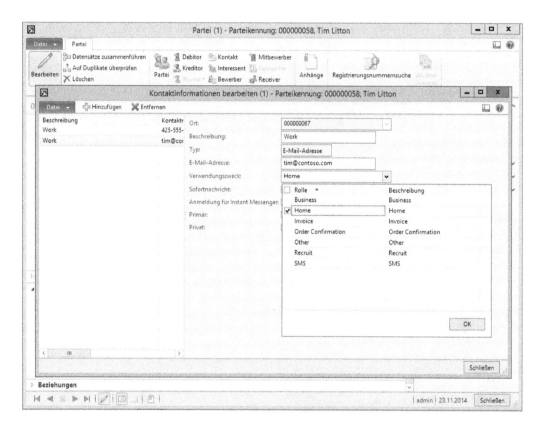

Wenn Sie nun Ihre Kontaktinformationen öffnen, können Sie Ihren neuen Code in der Auswahlliste erkennen, und Sie können Ihre Email-Adressen damit verbinden.

Beachte: Die Kontaktdetails können Sie über die Startseite via Globales Adressbuch aufrufen.

Ergänze zusätzliche Email Verwendungszwecke, um Emails an verschiedene Gruppen einer Organisation zu routen

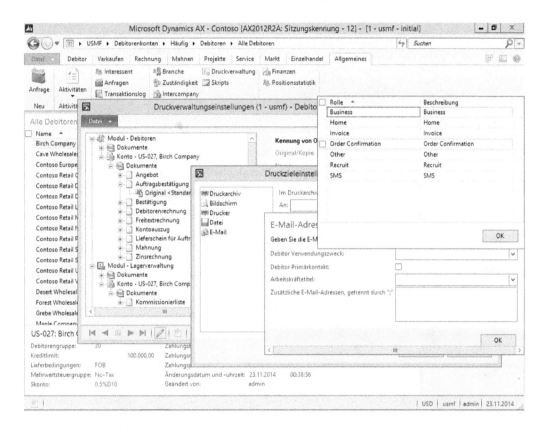

Wenn Sie jetzt die Druckverwaltung konfigurieren, sind Sie in der Lage, Ihren Verwendungszweck aus der Liste auszuwählen, wenn Sie die Emails mit Hilfe eines Statthalters zuweisen.

Ergänze zusätzliche Email Verwendungszwecke, um Emails an verschiedene Gruppen einer Organisation zu routen

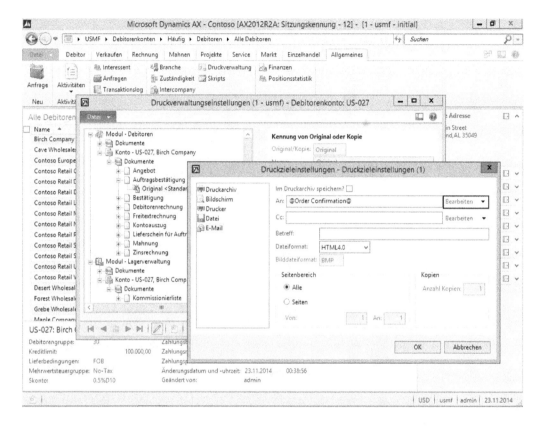

Wenn Sie von jetzt an einen Bericht oder ein Formular ausdrucken, und wenn diese automatisch gemailt werden, wird in den Kontaktinformationen der entsprechende Verwendungszweck nachgeschlagen.

Rechnungen gehen an diesen Kontakt, Auftragsbestätigungen an einen anderen.

Zeige in den Kontakten Vornamen zuletzt und Nachnamen zuerst

Die Reihenfolge, in der Kontaktnamen angezeigt werden, ist eine kontroverse Debatte, die von dem Tag an, seit es Adressbücher gibt, ausgetragen wird. Soll der Vorname zuerst kommen oder der Nachname ? Microsoft Dynamics AX vertritt den Standpunkt, dass der Vorname zuerst kommt, aber wenn Sie fest davon überzeugt sind, dass der Nachname der König ist, dann seien Sie nicht besorgt, den mit einem schnellen Parameterwechsel können Sie die Art ändern, wie Kontaktnamen angezeigt werden.

Jetzt ist es für jedermann möglich, mit seinen selbst angeordneten Kontaktlisten in Frieden und Harmonie zu leben.

Zeige in den Kontakten Vornamen zuletzt und Nachnamen zuerst

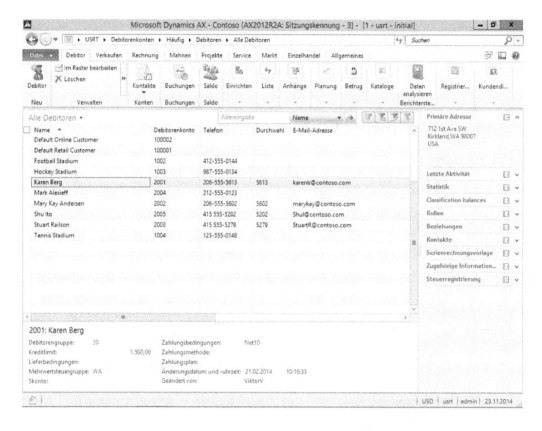

Anfänglich werden alle Ihre Kontakte innerhalb Dynamics AX in der Reihenfolge Vor- und Nachname angezeigt.

Zeige in den Kontakten Vornamen zuletzt und Nachnamen zuerst

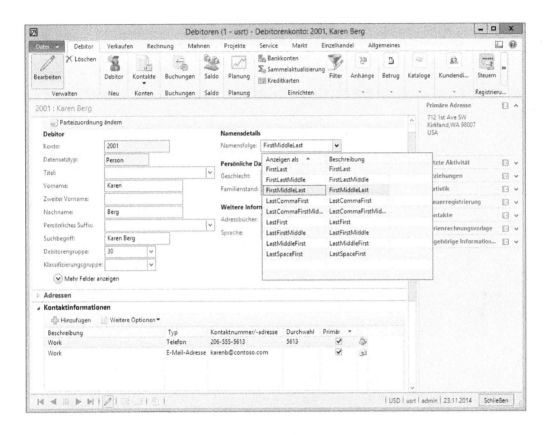

Um manuell die Darstellungsweise zu ändern, in der die Kontakte angezeigt werden, öffnen Sie den Datensatz und ändern sodann Namensfolge in LastCommaFirst (NachnameKommaVorname).

Beachte: Diese Formate sind komplett individuell konfigurierbar. Öffnen Sie dazu einen Datensatz, dann betätigen Sie im Feld Namensfolge die rechte Maustaste und wählen Details anzeigen aus. Sie sehen jetzt alle Formate und haben die Möglichkeit, Ihre eigenen Namensfolgen zu ergänzen.

Zeige in den Kontakten Vornamen zuletzt und Nachnamen zuerst

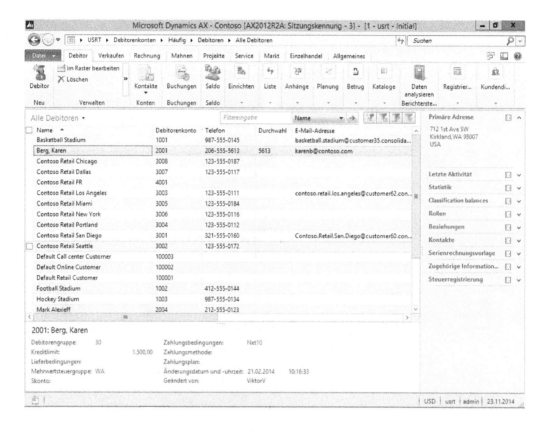

Wenn Sie jetzt in die Listenseite zurückkehren, sehen Sie, dass der Name mit dem Nachnamen zuerst angezeigt wird.

Zeige in den Kontakten Vornamen zuletzt und Nachnamen zuerst

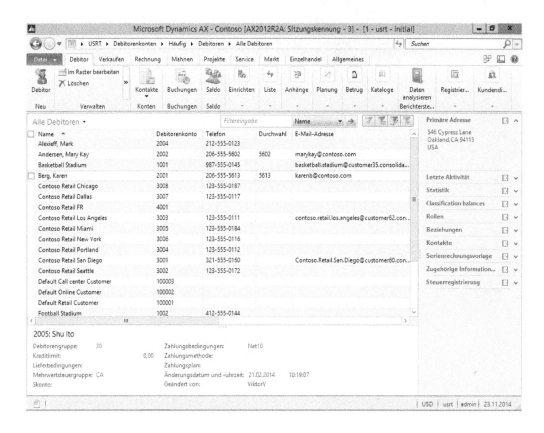

Nach einer kurzen Bearbeitung werden sämtliche Kontake in derselben Art und Weise dargestellt.

Zeige in den Kontakten Vornamen zuletzt und Nachnamen zuerst

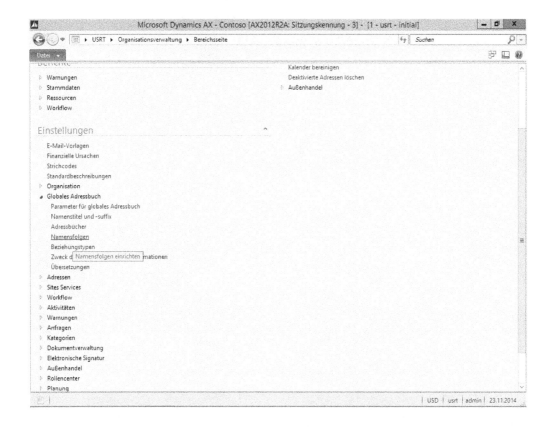

Anstatt alle Datensätze manuell zu ändern, können Sie in Dynamics AX eine bestimmte Namensfolge als Vorgabe aufsetzen, so dass alle Ihre Kontakte so angezeigt werden wie Sie es wünschen. Dazu klicken Sie auf den Menüpunkt Parameter für globales Adressbuch im Modul Organisationsverwaltung unter Einstellungen im Ordner Globales Adressbuch.

Zeige in den Kontakten Vornamen zuletzt und Nachnamen zuerst

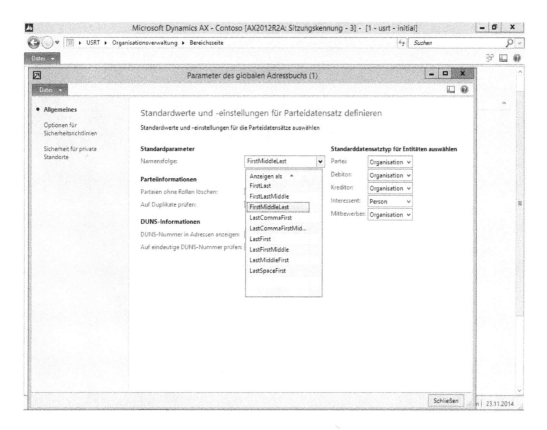

Unter Allgemeines können Sie eine bestimmte Namensfolge als Standard definieren.

Beziehungen zwischen Parteien mit Hilfe des Globalen Adressbuches aufzeichnen

Über die Notwendigkeit hinaus, alle gemeinsamen Informationen innerhalb Dynamics AX z.B. für Kunden und Lieferanten festzuhalten, gibt es eine Menge Beziehungsinformationen, die Sie ebenfalls aufzeichnen wollen. Sie würden gerne Beziehungen zwischen Organisationen wie Muttergesellschaft und Tochtergesellschaften aufzeichnen, zwischen Personen wie Personalreferenten, Familienmitglieder oder auch zwischen Unternehmen und Personen wie Geschäftsführung, Gründer etc. Die gute Nachricht ist, dass Sie all das mit Hilfe des Globalen Adressbuches machen können.

Jetzt haben wir letztlich einen Weg gefunden, um die Six Degrees von Kevin Bacon zu modellieren.

Beziehungen zwischen Parteien mit Hilfe des Globalen Adressbuches aufzeichnen

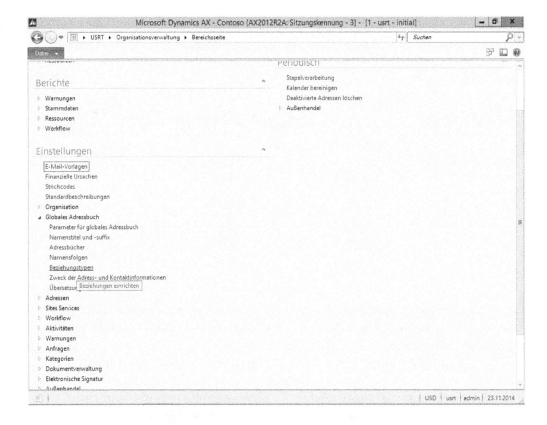

Klicken Sie auf den Menüpunkt Beziehungstypen im Modul Organisationsverwaltung unter Einstellungen im Ordner Globales Adressbuch.

Beziehungen zwischen Parteien mit Hilfe des Globalen Adressbuches aufzeichnen

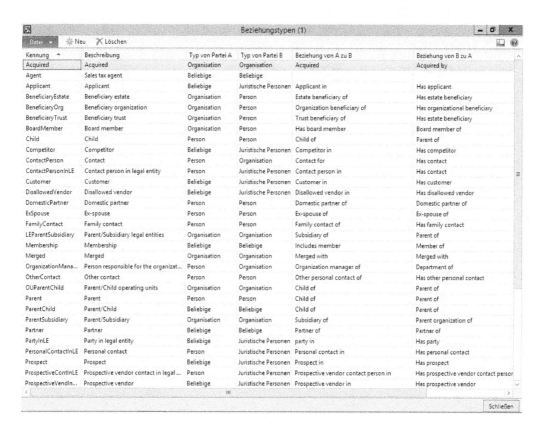

Wenn die Maske Beziehungstypen angezeigt wird, können Sie alle unterschiedlichen Beziehungstypen sehen, die standardmäßig innerhalb Dynamics AX aufgezeichnet werden können.

Beziehungen zwischen Parteien mit Hilfe des Globalen Adressbuches aufzeichnen

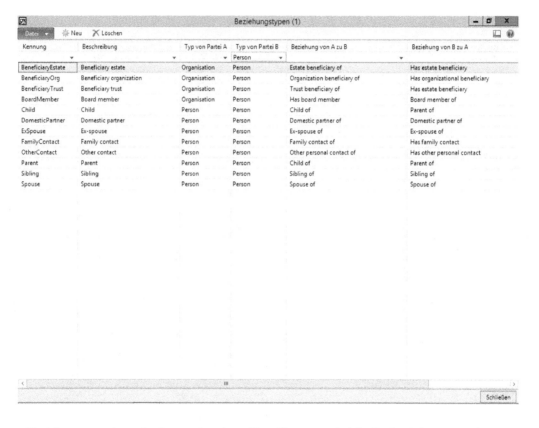

Kennung	Beschreibung	Typ von Partei A	Typ von Partei B	Beziehung von A zu B	Beziehung von B zu A
			Person		
BeneficiaryEstate	Beneficiary estate	Organisation	Person	Estate beneficiary of	Has estate beneficiary
BeneficiaryOrg	Beneficiary organization	Organisation	Person	Organization beneficiary of	Has organizational beneficiary
BeneficiaryTrust	Beneficiary trust	Organisation	Person	Trust beneficiary of	Has estate beneficiary
BoardMember	Board member	Organisation	Person	Has board member	Board member of
Child	Child	Person	Person	Child of	Parent of
DomesticPartner	Domestic partner	Person	Person	Domestic partner of	Domestic partner of
ExSpouse	Ex-spouse	Person	Person	Ex-spouse of	Ex-spouse of
FamilyContact	Family contact	Person	Person	Family contact of	Has family contact
OtherContact	Other contact	Person	Person	Other personal contact of	Has other personal contact
Parent	Parent	Person	Person	Child of	Parent of
Sibling	Sibling	Person	Person	Sibling of	Sibling of
Spouse	Spouse	Person	Person	Spouse of	Spouse of

Sie können auch nach einem einzelnen Typ filtern, und sich die Beziehung zu einem speziellen Parteityp anzeigen lassen.

Beziehungen zwischen Parteien mit Hilfe des Globalen Adressbuches aufzeichnen

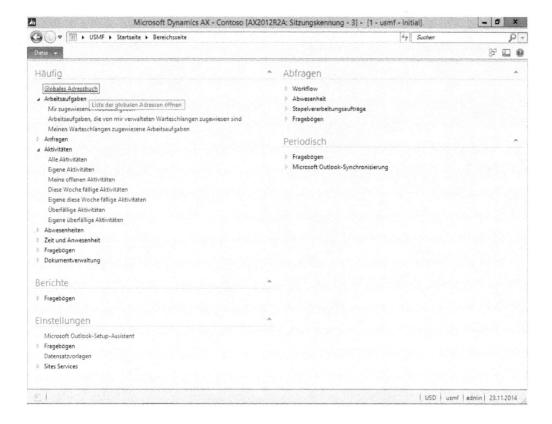

Um zwischen den Entitäten eine Beziehung herzustellen, klicken Sie auf Globales Adressbuch auf der Startseite.

Beziehungen zwischen Parteien mit Hilfe des Globalen Adressbuches aufzeichnen

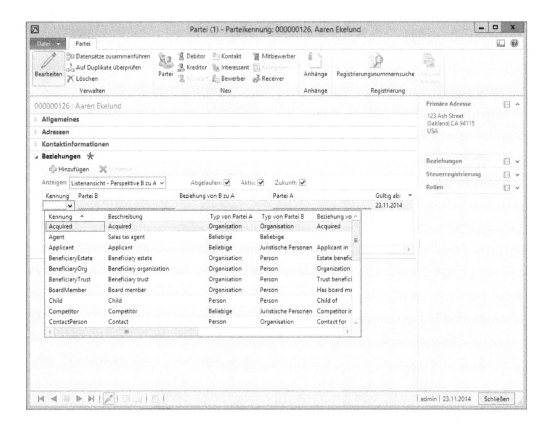

Wenn die Globale Adressbuchlistenseite angezeigt wird, öffnen Sie den Datensatz, für den eine Beziehung erstellt werden soll, und bewegen Sie sich zur Registerkarte Beziehungen.

Um eine neue Beziehung zu erstellen, klicken Sie auf Hinzufügen in der Menüleiste.

Dann wählen Sie den Beziehungstyp aus der Auswahlliste.

Beziehungen zwischen Parteien mit Hilfe des Globalen Adressbuches aufzeichnen

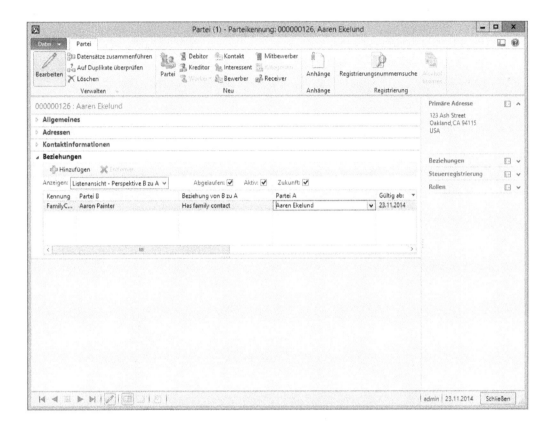

Anschließend wählen Sie die A und B Parteien, die Sie zueinander in Beziehung setzen möchten.

Wiederholen Sie den Vorgang so lange, bis Sie alle Beziehungen definiert haben. Dann klicken Sie Schließen.

Hinterlege bei Kontakten Social Media Informationen

Die Kontaktmanagementfunktion innerhalb Dynamics AX gestattet es Ihnen, eine unbegrenzte Anzahl von Telefonnummern, Email-Adressen und Webseiten bei den Kontakten zu hinterlegen. Aber das sind nur die unmittelbaren Kontakttypen. Wir leben im Social Media Zeitalter, und es gibt soviele andere Informationsquellen, die wir bei den Kontakten festhalten möchten. Seien Sie unbesorgt, mit einer kleinen Konfigurationsanpassung innerhalb Dynamics AX können Sie zusätzliche Media-Kontakttypen ergänzen und mit der Aufzeichnung all dieser Informationen beginnen.

Nun sind Sie in der Lage, Ihre Kunden- und Kontaktdaten voll auszuschöpfen.

Hinterlege bei Kontakten Social Media Informationen

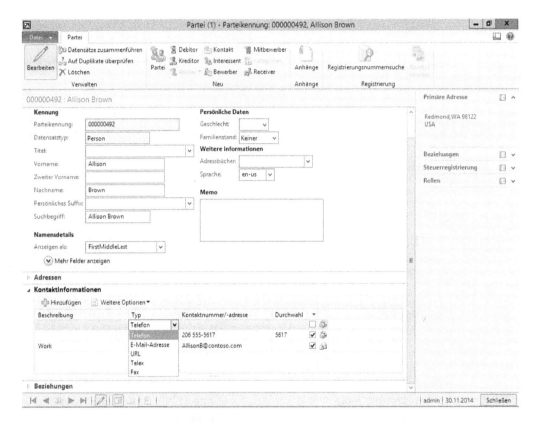

Standardmäßig gestattet Dynamics AX das Aufzeichnen von Kontaktinformationen wie Telefonnummer, Email-Adresse, Webseiten und Telex (wer zum Teufel nutzt das überhaupt noch).

Hinterlege bei Kontakten Social Media Informationen

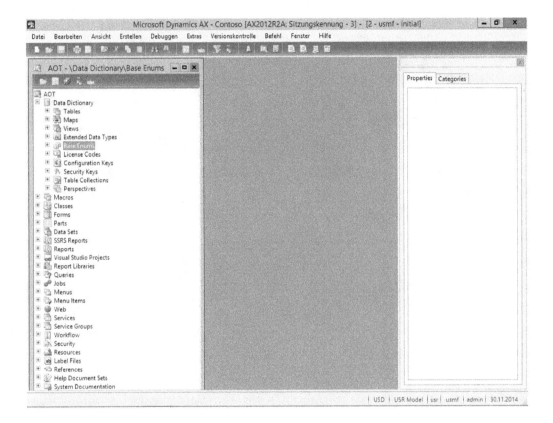

Um in Dynamics AX zusätzliche Kontakttypen zu ergänzen, öffnen Sie den Application Object Tree (AOT), erweitern die Data Dictionary Gruppe und anschließend die Base Enums Gruppe.

Hinterlege bei Kontakten Social Media Informationen

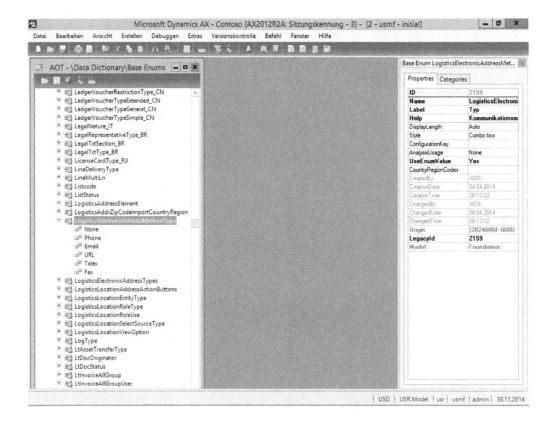

Innerhalb der Base Enums suchen Sie nach der Aufzählung
LogisticsElectronicAddressMethodTypes und erweitern sie.

Sie können nun eine Auflistung sämtlicher Standardtypen sehen.

Hinterlege bei Kontakten Social Media Informationen

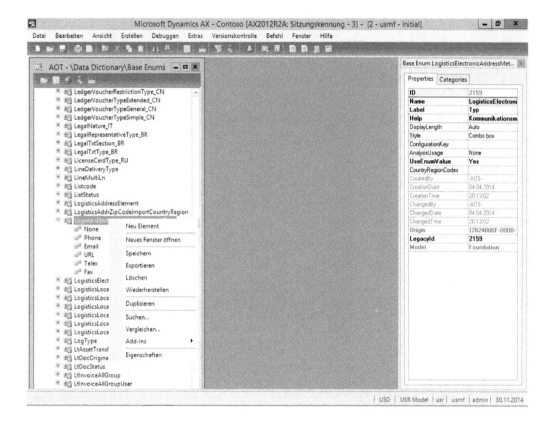

Klicken Sie jetzt auf LogisticsElectronicAddressMethodTypes die rechte Maustaste, und wählen Sie den Menüpunkt Neu Element.

Hinterlege bei Kontakten Social Media Informationen

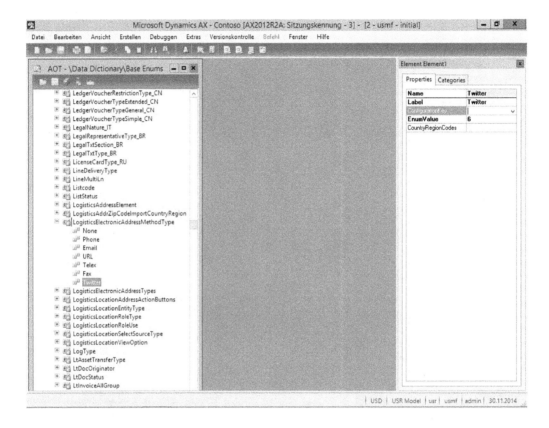

Wenn das neue Element erstellt ist, ändern Sie Name und Label mit Ihren neuen Methodentyp – in diesem Fall Twitter.

Hinterlege bei Kontakten Social Media Informationen

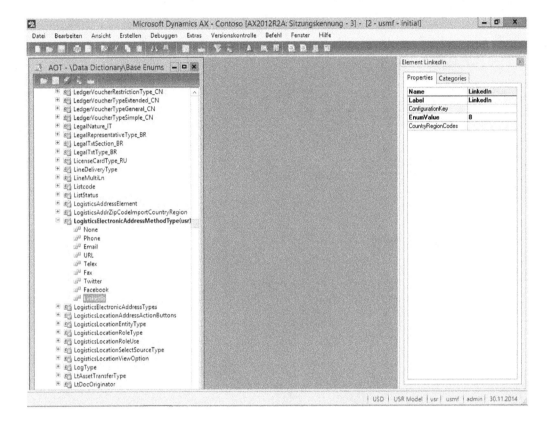

Falls Sie ein Streber sein möchten, dann können Sie noch einige zusätzliche Kontakttypen mit Hilfe des AOT ergänzen.

Um das zu testen, speichern Sie Ihr Model, und starten Sie den Dynamics AX Client neu.

Hinterlege bei Kontakten Social Media Informationen

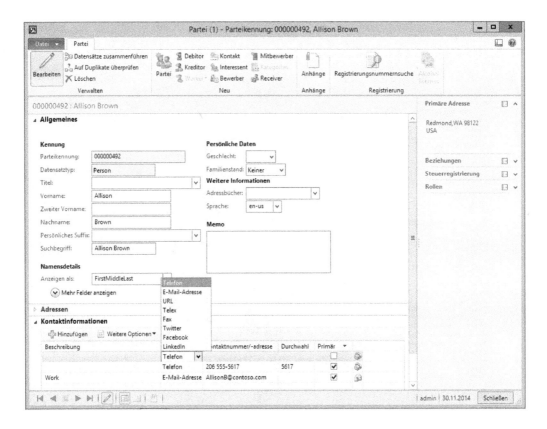

Wenn Sie jetzt die Typen, die innerhalb der Kontaktinformationen verfügbar sind, betrachten, können Sie sehen, dass Sie nun die Option für all die verschiedenen Social Media Typen besitzen.

Hinterlege bei Kontakten Social Media Informationen

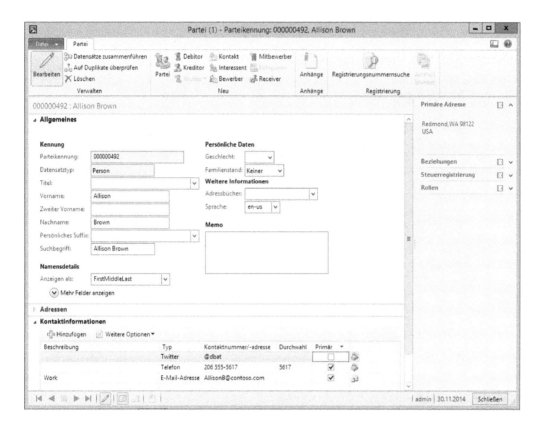

Jetzt können Sie alles festhalten.

How cool is that?

Plane mehrere Personalgespräche auf einmal mit Hilfe der Option Massenerstellung

Personalgespräch ist ein höflicher Ausdruck für die Aufforderung zu einem Meeting mit der Personalabteilung, aber die Erstellung dieser Gespräche muß keine schmerzvolle Affaire sein – am wenigsten für die Personalabteilung. Es gibt eine Massenerstellungsfunktion, die es Ihnen erlaubt, einen größeren Block an Personalgesprächsterminen für eine Gruppe von Mitarbeitern zu erstellen. Dadurch wird dieser Vorgang zu einem Kinderspiel.

Die Bitte zu einem Gepräch in´s Chefbüro war noch nie so automatisiert.

Plane mehrere Personalgespräche auf einmal mit Hilfe der Option Massenerstellung

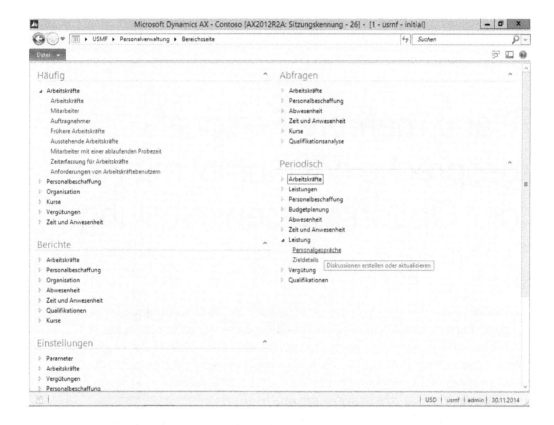

Klicken Sie auf den Menüpunkt Personalgespräche im Ordner Leistung unter Periodisch im Modul Personalverwaltung.

Plane mehrere Personalgespräche auf einmal mit Hilfe der Option Massenerstellung

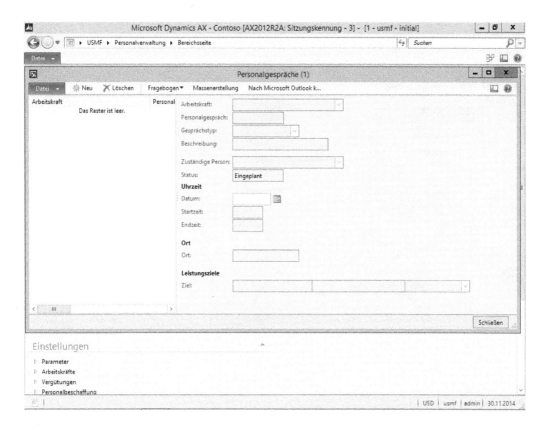

Wenn die Personalgesprächemaske angezeigt wird, klicken Sie auf den Menüpunkt Massenerstellung.

Plane mehrere Personalgespräche auf einmal mit Hilfe der Option Massenerstellung

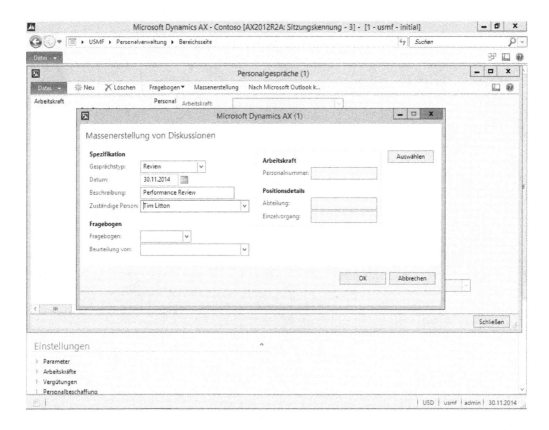

Wenn die Dialogbox Massenerstellung von Diskussionen angezeigt wird, geben Sie sämtliche Gesprächsinformationen und das geplante Gesprächsdatum ein.

Falls Sie die Mitarbeiter präzisieren möchten, die in die Gesprächsgruppe eingeschlossen werden sollen, dann können Sie auf den Schaltknopf Auswählen drücken und Ihre Auswahlkriterien verfeinern.

Wenn Sie Ihre Gesprächsvorlage erstellt haben, klicken Sie auf OK.

Plane mehrere Personalgespräche auf einmal mit Hilfe der Option Massenerstellung

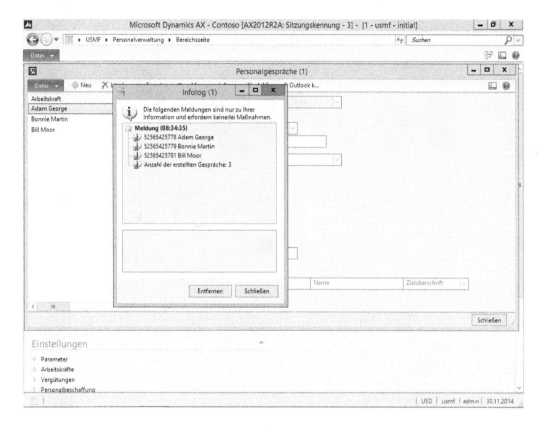

Sie bekommen eine Infolog-Meldung für alle Personalgespräche, die erstellt wurden.

Plane mehrere Personalgespräche auf einmal mit Hilfe der Option Massenerstellung

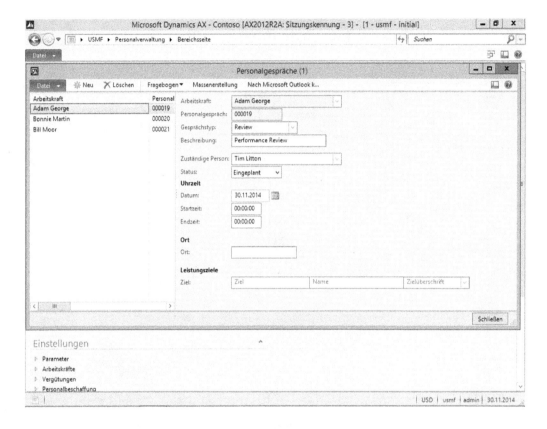

Und wenn Sie ins Formular Personalgespräche zurückkehren, können Sie sehen, dass alles für Sie geplant wurde.

Erstelle Termine in Outlook unmittelbar im Personal-gesprächsformular

Das einzige unangenehme bei einem Gespräch mit der Personalabteilung ist, ein "Gespräch" zu versäumen und ein anderes "Gespräch" zu beginnen, um Ihre fehlerhafte Zeitplanung zu diskutieren. Das läßt sich lösen, indem Sie nach Erstellung des Personalgesprächs eine Gesprächserinnerung versenden, indem Sie den Menüpunkt klicken Nach Microsoft Outlook kopieren.

Falls das Gespräch terminlich nicht möglich sein sollte, wird zumindest die Erstellung desselben verhindert.

Erstelle Termine in Outlook unmittelbar im Personalgesprächsformular

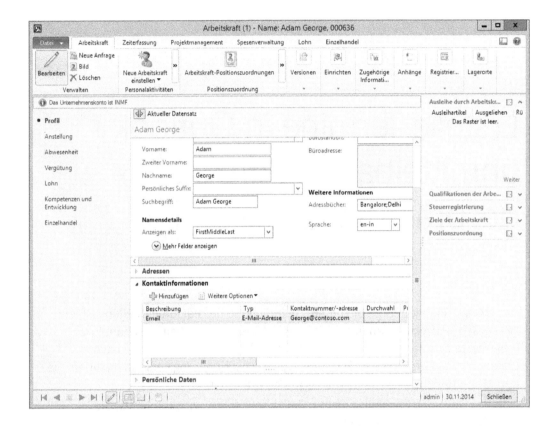

Bevor Sie beginnen, stellen Sie sicher, dass dem Mitarbeiter eine Email-Adresse zugewiesen wurde.

Erstelle Termine in Outlook unmittelbar im Personalgesprächsformular

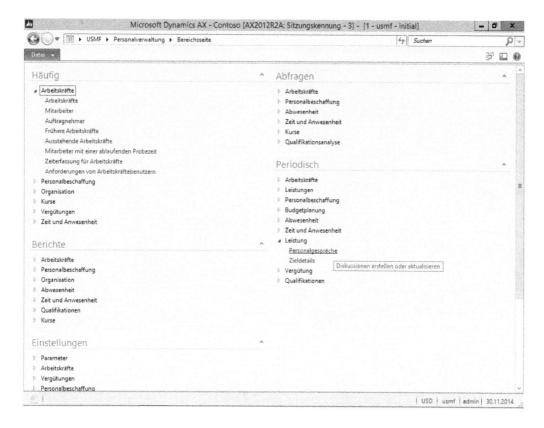

Klicken Sie auf den Menüpunkt Personalgespräche im Ordner Leistung unter Periodisch im Modul Personalverwaltung.

Erstelle Termine in Outlook unmittelbar im Personalgesprächsformular

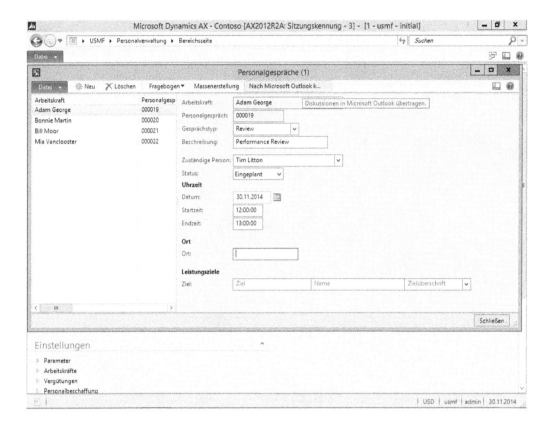

Wenn das Formular Personalgespräche angezeigt wird, wählen Sie das Gespräch aus, für das Sie einen Termin versenden möchten und klicken anschließend auf den Menüpunkt Nach Microsoft Outlook kopieren.

Erstelle Termine in Outlook unmittelbar im Personalgesprächsformular

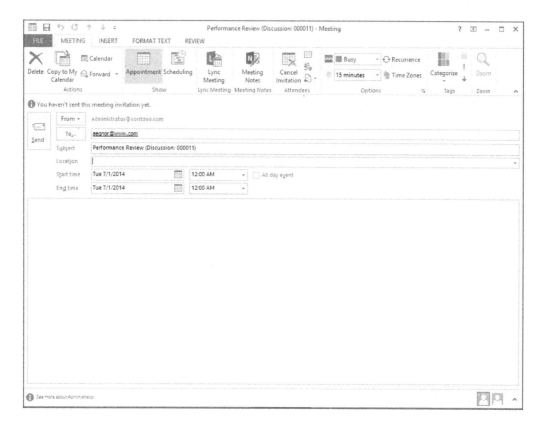

Daraufhin wird ein Outlook Termin für Sie erstellt mit Datum und Zeit vom Personalgesprächsdatensatz und das An-Feld wird vorbelegt mit der Email-Adresse des Mitarbeiters.

Sie müssen jetzt nur noch auf Senden klicken und der Mitarbeiter kann den Termin in seinen Kalender sehen.

Erstelle Termine in Outlook unmittelbar im Personalgesprächsformular

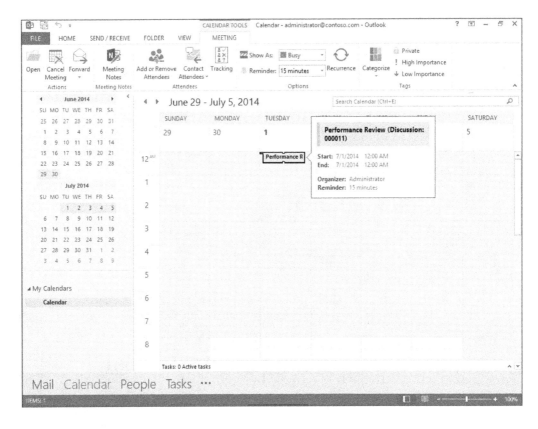

Wenn Sie Outlook betrachten, können Sie sehen, dass der Termin Ihren Kalender ebenso hinzugefügt wurde.

Anzeige Frachtverpackungs-einheiten in Auftragspositionen

Falls Sie Ihre Produkte in Boxen legen, bevor sie ausgeliefert werden, oder falls Sie sich unsicher sind hinsichtlich des Volumens, das die Auftragspositionen einnehmen werden, dann können Sie dies Dynamics AX unmittelbar bei der Eingabe der Auftragspositionen berechnen lassen. Die Verpackungskalkulation erlaubt es Ihnen festzulegen, wieviele Einheiten eines Produktes in eine Standardverpackung (z.B. Box oder Karton ...) passen, und Dynamics AX zeigt Ihnen an, wieviele Verpackungseinheiten für diesen Auftrag benötigt werden. Zum Beispiel: Falls 4 Artikel in eine Box passen und der Kunde bestellt 6, dann benötigen Sie 2 Boxen.

Jetzt können Sie Ihre Verpackung optimieren – unabhängig vom Produkt.

Anzeige Frachtverpackungseinheiten in Auftrags-positionen

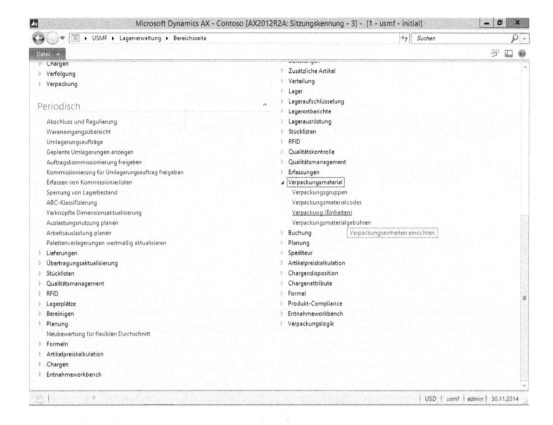

Klicken Sie auf den Menüpunkt Verpackung (Einheiten) im Ordner
Verpackungsmaterial unter Einstellungen im Modul Lagerverwaltung.

Anzeige Frachtverpackungseinheiten in Auftragspositionen

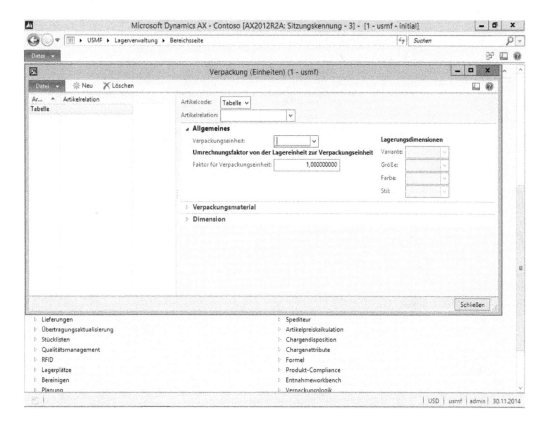

Wenn die Maske Verpackungseinheiten angezeigt wird, klicken Sie auf Neu in der Menüleiste, um eine neue Verpackungseinheit zu erstellen.

Anzeige Frachtverpackungseinheiten in Auftragspositionen

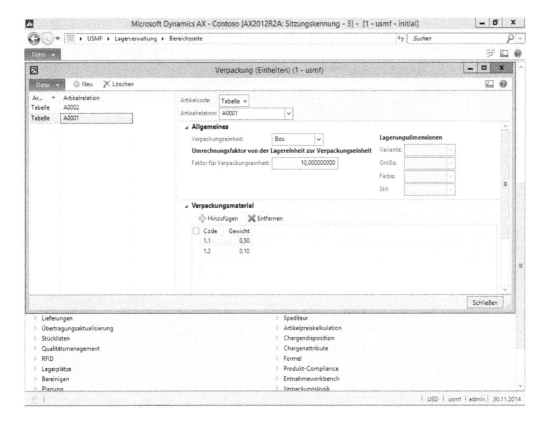

Ergänzen Sie jetzt eine Artikelrelation für das Produkt, um die Frachtverpackungseinheiten verfolgen zu können, und hinterlegen Sie Verpackungseinheit und den Faktor für Verpackungseinheit in der Kartei Allgemeines.

Wenn Sie die Verpackungsmengen konfiguriert haben, klicken Sie auf Schließen, um die Maske zu verlassen.

Anzeige Frachtverpackungseinheiten in Auftragspositionen

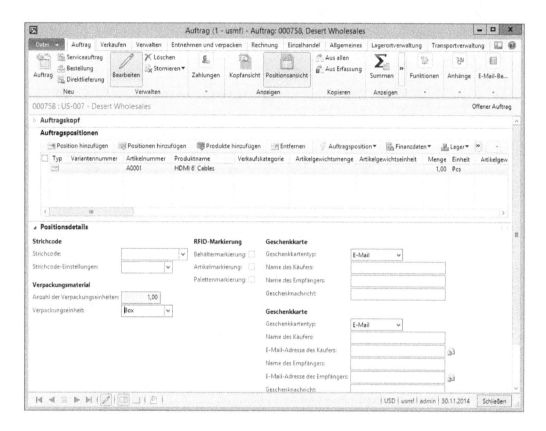

Wenn Sie jetzt die Auftragspositionen betrachten, und wenn Sie Positionsdetails öffnen und in den Karteireiter Verpackung sehen, können Sie erkennen, dass in der Gruppe Verpackungsmaterial die Anzahl der Verpackungseinheiten, die Sie für die Menge benötigen, angezeigt wird.

Anzeige Frachtverpackungseinheiten in Auftrags-positionen

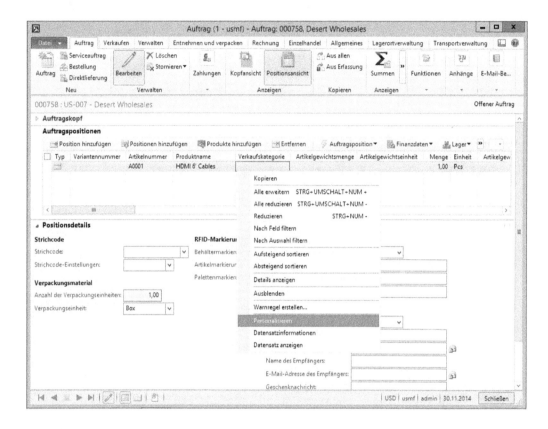

Um das Ganze zu verbessern, klicken Sie in der Auftragsposition die rechte Maustaste und wählen die Option Personalisieren.

Anzeige Frachtverpackungseinheiten in Auftrags- positionen

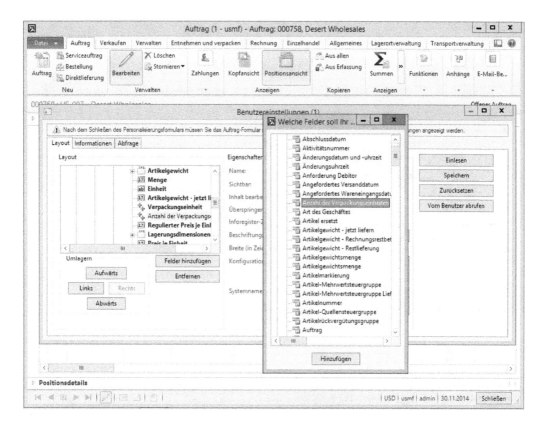

Dann suchen Sie die Felder Verpackungseinheit und Anzahl der Verpackungs- einheiten und fügen die Felder der Auftragspositionenzeile hinzu.

Anzeige Frachtverpackungseinheiten in Auftrags-positionen

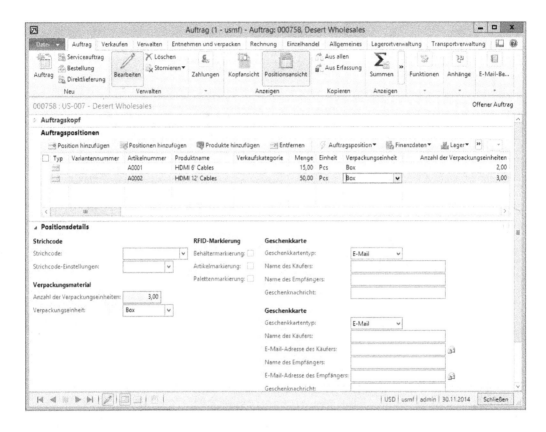

Wenn Sie jetzt einen Auftrag erstellen, werden die Verpackungseinheiten neben den Auftragsmengen angezeigt.

Ist das nicht hilfreich ?

Erstelle Produkt-Strichcodebeschriftungen (Barcode) mit Hilfe von Einzelhandel (Retail)

Der Einzelhandelsbereich (Retail) von Dynamics AX beinhaltet eine ganze Menge Annehmlichkeiten. Ein Beispiel dafür ist die Möglichkeit, Strichcodebeschriftungen (Barcode) für Produkte zu konfigurieren, die Sie für Scanvorgänge und Produktidentifikation benutzen können. Auch wenn die Konfigurationen innerhalb des Einzelhandelsbereichs erfolgt, heißt das nicht, dass Sie eine Einzelhandelsfirma sein müssen, um davon Gebrauch zu machen. Sie müssen sich nur über das Stigma Einzelhandelsbeschriftung hinwegsetzen.

Ich weiß, es fühlt sich unanständig an, das Einzelhandelsmodul zu nutzen, aber es fühlt sich unglaublich gut an ...

Erstelle Produkt-Strichcodebeschriftungen (Barcode) mit Hilfe von Einzelhandel (Retail)

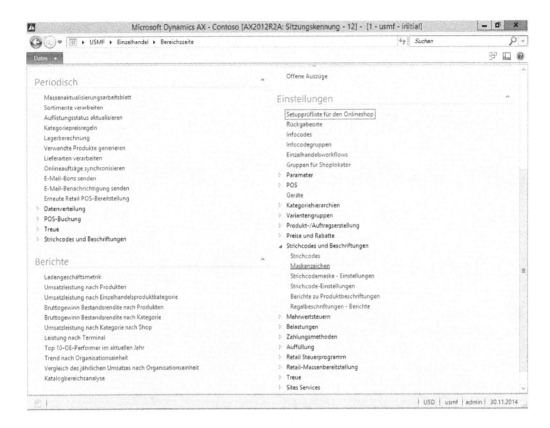

Zuerst müssen wir hinsichtlich der Konfiguration des Barcodes einige Grundeinstellungen vornehmen. Und der erste Schritt bei der Konfigurierung sind die Maskenzeichen.

Dazu klicken Sie auf den Menüpunkt Maskenzeichen im Ordner Strichcodes und Beschriftungen unter Einstellungen im Modul Einzelhandel.

Erstelle Produkt-Strichcodebeschriftungen (Barcode) mit Hilfe von Einzelhandel (Retail)

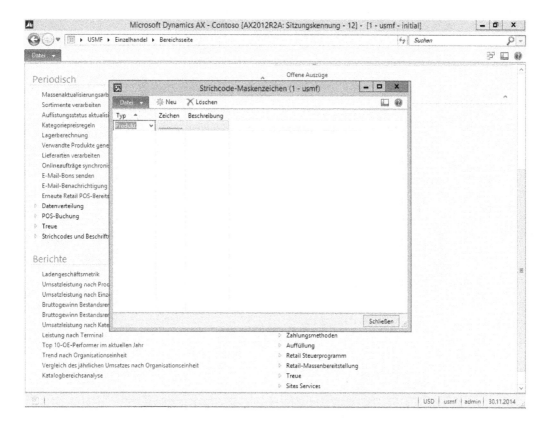

Wenn das Formular Strichcode-Maskenzeichen angezeigt wird, klicken Sie auf Neu, um einen neuen Datensatz zu erstellen.

Erstelle Produkt-Strichcodebeschriftungen (Barcode) mit Hilfe von Einzelhandel (Retail)

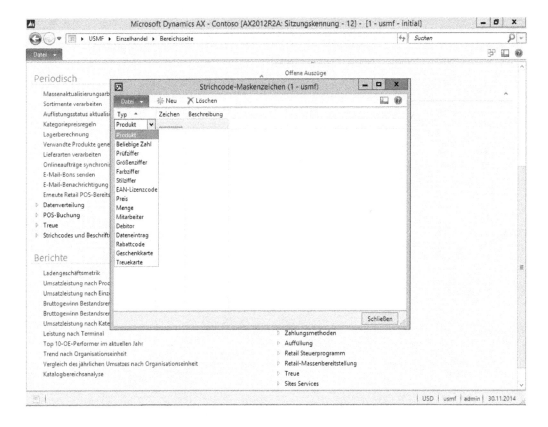

Für jeden Feldtyp, den wir in den Strichcode einschließen möchten, müssen wir eine Maske erstellen. Für dieses Beispiel wählen Sie die Option Produkt aus der Typ-Auswahlliste aus.

Erstelle Produkt-Strichcodebeschriftungen (Barcode) mit Hilfe von Einzelhandel (Retail)

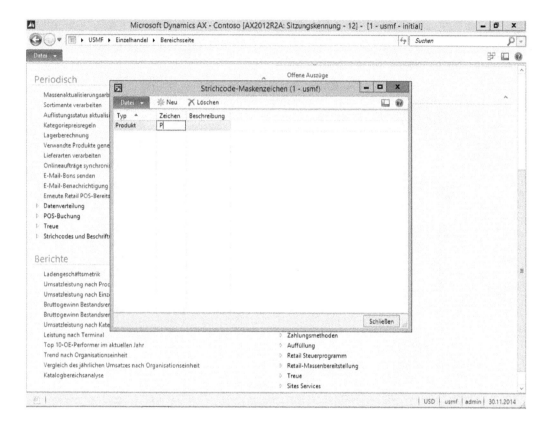

Dann setzen Sie im Feld Zeichen ein P.

Erstelle Produkt-Strichcodebeschriftungen (Barcode) mit Hilfe von Einzelhandel (Retail)

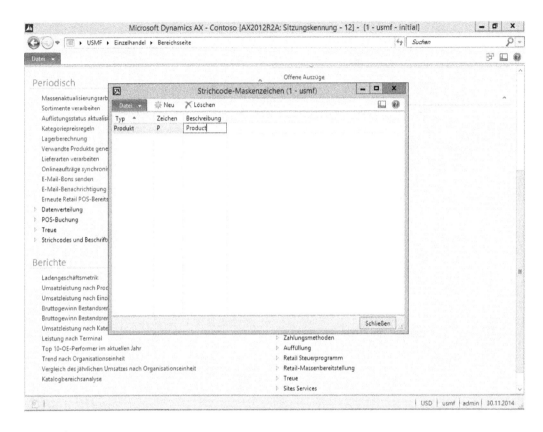

Zum Abschluß ergänzen Sie eine Beschreibung und klicken auf Schließen, um das Formular zu verlassen.

Erstelle Produkt-Strichcodebeschriftungen (Barcode) mit Hilfe von Einzelhandel (Retail)

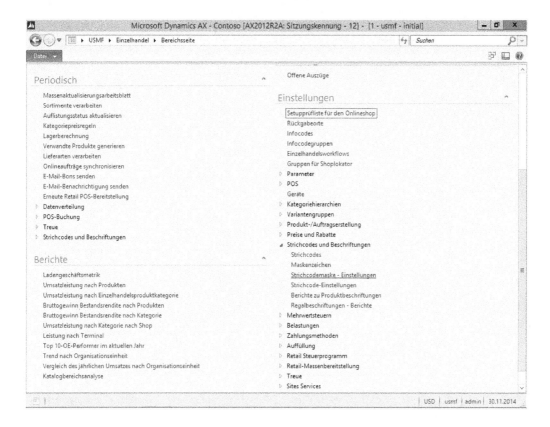

Jetzt müssen wir noch eine Maske für die Barcodes konfigurieren. Dazu klicken Sie auf den Menüpunkt Strichcodemaske-Einstellungen im Ordner Strichcodes und Beschriftungen unter Einstellungen im Modul Einzelhandel.

Erstelle Produkt-Strichcodebeschriftungen (Barcode) mit Hilfe von Einzelhandel (Retail)

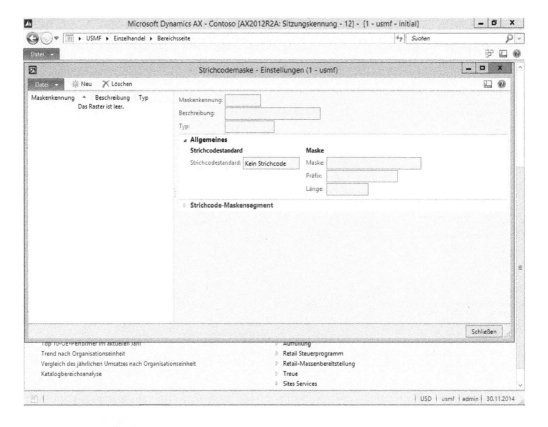

Im Formular Strichcodemaske-Einstellungen klicken Sie auf Neu, um einen neuen Datensatz zu erstellen.

Erstelle Produkt-Strichcodebeschriftungen (Barcode) mit Hilfe von Einzelhandel (Retail)

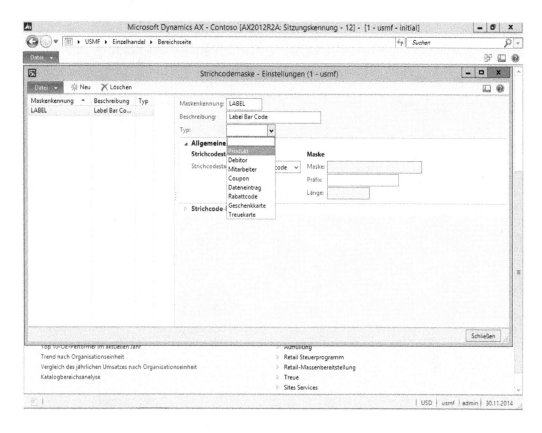

Geben Sie eine Maskenkennung und Beschreibung ein, und wählen Sie die Option Produkt von der Typ-Auswahlliste aus.

Erstelle Produkt-Strichcodebeschriftungen (Barcode) mit Hilfe von Einzelhandel (Retail)

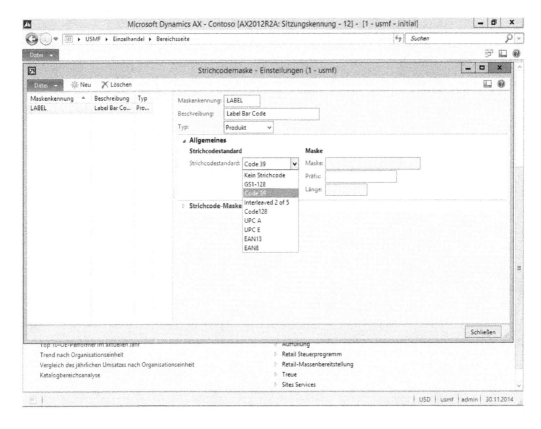

Dann wählen Sie den Standard-Barcode aus, mit dem Sie Ihre Strichcodes erzeugen möchten.

Erstelle Produkt-Strichcodebeschriftungen (Barcode) mit Hilfe von Einzelhandel (Retail)

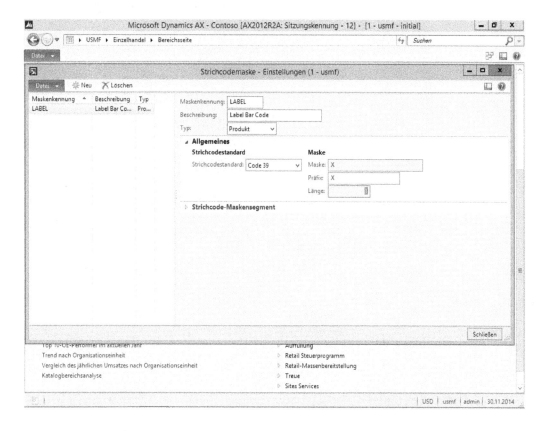

Und ergänzen Sie zum Barcodedatensatz ein Präfix – ich verwende in diesem Fall ein X.

Unter Strichcode-Maskensegment klicken Sie auf Hinzufügen, um für den Barcode ein neues Segment zu erstellen.

Erstelle Produkt-Strichcodebeschriftungen (Barcode) mit Hilfe von Einzelhandel (Retail)

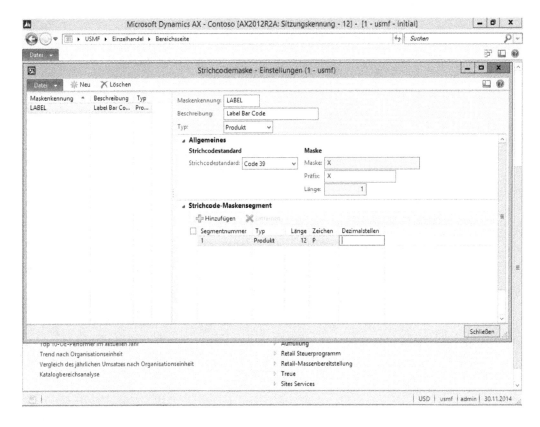

Setze Typ auf Produkt und geben Sie die Länge des Strichcodes ein.

Erstelle Produkt-Strichcodebeschriftungen (Barcode) mit Hilfe von Einzelhandel (Retail)

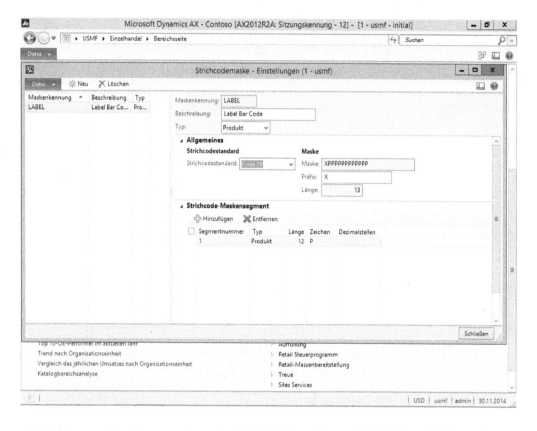

Jetzt können Sie erkennen, dass das Feld Maske automatisch für Sie gefüllt wurde. Klicken Sie auf Schließen, um die Eingabe zu beenden.

Erstelle Produkt-Strichcodebeschriftungen (Barcode) mit Hilfe von Einzelhandel (Retail)

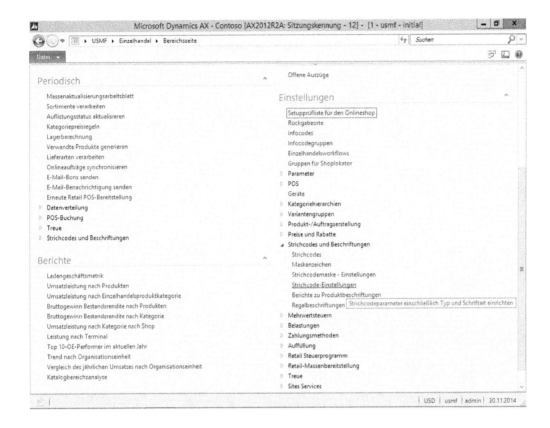

Jetzt klicken Sie auf den Menüpunkt Strichcode-Einstellungen im Ordner Strichcodes und Beschriftungen unter Einstellungen im Modul Einzelhandel.

Erstelle Produkt-Strichcodebeschriftungen (Barcode) mit Hilfe von Einzelhandel (Retail)

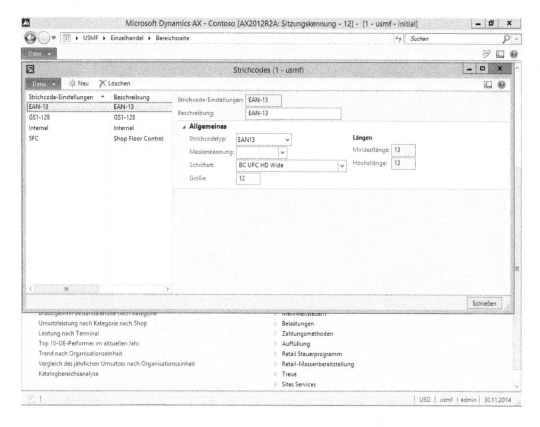

Wenn die Strichcodesmaske angezeigt wird, klicken Sie in der Menüleiste auf Neu.

Erstelle Produkt-Strichcodebeschriftungen (Barcode) mit Hilfe von Einzelhandel (Retail)

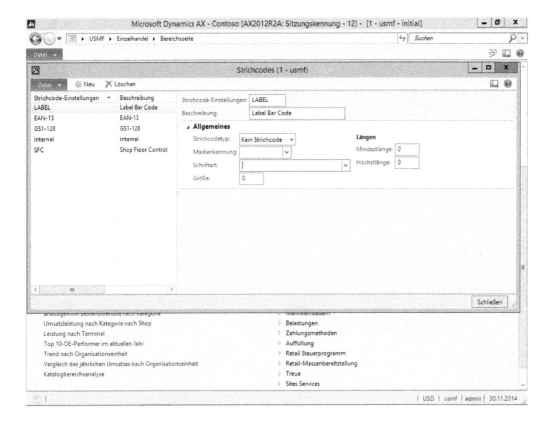

Vergeben Sie für den neuen Datensatz eine Strichcode-Einstellungen-ID und eine Beschreibung.

Erstelle Produkt-Strichcodebeschriftungen (Barcode) mit Hilfe von Einzelhandel (Retail)

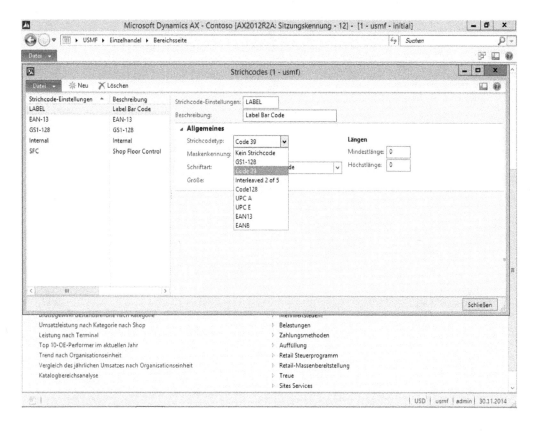

Dann wählen Sie denselben Strichcodetyp aus, den Sie zuvor konfiguriert haben.

Erstelle Produkt-Strichcodebeschriftungen (Barcode) mit Hilfe von Einzelhandel (Retail)

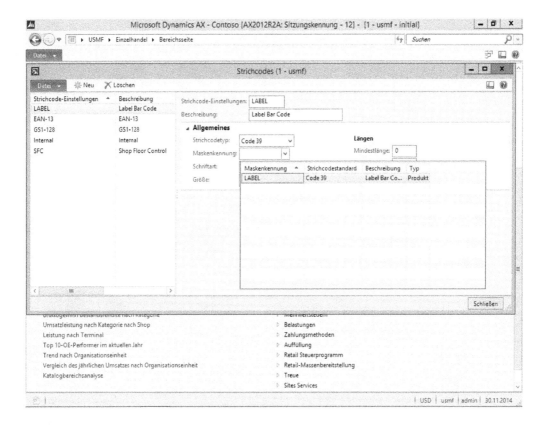

In der Auswahlliste Maskenkennung wählen Sie die Maske aus, die Sie zuvor ebenfalls konfiguriert haben.

Erstelle Produkt-Strichcodebeschriftungen (Barcode) mit Hilfe von Einzelhandel (Retail)

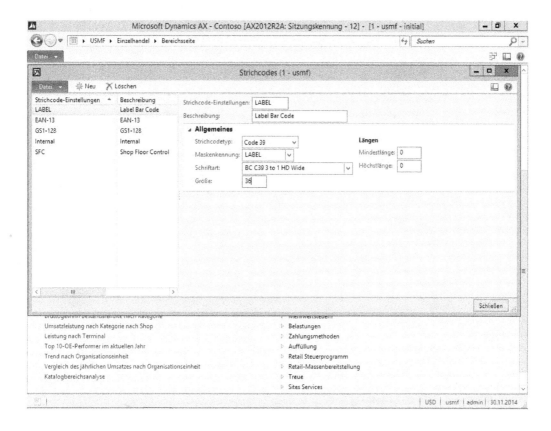

Hinterlegen Sie ebenfalls die Fontgröße, die Sie für den Barcode verwenden möchten.

Erstelle Produkt-Strichcodebeschriftungen (Barcode) mit Hilfe von Einzelhandel (Retail)

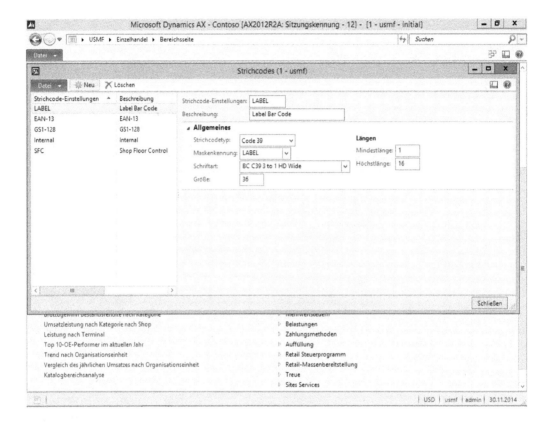

Und dann setzen Sie noch Mindest- und Höchstlänge des Barcodes.

Anschließend klicken Sie auf Schließen.

Erstelle Produkt-Strichcodebeschriftungen (Barcode) mit Hilfe von Einzelhandel (Retail)

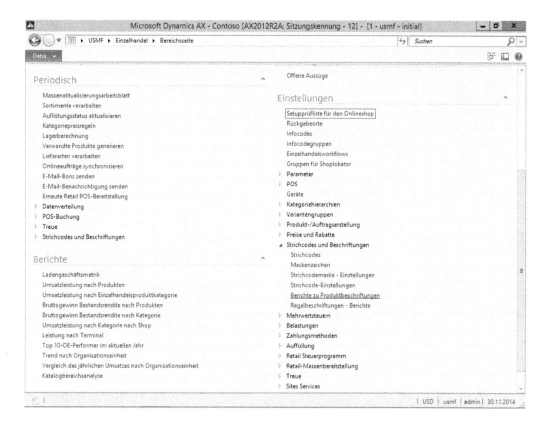

Die Grundeinstellungen sind fast abgeschlossen. Wir müssen jetzt nur noch den Label-Report konfigurieren. Dazu klicken Sie auf den Menüpunkt Berichte zu Produktbeschriftungen im Ordner Strichcodes und Beschriftungen unter Einstellungen im Modul Einzelhandel.

Erstelle Produkt-Strichcodebeschriftungen (Barcode) mit Hilfe von Einzelhandel (Retail)

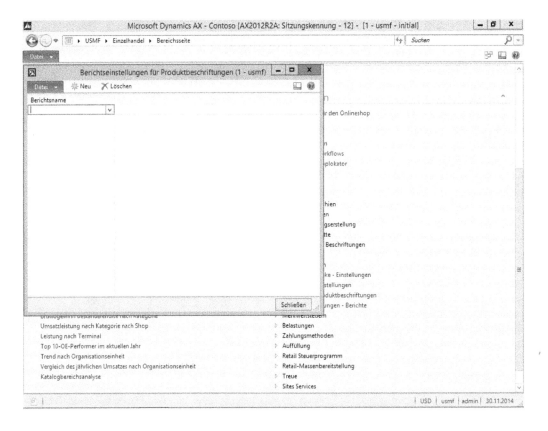

Wenn die Maske Berichtseinstellungen für Produktbeschriftungen angezeigt wird, klicken Sie in der Menüleiste auf Neu.

Erstelle Produkt-Strichcodebeschriftungen (Barcode) mit Hilfe von Einzelhandel (Retail)

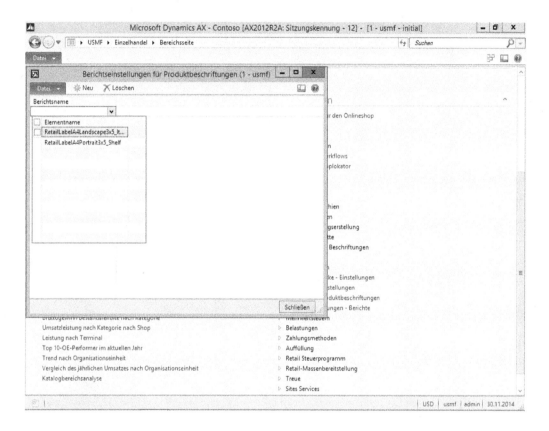

Dann wählen Sie das Labelformat aus, das von Dynamics AX für den Artikel angeboten wird.

Erstelle Produkt-Strichcodebeschriftungen (Barcode) mit Hilfe von Einzelhandel (Retail)

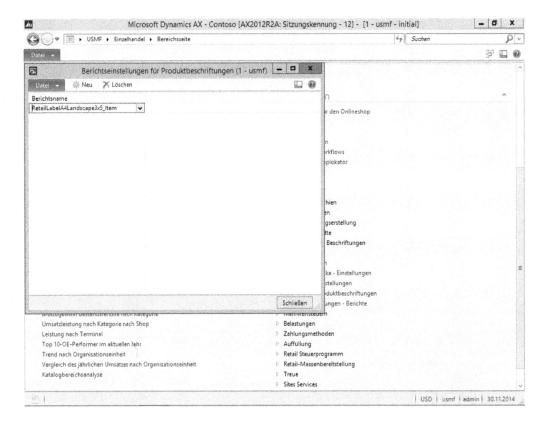

Wenn das getan ist, klicken Sie auf Schließen.

Erstelle Produkt-Strichcodebeschriftungen (Barcode) mit Hilfe von Einzelhandel (Retail)

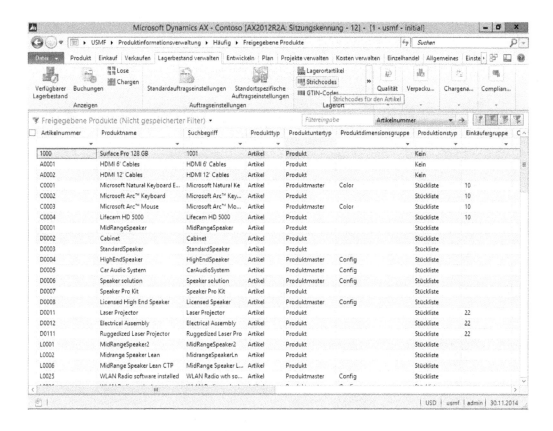

Jetzt können wir für das Produkt den Strichcode konfigurieren. Dazu öffnen wir die Listenseite Freigegebene Produkte und klicken auf den Menüpunkt Strichcodes in der Aktionsleiste Lagerbestand verwalten.

Erstelle Produkt-Strichcodebeschriftungen (Barcode) mit Hilfe von Einzelhandel (Retail)

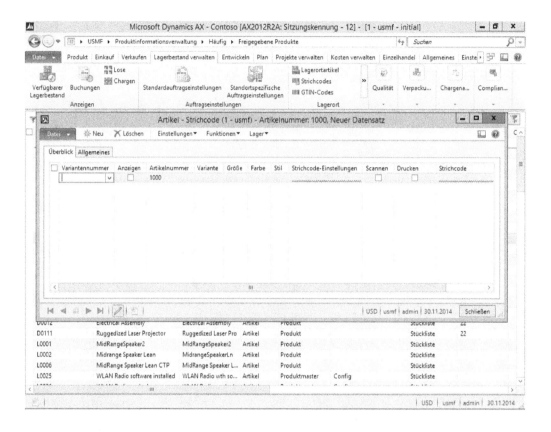

Wenn das Strichcodeformular angezeigt wird, wird automatisch eine Position im Bearbeitungsmodus vorgelegt. Sie können den Strichcodedatensatz jetzt händisch erstellen, obwohl es besser wäre, das Dynamics AX zu überlassen. Deswegen klicken Sie in der Menüleiste auf Löschen, um die automatisch erstellte Position zu entfernen.

Erstelle Produkt-Strichcodebeschriftungen (Barcode) mit Hilfe von Einzelhandel (Retail)

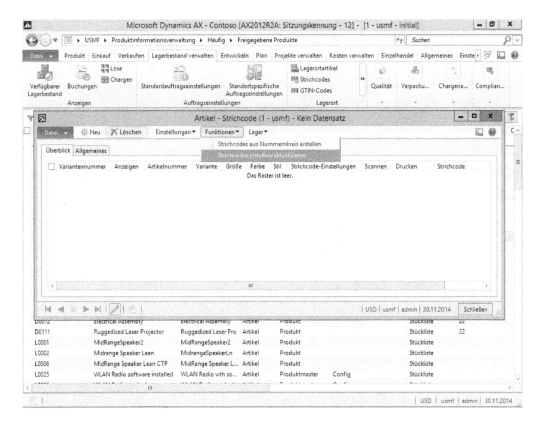

Dann klicken Sie auf den Menüpunkt Strichcodes erstellen/aktualisieren innerhalb des Auswahlmenüs Funktionen.

Erstelle Produkt-Strichcodebeschriftungen (Barcode) mit Hilfe von Einzelhandel (Retail)

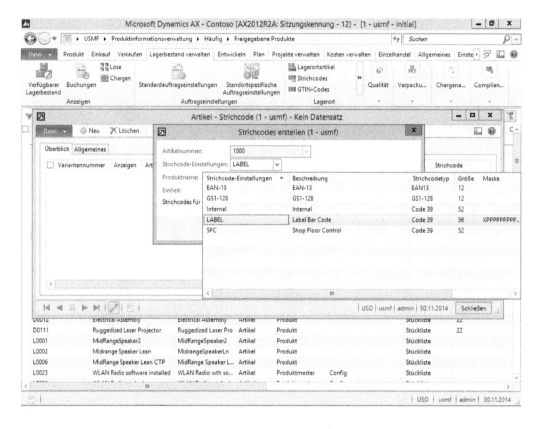

Wenn die Dialogbox Strichcodes erstellen angezeigt wird, wählen Sie aus der Auswahlliste die Strichcode-Einstellung aus, die Sie zuvor eingerichtet haben.

Erstelle Produkt-Strichcodebeschriftungen (Barcode) mit Hilfe von Einzelhandel (Retail)

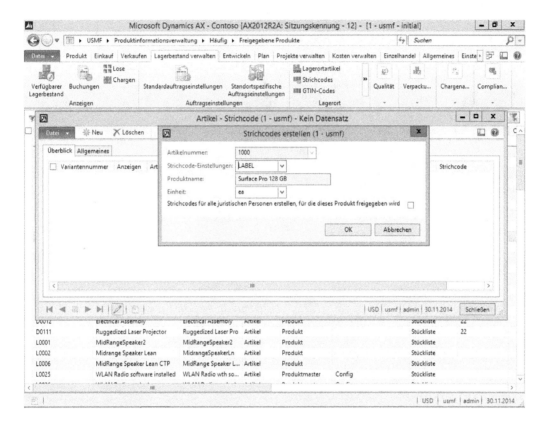

Anschließend klicken Sie auf OK.

Erstelle Produkt-Strichcodebeschriftungen (Barcode) mit Hilfe von Einzelhandel (Retail)

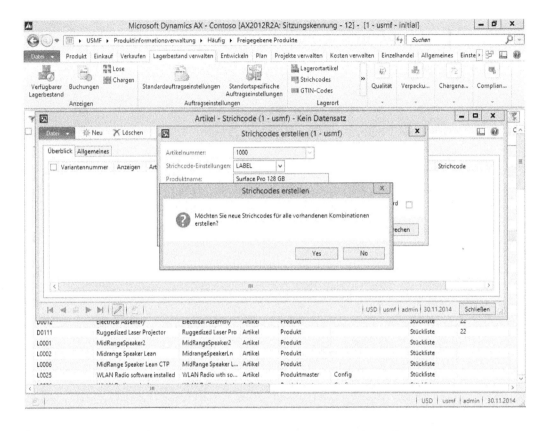

Wenn die Bestätigungsdialogbox angezeigt wird, klicken Sie auf Yes.

Erstelle Produkt-Strichcodebeschriftungen (Barcode) mit Hilfe von Einzelhandel (Retail)

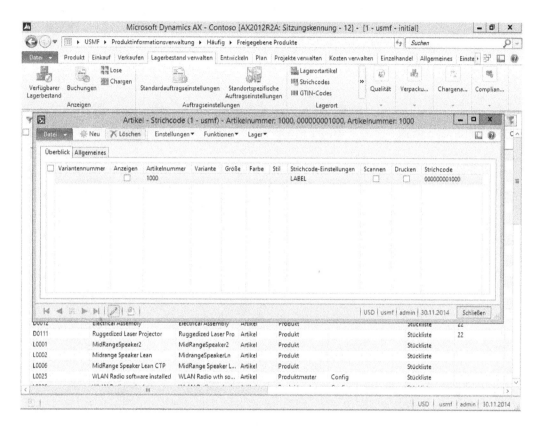

Wenn Sie jetzt in die Strichcodemaske zurückkehren, haben Sie einen Barcode-Datensatz erstellt.

Erstelle Produkt-Strichcodebeschriftungen (Barcode) mit Hilfe von Einzelhandel (Retail)

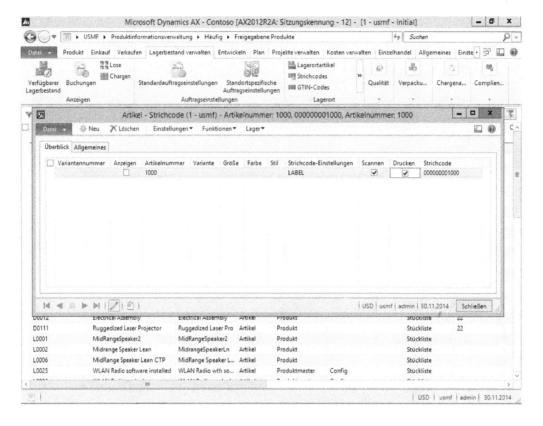

Aktivieren Sie die Checkboxen Scannen und Drucken und klicken daraufhin auf Schließen.

Erstelle Produkt-Strichcodebeschriftungen (Barcode) mit Hilfe von Einzelhandel (Retail)

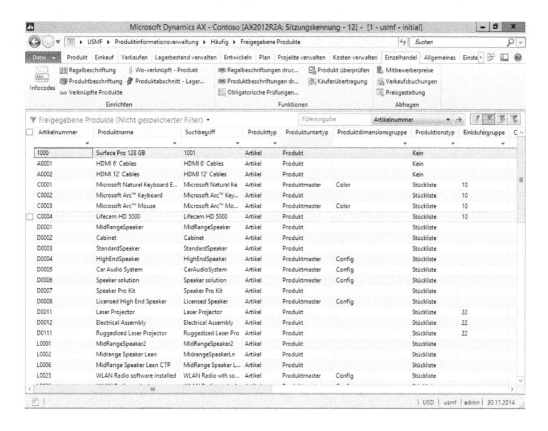

Wir haben es fast geschafft. Abschließend klicken wir auf Produktbeschriftung innerhalb der Aktionsleiste Einzelhandel.

Erstelle Produkt-Strichcodebeschriftungen (Barcode) mit Hilfe von Einzelhandel (Retail)

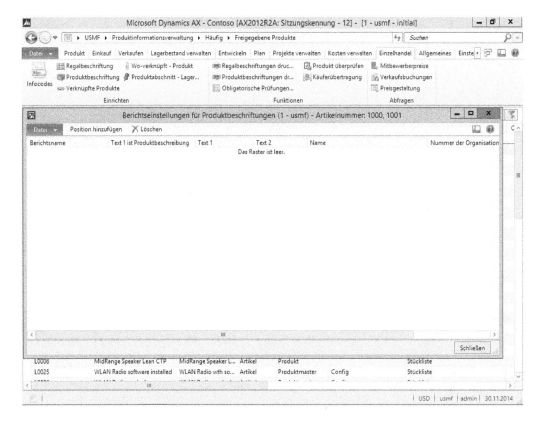

Wenn das Formular Berichtseinstellungen für Produktbeschriftungen angezeigt wird, klicken Sie zur Erstellung eines neuen Datensatzes auf Position hinzufügen.

Erstelle Produkt-Strichcodebeschriftungen (Barcode) mit Hilfe von Einzelhandel (Retail)

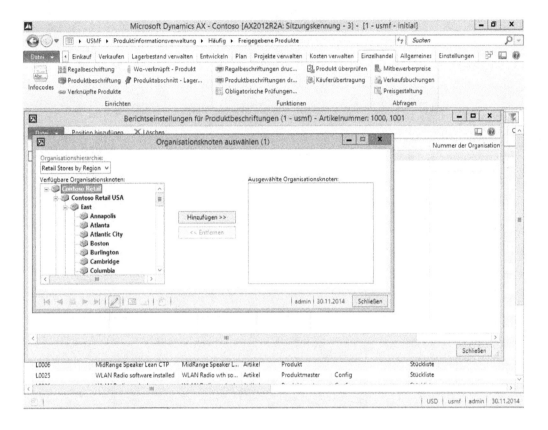

Fügen Sie der Berichtseinstellung einen Organisationsknoten hinzu.

Erstelle Produkt-Strichcodebeschriftungen (Barcode) mit Hilfe von Einzelhandel (Retail)

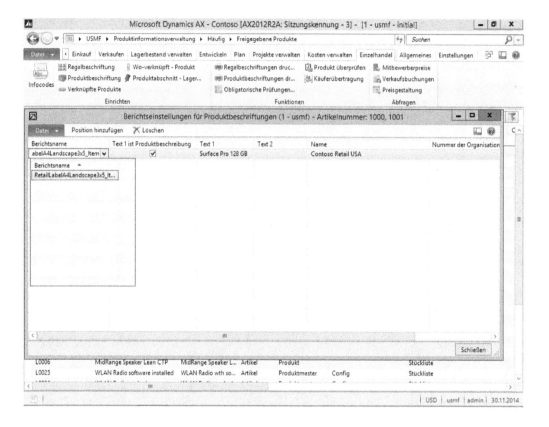

Dann wählen Sie den Berichtsnamen.

Erstelle Produkt-Strichcodebeschriftungen (Barcode) mit Hilfe von Einzelhandel (Retail)

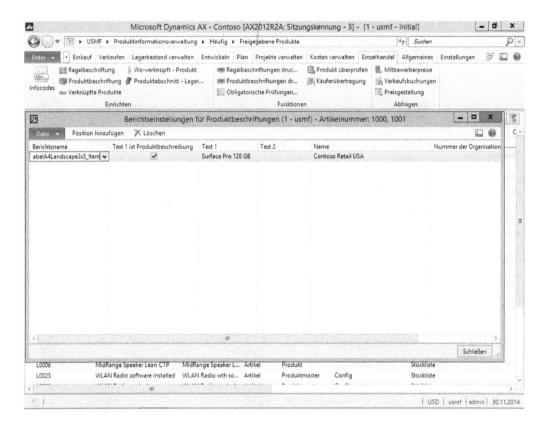

Im Feld Text2 könnten Sie einen Zusatztext hinterlegen.

Erstelle Produkt-Strichcodebeschriftungen (Barcode) mit Hilfe von Einzelhandel (Retail)

Wenn die Produktbeschriftung konfiguriert ist, schließen Sie die Maske.

Erstelle Produkt-Strichcodebeschriftungen (Barcode) mit Hilfe von Einzelhandel (Retail)

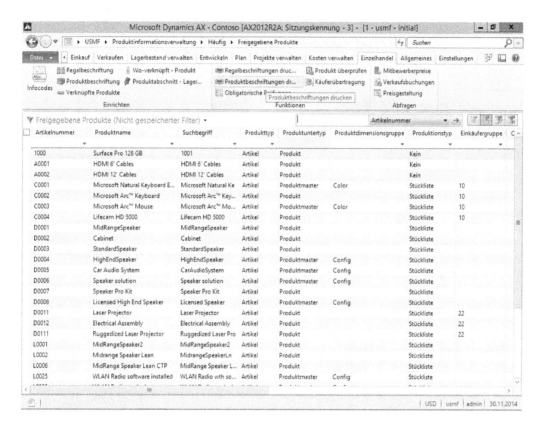

Jetzt können wir das Label drucken. Dazu klicken Sie auf die Schaltfläche Produktbeschriftungen drucken innerhalb der Aktionsleiste Einzelhandel.

Erstelle Produkt-Strichcodebeschriftungen (Barcode) mit Hilfe von Einzelhandel (Retail)

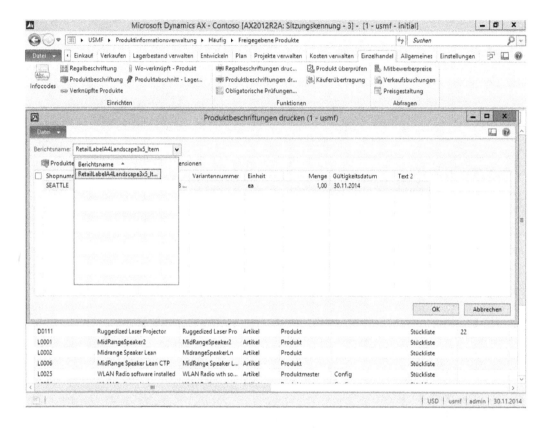

Wählen Sie im Feld Berichtsname den entsprechenden Report aus und klicken anschließend auf OK.

Erstelle Produkt-Strichcodebeschriftungen (Barcode) mit Hilfe von Einzelhandel (Retail)

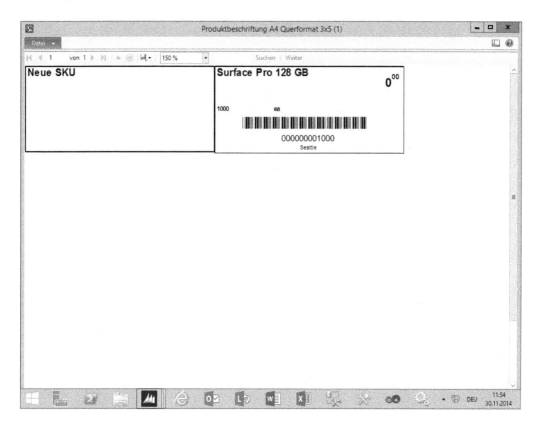

Ist das nicht ein herrliches Label ...

Aktualisiere die Preise für Freigegebene Produkte zügig

Die Aktualisierung von Preisen mit Hilfe des Preiserfassungsjournals kann manchmal etwas schwerfällig sein, vor allem wenn Sie nur ein oder zwei Produkte aktualisieren möchten. Glücklicherweise können Sie mit nur ein paar Klicks Ihre Preise unmittelbar in der Bearbeitungsmaske Freigegebene Produkte ändern, und schon haben Sie eine neue und aktualisierte Preisliste.

Nun können Sie nach Gutdünken agieren wie ein Frachtraumhändler.

Aktualisiere die Preise für Freigegebene Produkte zügig

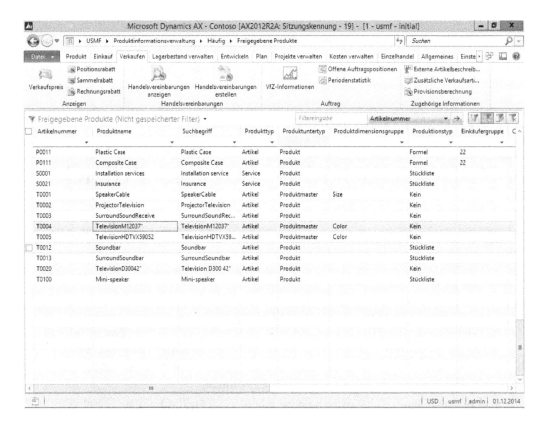

Öffnen Sie die Listenseite für Freigegebene Produkte, für die Sie den Preis ändern möchten, und dann klicken Sie die Schaltfläche Handelsvereinbarungen anzeigen innerhalb der Aktionsleiste Verkaufen.

Aktualisiere die Preise für Freigegebene Produkte zügig

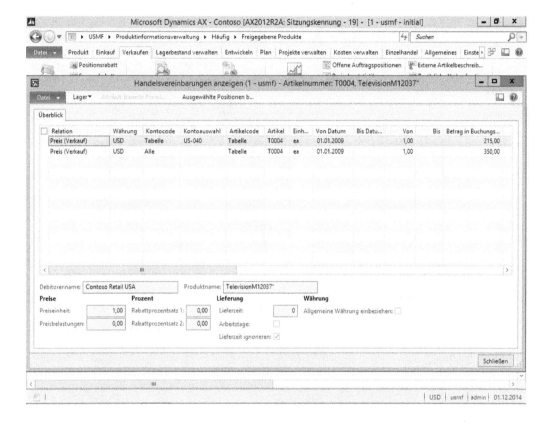

Wenn die Abfrage Handelsvereinbarungen angezeigt wird, können Sie die derzeit gültigen Preise für das Produkt sehen.

Aktualisiere die Preise für Freigegebene Produkte zügig

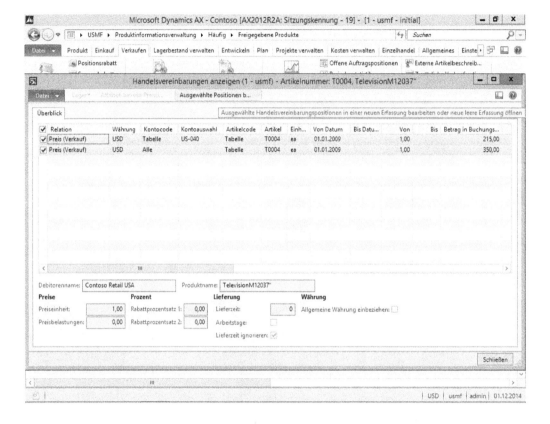

Wählen Sie diejenigen Zeilen aus, die Sie aktualisieren möchten, und dann klicken Sie in der Menüleiste auf Ausgewählte Positionen bearbeiten.

Aktualisiere die Preise für Freigegebene Produkte zügig

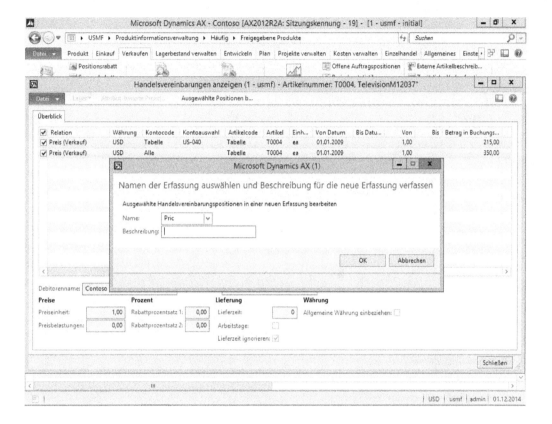

Wenn die Dialogbox Namen des Erfassungsjournals wählen angezeigt wird, sollte der Journalname bereits vorbelegt sein, und Sie müssen nur noch auf OK klicken.

Aktualisiere die Preise für Freigegebene Produkte zügig

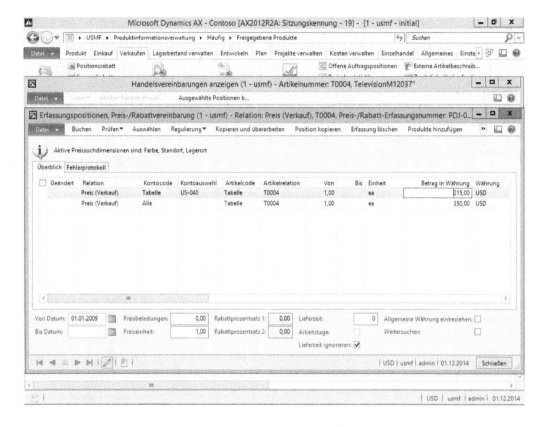

Dynamics AX öffnet die Erfassungsmaske der Preis-/Rabattvereinbarung mit sämtlichen in das Journal hineinkopierten alten Preisen.

Aktualisiere die Preise für Freigegebene Produkte zügig

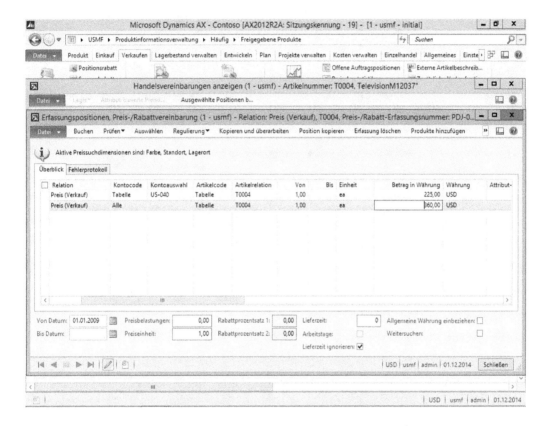

Jetzt können Sie die Preise, die Sie anpassen möchten, aktualisieren, und wenn Sie damit fertig sind, klicken Sie in der Menüleiste auf Buchen.

Aktualisiere die Preise für Freigegebene Produkte zügig

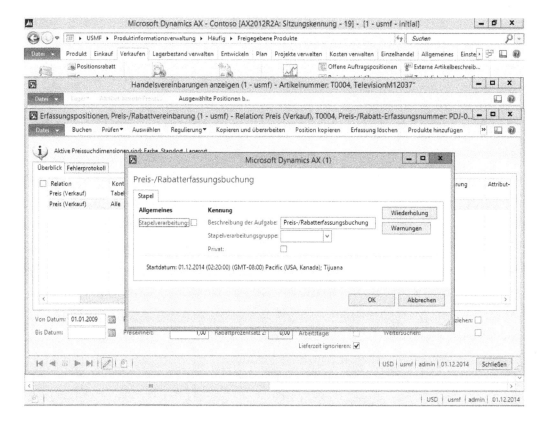

Wenn die Dialogbox Preis-/Rabatterfassungsbuchung angezeigt wird, klicken Sie auf OK.

Aktualisiere die Preise für Freigegebene Produkte zügig

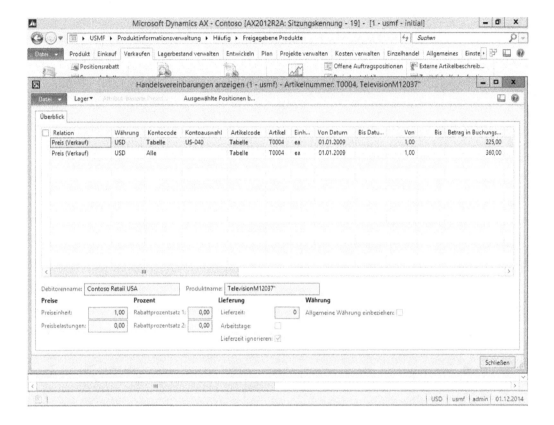

Wenn Sie in die Abfrage Handelsvereinbarungen zurückkehren, können Sie sehen, dass die Preise basierend auf Ihren Journaleinträgen aktualisiert wurden.

How easy is that!

Markiere gelöschte Aufträge als storniert, um verlorene Verkäufe aufzuzeichnen

Jeder Auftrag ist besonders, ebenso die gelöschten, weil sie Ihnen gestatten, die entgangenen Umsätze festzuhalten. Falls Sie nicht möchten, dass sämtliche gelöschten Aufträge in Dynamics AX verlorengehen, dann können Sie die Funktion Auftrag als storniert markieren aktivieren und es werden alle gelöschten Auftragsdetails für die Nachwelt festgehalten.

Jetzt verschwinden Ihre gelöschten Aufträge, aber sie sind nicht vergessen.

Markiere gelöschte Aufträge als storniert, um verlorene Verkäufe aufzuzeichnen

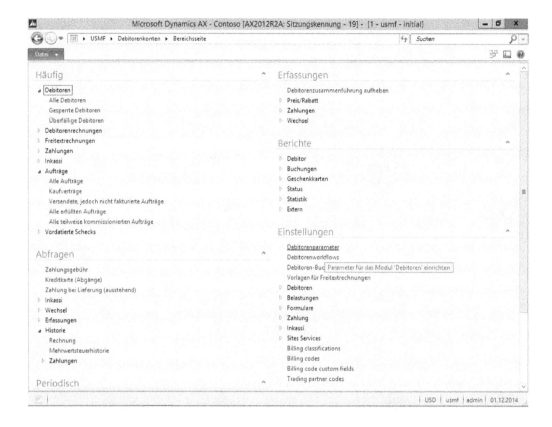

Um die verlorengegangenen Aufträge festzuhalten, klicken Sie auf den Menüpunkt Debitorenparameter unter Einstellungen im Modul Debitorenkonten.

Markiere gelöschte Aufträge als storniert, um verlorene Verkäufe aufzuzeichnen

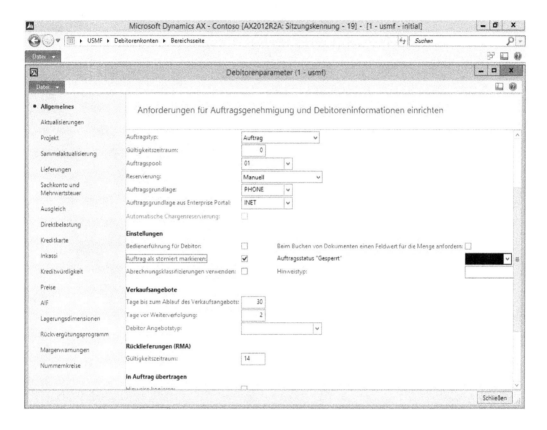

Aktivieren Sie die Checkbox **Auftrag als storniert markieren** in der Gruppe **Einstellungen** unter **Allgemeines**.

Markiere gelöschte Aufträge als storniert, um verlorene Verkäufe aufzuzeichnen

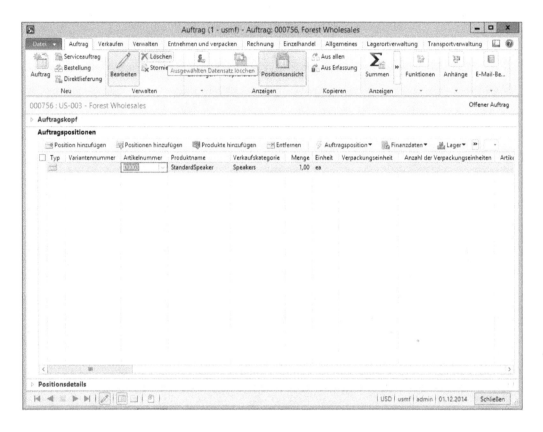

Dann rufen Sie irgendeinen Auftrag auf, den Sie nicht mehr benötigen, und klicken auf den Schaltknopf Löschen in der Aktionsleiste Auftrag.

Markiere gelöschte Aufträge als storniert, um verlorene Verkäufe aufzuzeichnen

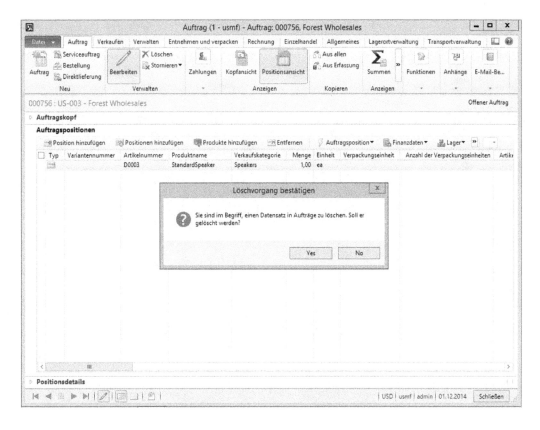

Klicken Sie auf Yes, um den Löschvorgang zu bestätigen.

Markiere gelöschte Aufträge als storniert, um verlorene Verkäufe aufzuzeichnen

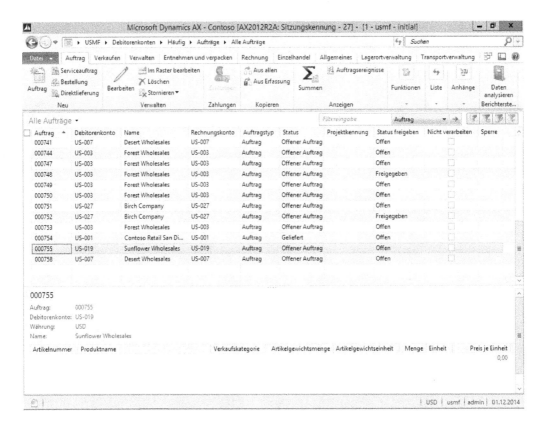

Jetzt findet sich vom Auftrag keine Spur mehr … oder ?

Markiere gelöschte Aufträge als storniert, um verlorene Verkäufe aufzuzeichnen

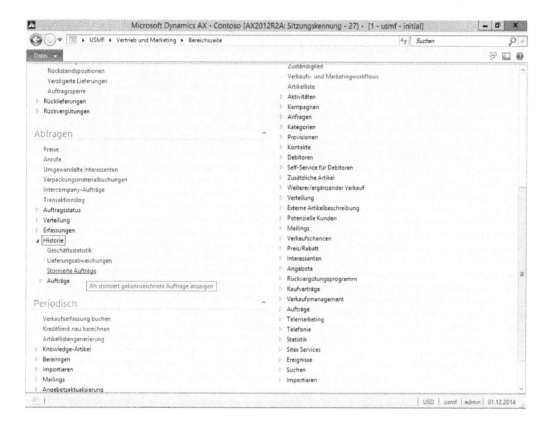

Um die gelöschten Aufträge zu sehen, klicken Sie auf den Menüpunkt Stornierte Aufträge im Ordner Historie unter Abfragen im Modul Vertrieb und Marketing.

Markiere gelöschte Aufträge als storniert, um verlorene Verkäufe aufzuzeichnen

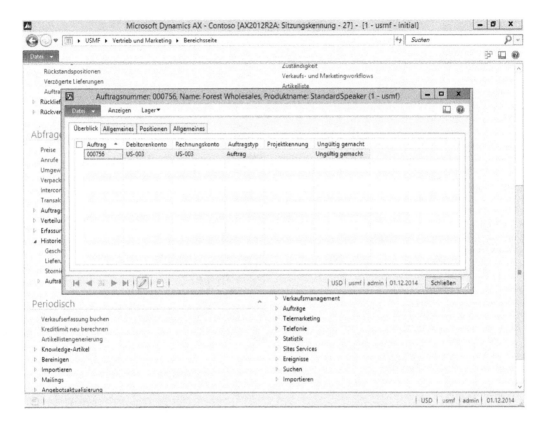

Sie können sehen, dass der eben gelöschte Auftrag, hier aufgezeichnet wird.

Markiere gelöschte Aufträge als storniert, um verlorene Verkäufe aufzuzeichnen

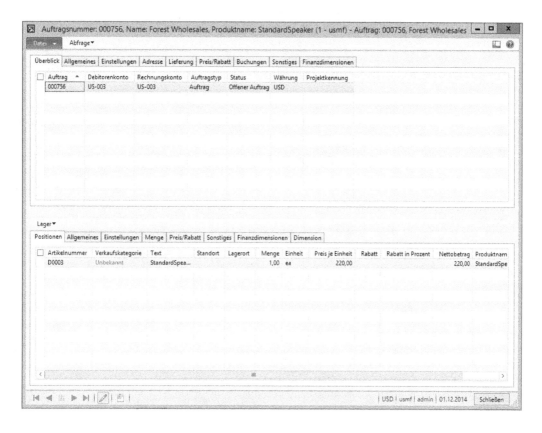

Wenn Sie in der Menüleiste auf Anzeigen klicken, dann können Sie die komplette Historie des Auftrags, den Sie gelöscht haben, sehen.

Vielleicht sollten Sie in nächster Zeit einen Strauß Blumen mitbringen ...

Blockiere Anwender für die Nutzung spezieller Journale durch die Kennzeichnung Privat

Wenn das Hauptbuch Herz und Seele von Dynamics AX ist, dann sind die Journale die DNA, die alle Informationen über die Organisation abbildet. Deswegen macht es Sinn, dass Sie versuchen sicherzustellen, dass nicht jeder nolens volens innerhalb des Systems Buchungen vornimmt. Einige Buchungen werden automatisch durchgeführt, andere werden über einen Genehmigungsprozeß kontrolliert, aber spezielle Journale, die von der Finanzabteilung genutzt werden, würden Sie gerne durch die Kennzeichnung Privat blockieren, so dass nur bestimmte Personen in der Lage sind, sie zu sehen.

Die Finanzabteilung ist keine geheime Gruppe, aber das heißt nicht, dass es nicht eine Gruppe mit Geheimnissen ist.

Blockiere Anwender für die Nutzung spezieller Journale durch die Kennzeichnung Privat

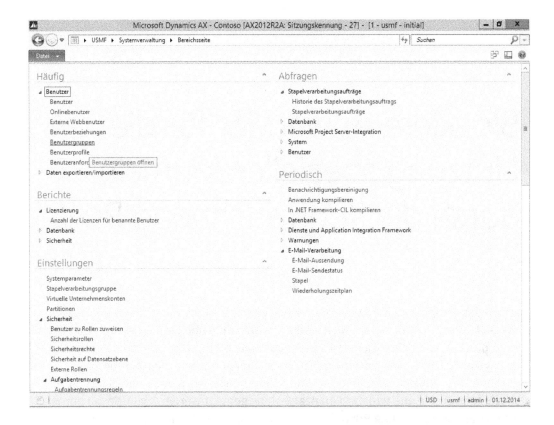

Als erstes sollten Sie eine Benutzergruppe einrichten, die alle Benutzer beinhaltet, denen Sie den Zugriff auf das Journal gestatten wollen. Dazu klicken Sie auf den Menüpunkt Benutzergruppen im Ordner Benutzer unter Häufig im Modul Systemverwaltung.

Blockiere Anwender für die Nutzung spezieller Journale durch die Kennzeichnung Privat

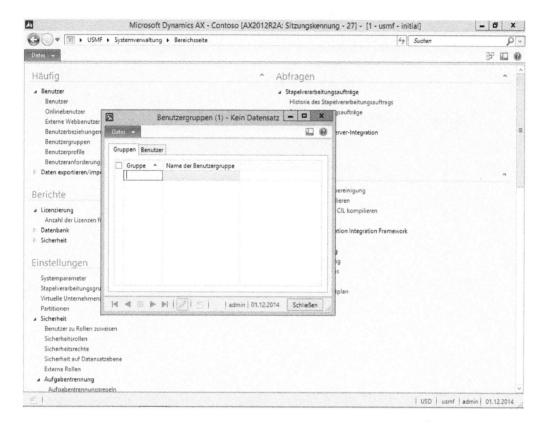

Wenn die Maske Benutzergruppen angezeigt wird, erstellen Sie einen neuen Datensatz durch Drücken von CTRL+N – es gibt hier keine Menüleiste mit dem Schaltknopf Neu, so dass Sie hier nach alter Schule vorgehen müssen.

Blockiere Anwender für die Nutzung spezieller Journale durch die Kennzeichnung Privat

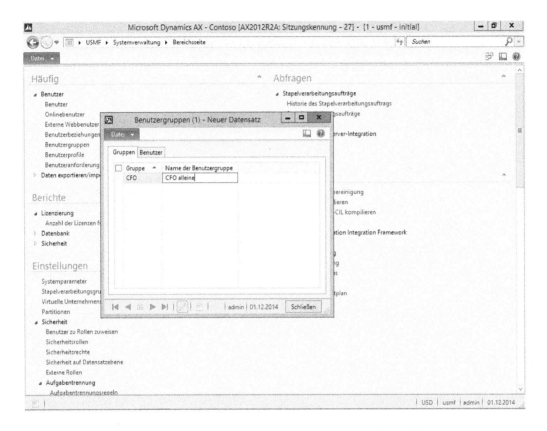

Geben Sie für die Benutzergruppe einen Namen und eine Beschreibung ein.

Blockiere Anwender für die Nutzung spezieller Journale durch die Kennzeichnung Privat

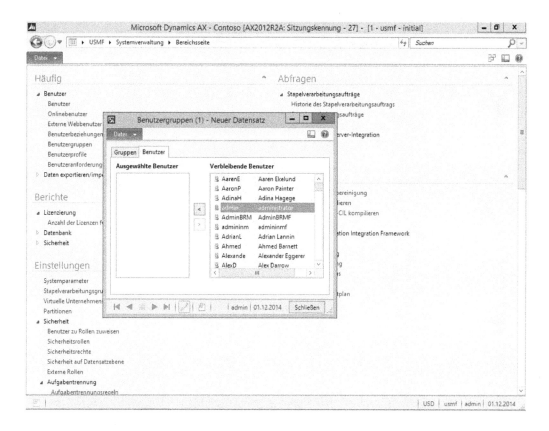

Dann klicken Sie auf das Register Benutzer, wählen den Benutzer, den Sie der Gruppe zuweisen möchten, und klicken auf den < Schaltknopf.

Blockiere Anwender für die Nutzung spezieller Journale durch die Kennzeichnung Privat

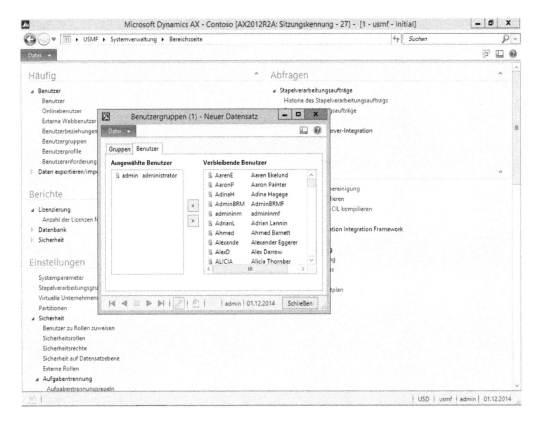

Nachdem Sie alle Benutzer ausgewählt haben, klicken Sie auf Schließen.

Blockiere Anwender für die Nutzung spezieller Journale durch die Kennzeichnung Privat

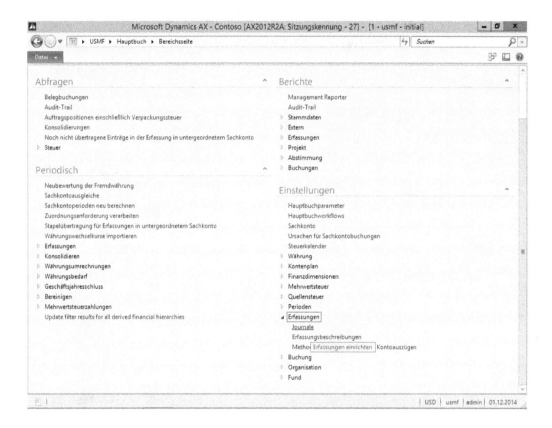

Nun müssen wir noch das Journal verriegeln, indem die Benutzergruppe dem Journal zugeordnet wird. Dazu klicken Sie auf den Menüpunkt Journale im Ordner Erfassungen unter Einstellungen im Modul Hauptbuch.

Blockiere Anwender für die Nutzung spezieller Journale durch die Kennzeichnung Privat

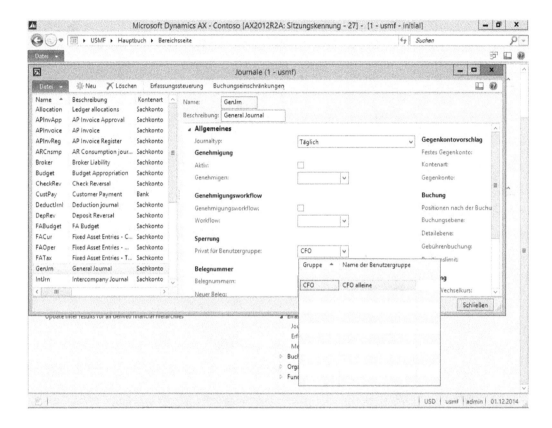

Wenn die Maske Journale angezeigt wird, wählen Sie das Journal, das Sie als Privat markieren wollen, und wählen anschließend die von Ihnen konfigurierte Benutzergruppe aus über die Auswahlliste im Feld Privat für Benutzergruppe.

Blockiere Anwender für die Nutzung spezieller Journale durch die Kennzeichnung Privat

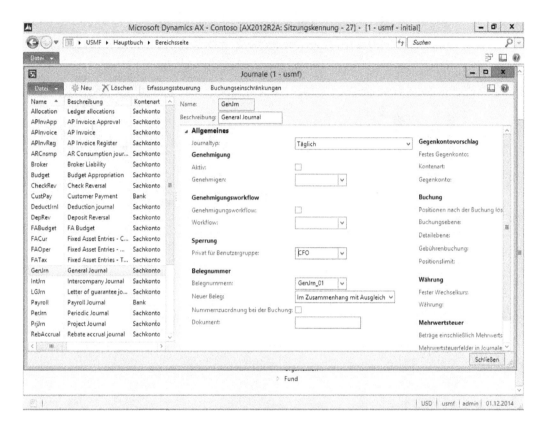

Wenn das getan ist, klicken Sie auf Schließen, um die Maske zu verlassen.

Blockiere Anwender für die Nutzung spezieller Journale durch die Kennzeichnung Privat

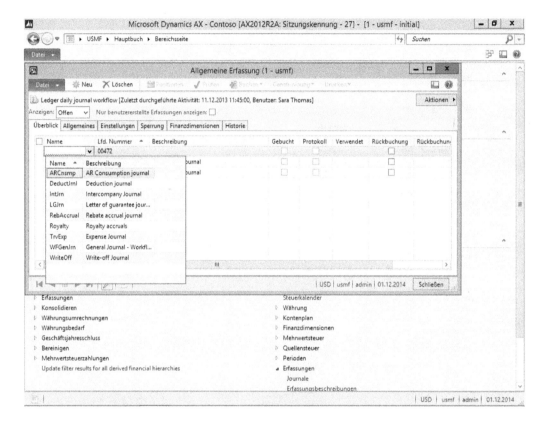

Wenn Sie nicht Teil der Benutzergruppe sind, die Zugriff auf das Journal haben, können Sie das Journal nicht sehen.

Blockiere Anwender für die Nutzung spezieller Journale durch die Kennzeichnung Privat

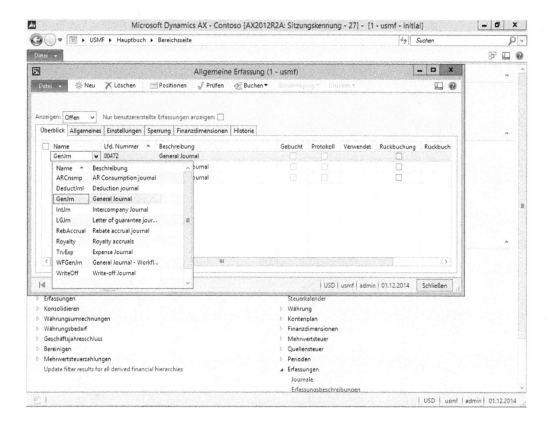

Aber für die glücklichen von Ihnen ist das Journal verfügbar.

Verarbeite Einkaufsrechnungen mit Hilfe nicht angefügter Dokumente

Die Dokumentanhangfunktion innerhalb Dynamics AX ist großartig, weil Sie Dateien an jeden Datensatz im System anhängen können. Aber manchmal haben Sie Dokumente, für die kein Datensatz vorhanden ist, an den es angehängt werden kann. In diesem Fall müßten Sie zuerst einen Datensatz erstellen und anschließend das Dokument zuordnen. In dieser Situation können Sie auf die Funktion Nicht Angefügter Dokumente zurückgreifen und einen Workflowprozeß hinzufügen, um sicherzustellen, dass das Dokument von den richtigen Personen weiterverarbeitet wird.

Es ist wie eine Verkuppelung, ausschließlich für Dateien.

Verarbeite Einkaufsrechnungen mit Hilfe nicht angefügter Dokumente

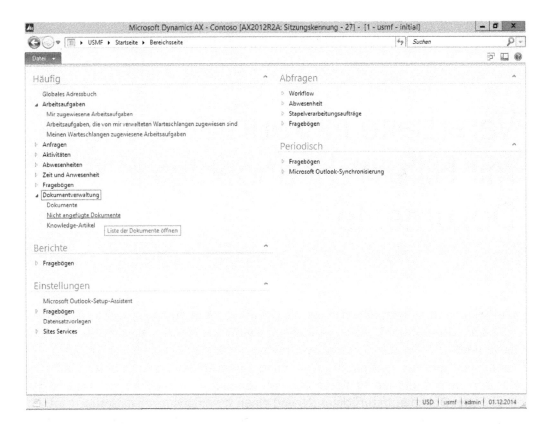

Beginnen Sie, indem Sie den Menüpunkt Nicht angefügte Dokumente im Ordner Dokumentverwaltung auf der Startseite anklicken.

Verarbeite Einkaufsrechnungen mit Hilfe nicht angefügter Dokumente

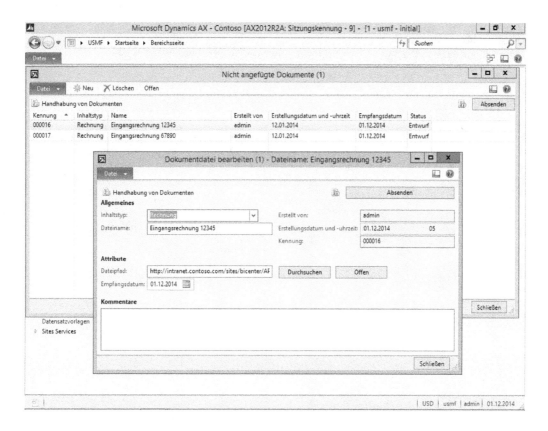

Wählen Sie das Dokument, das Sie verarbeiten möchten, und übergeben Sie es dem Dokumentmanagement-Workflowprozeß durch Betätigen von Absenden.

Beachte: Um Nicht angefügte Dokumente via Workflow zu verarbeiten, ist das Einrichten eines Organisationsworkflows notwendig (Pfad: Organisationsverwaltung -> Workflow -> Organisationsworkflows).

Verarbeite Einkaufsrechnungen mit Hilfe nicht angefügter Dokumente

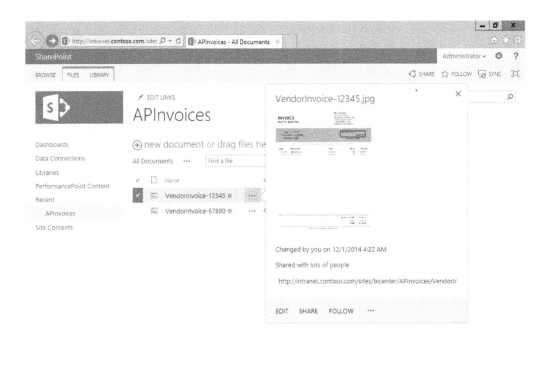

Beachte: In diesem Fall ist das Nicht angefügte Dokument mit einer eingescannten Datei verknüpft, die wir in SharePoint eingelesen haben.

Verarbeite Einkaufsrechnungen mit Hilfe nicht angefügter Dokumente

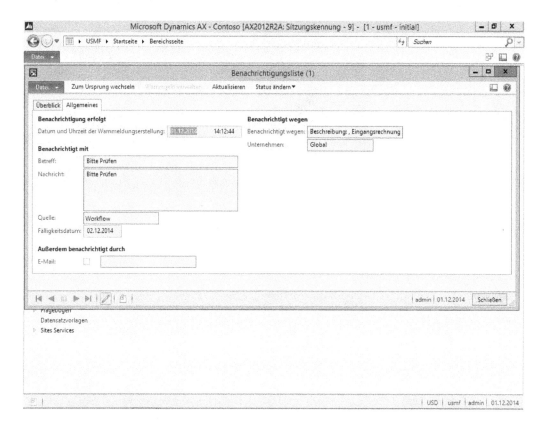

Mit Hilfe des Workflowprozesses wird der Einkaufssachbearbeiter benachrichtigt, dass ein Dokument vorhanden ist, das verarbeitet werden muß.

Verarbeite Einkaufsrechnungen mit Hilfe nicht angefügter Dokumente

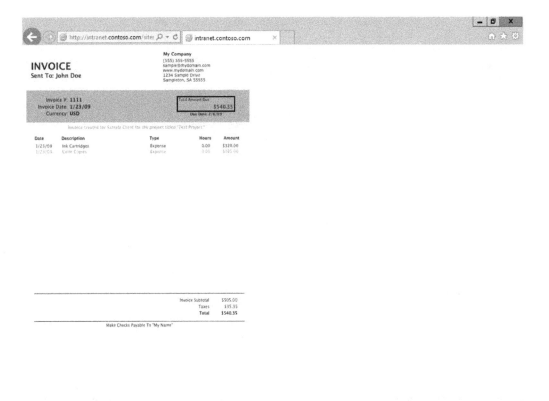

Durch den Link Nicht angefügte Dokumente sind die Mitarbeiter in der Lage, das Image direkt von SharePoint heraus zu betrachten.

Verarbeite Einkaufsrechnungen mit Hilfe nicht angefügter Dokumente

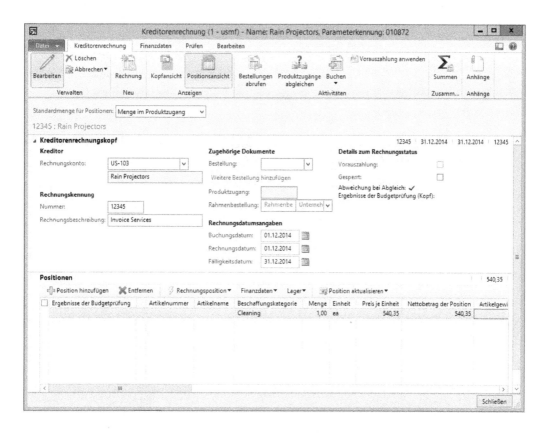

Der nächste Schritt ist die Erstellung einer Eingangsrechnung basierend auf der eingescannten Datei.

Pfad: Kreditorenkonten->Häufig->Kreditorenrechnungen->Ausstehende Kreditorenrechnungen

Verarbeite Einkaufsrechnungen mit Hilfe nicht angefügter Dokumente

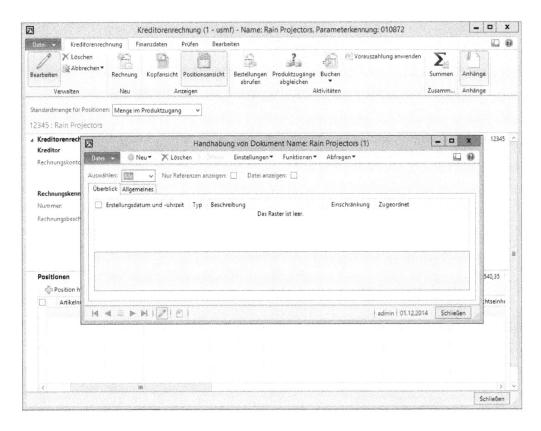

Um das Nicht angefügte Dokument mit der Rechnung als Referenz zu verbinden, klicken Sie auf die Schaltfläche Anhänge innerhalb der Aktionsleiste Kreditorenrechnung.

Verarbeite Einkaufsrechnungen mit Hilfe nicht angefügter Dokumente

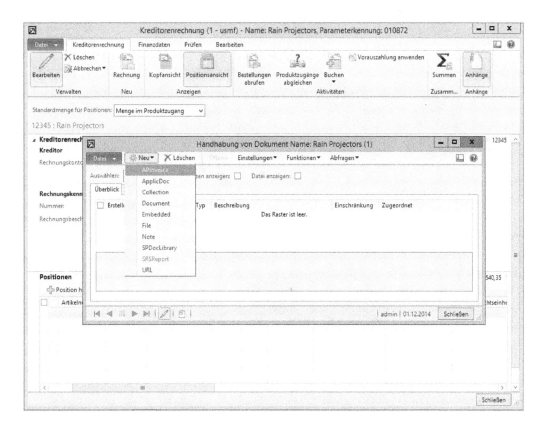

Dann klicken Sie in der Menüleiste auf Neu und wählen den Dokumenttyp, dem die eingescannte Rechnung zugeordnet werden soll.

Verarbeite Einkaufsrechnungen mit Hilfe nicht angefügter Dokumente

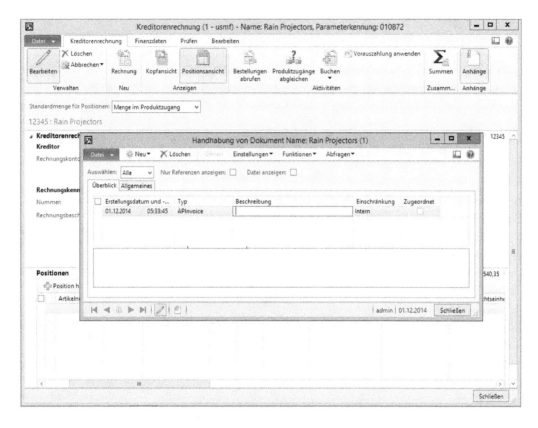

In unserem Fall verwenden wir den Dokumenttyp APInvoice.

Verarbeite Einkaufsrechnungen mit Hilfe nicht angefügter Dokumente

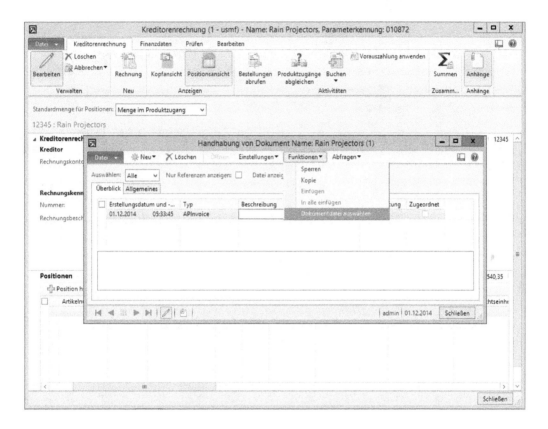

Um nach dem Nicht angehängten Dokument zu suchen und mit dem Anhänge-Datensatz zu verknüpfen, klicken Sie auf das Menü Funktionen und klicken auf den Menüpunkt Dokumentdatei auswählen.

Verarbeite Einkaufsrechnungen mit Hilfe nicht angefügter Dokumente

Daraufhin wird Ihnen eine Liste mit allen nicht angefügten Dokumenten vorgelegt. Wählen Sie die betreffende Eingangsrechnung aus, klicken Sie auf Auswählen und anschließend auf Schließen.

Verarbeite Einkaufsrechnungen mit Hilfe nicht angefügter Dokumente

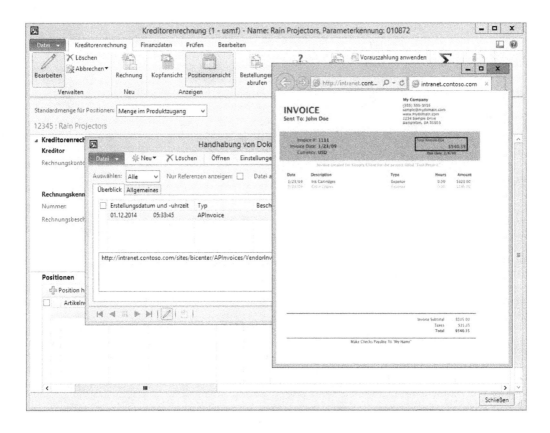

Daraufhin wird ein Link zum SharePoint-Dokument ergänzt, und Sie können in der Menüleiste durch Klicken auf Öffnen den Datensatz innerhalb SharePoint betrachten.

Verarbeite Einkaufsrechnungen mit Hilfe nicht angefügter Dokumente

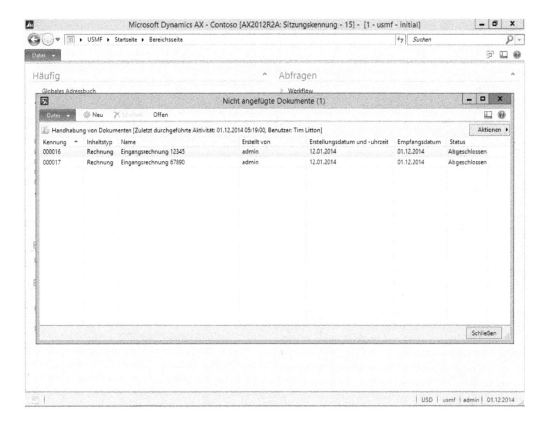

Jetzt müssen Sie nur noch zur Arbeitsliste zurückkehren und den Dokument-Workflow komplettieren.

Aktiviere Änderungs-management bei Bestellungen, um Änderungen aufzuzeichnen

Falls Sie Ihre Bestellungen etwas präziser aufzeichnen wollen, dann müssen Sie nur innerhalb des Beschaffungsmoduls die Funktion Änderungsmanagement aktivieren. Sie haben dadurch nicht nur die Möglichkeit, Workflow-Genehmigungen hinzuzufügen, sondern Sie haben auch die Gelegenheit, Ihre alten Versionen der Bestellungen sowie die Unterschiede zwischen den Versionen anzusehen.

Nun müssen Sie nicht mehr spielen "Erkenne den Unterschied", falls Sie herausfinden möchten, was an der Bestellung geändert wurde.

Aktiviere Änderungsmanagement bei Bestellungen, um Änderungen aufzuzeichnen

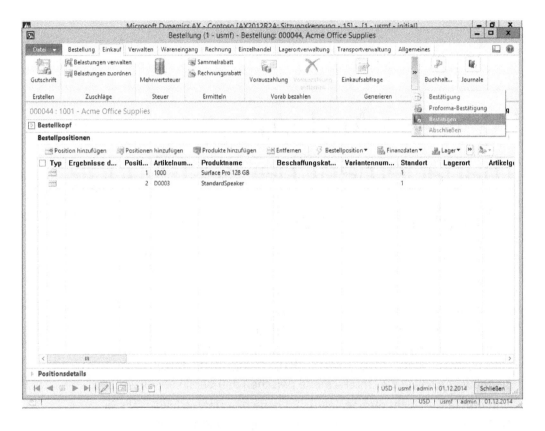

Normalerweise können Sie nach Erfassung einer Bestellung sofort eine Bestätigung ausdrucken und anschließend Wareneingänge verbuchen.

Aktiviere Änderungsmanagement bei Bestellungen, um Änderungen aufzuzeichnen

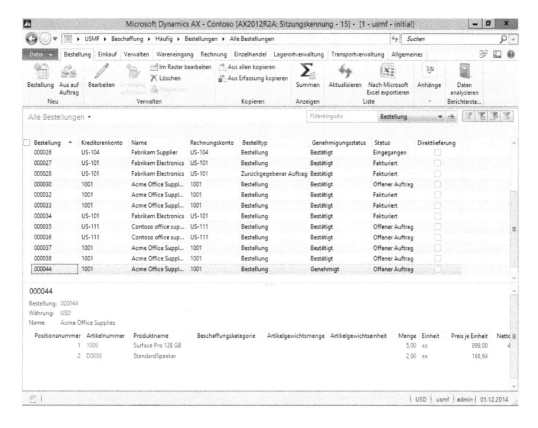

Wenn Sie den Genehmigungsstatus der Bestellung betrachten, dann können Sie erkennen, dass der Status im Normalfall Genehmigt ist, sobald die Bestellung ins System eingegeben wurde.

Aktiviere Änderungsmanagement bei Bestellungen, um Änderungen aufzuzeichnen

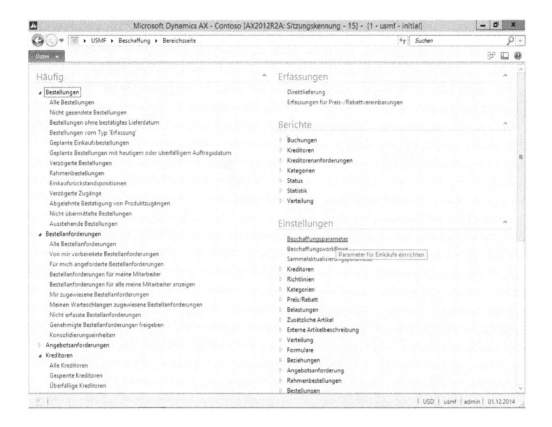

Um etwas mehr Kontrolle über den Bestellerfassungsprozeß zu bekommen, können Sie das Feature Änderungsmanagement aktivieren. Dazu müssen Sie den Menüpunkt Beschaffungsparameter unter Einstellungen im Modul Beschaffung anklicken.

Aktiviere Änderungsmanagement bei Bestellungen, um Änderungen aufzuzeichnen

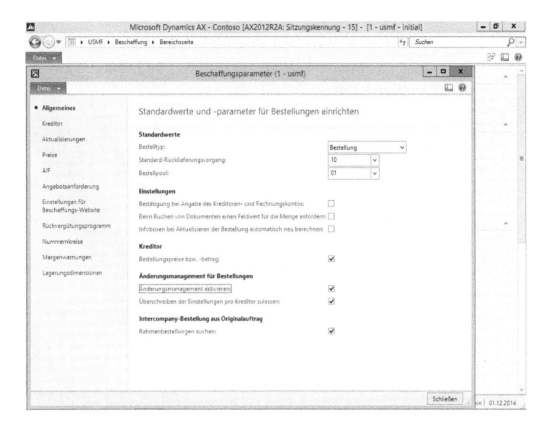

Wenn die Maske Beschaffungsparameter angezeigt wird, setzen Sie unter Allgemeines die Checkbox Änderungsmanagement aktivieren auf Ja.

Aktiviere Änderungsmanagement bei Bestellungen, um Änderungen aufzuzeichnen

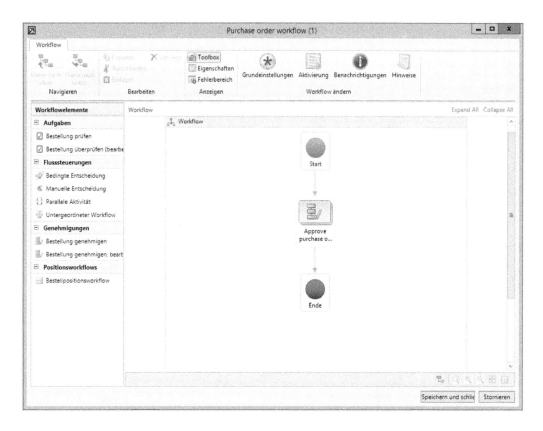

Bestellungen, die mit Hilfe des Änderungsmanagement "ausgespäht" werden, werden durch die Workflow-Engine innerhalb Dynamics AX genehmigt. So ist noch ein letzter Schritt in diesem Prozeß vorzunehmen und ein neuer Workflow zu erstellen, der es Ihnen gestattet, die Bestellung nach Versenden zu genehmigen.

Aktiviere Änderungsmanagement bei Bestellungen, um Änderungen aufzuzeichnen

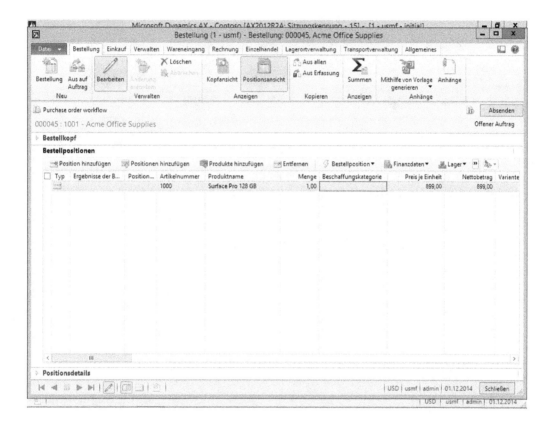

Erzeugen Sie jetzt eine neue Bestellung.

Aktiviere Änderungsmanagement bei Bestellungen, um Änderungen aufzuzeichnen

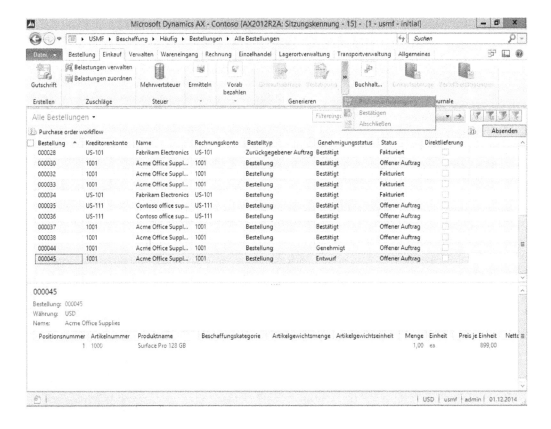

Sie können jetzt erkennen, dass die Bestellung den Genehmigungsstatus Entwurf hat und das eine Option Absenden vorhanden ist, um den Genehmigungsworkflow zu starten.

Außerdem ist keine Option verfügbar, die es dem Benutzer erlauben würde, die Bestellung zu bestätigen. Wenn Sie die Bestellung zur Genehmigung versenden wollen, dann klicken Sie auf den Schaltknopf Absenden.

Aktiviere Änderungsmanagement bei Bestellungen, um Änderungen aufzuzeichnen

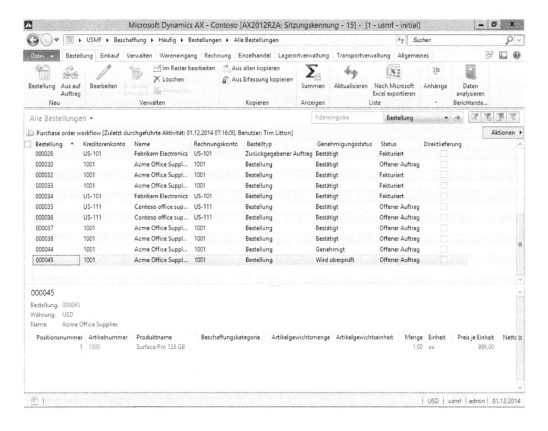

Dies ändert den Status der Bestellung in Wird überprüft und gestattet Ihnen, die Bestellung zu genehmigen.

Aktiviere Änderungsmanagement bei Bestellungen, um Änderungen aufzuzeichnen

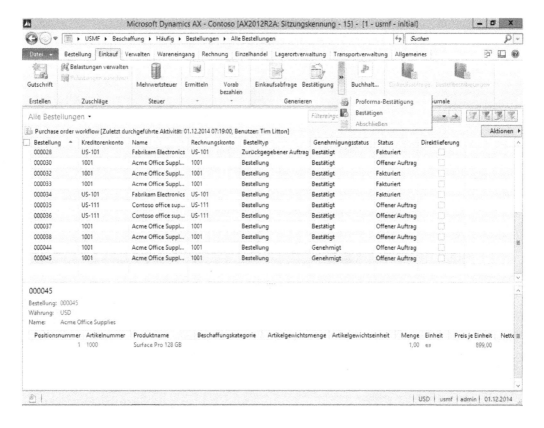

Sobald die Bestellung genehmigt ist, sind Sie in der Lage, eine Bestellbestätigung zu drucken oder zu senden.

Aktiviere Änderungsmanagement bei Bestellungen, um Änderungen aufzuzeichnen

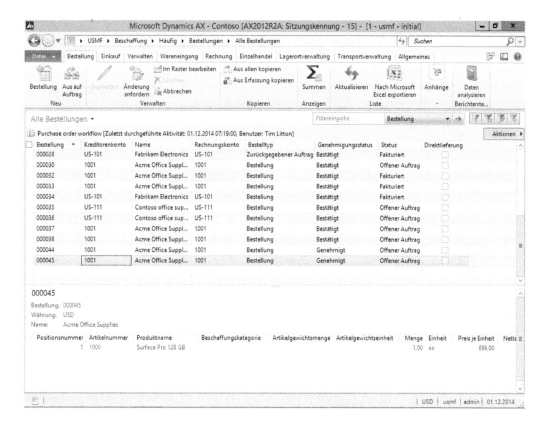

Wenn Sie die Aktionsleiste Bestellung betrachten, können Sie erkennen, dass die Option Bearbeiten deaktiviert ist, aber die Option Änderung anfordern ist aktiviert. Um die Bestellung zu aktualisieren, klicken Sie auf Änderung anfordern.

Aktiviere Änderungsmanagement bei Bestellungen, um Änderungen aufzuzeichnen

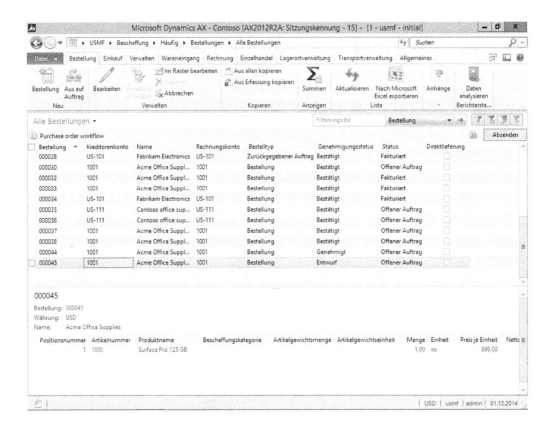

Dies setzt die Bestellung zurück in den Status Entwurf und der Genehmigungsprozeß muß erneut durchlaufen werden, bevor die Bestellbestätigung erneut an den Lieferanten versendet werden kann.

Aktiviere Änderungsmanagement bei Bestellungen, um Änderungen aufzuzeichnen

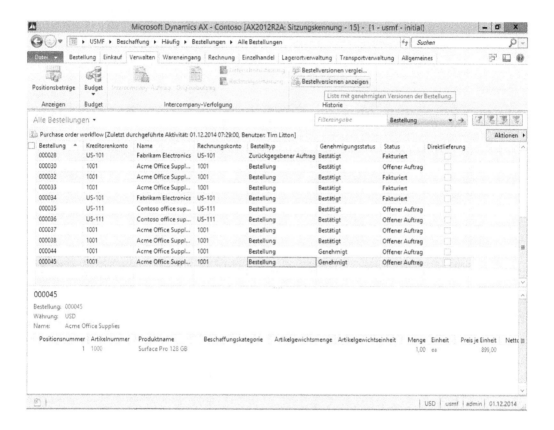

Als ein Bonus: wenn Sie zur Aktionsleiste Verwalten wechseln, sind die Schaltknöpfe in der Historie-Gruppe aktiviert. Wenn Sie sehen wollen, welche Änderungen vorgenommen wurden, dann klicken Sie auf Bestellversionen anzeigen.

Aktiviere Änderungsmanagement bei Bestellungen, um Änderungen aufzuzeichnen

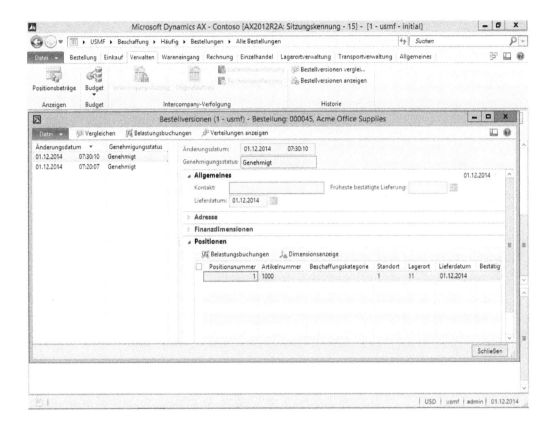

Wenn die Abfrage Bestellversionen angezeigt wird, dann können Sie alle verschiedenen Versionen der Bestellung sehen.

Um zu sehen, welche Änderungen vorgenommen wurden, klicken Sie auf Bestellversionen vergleichen.

Aktiviere Änderungsmanagement bei Bestellungen, um Änderungen aufzuzeichnen

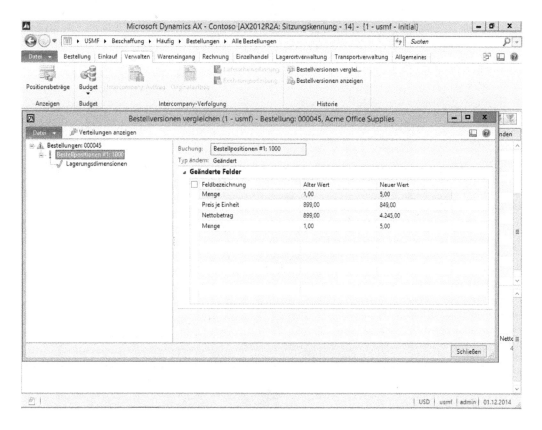

Hier werden Ihnen sämtliche Änderungen zwischen beiden Bestellungen angezeigt.

How cool is that!

Verwende automatischer Nummernkreis - außer Sie möchten es nicht

Falls Sie eine gewisse Intelligenz bezüglich Ihrer Nummerierung oder Namensschemen innerhalb Dynamics AX implementiert haben, dann wird Ihnen automatisch die Zuordnung einer fortlaufenden Nummer mit Hilfe von Auto-Nummerierung abgenommen. Im Gegensatz dazu hat eine manuelle Nummerierung den Nachteil, dass es nicht immer einfach ist, die korrekte Nummer zu finden.. Dynamics AX hat eine Option, die es Ihnen erlaubt, die automatisch zugewiesene Nummer nach Ihrer Präferenz nach oben oder unten hin zu überschreiben bzw. die vorgeschlagene Nummer zu akzeptieren. Dadurch erhalten Sie bei der Nummerierung das Beste aus beiden Welten.

Verwende automatischer Nummernkreis - außer Sie möchten es nicht

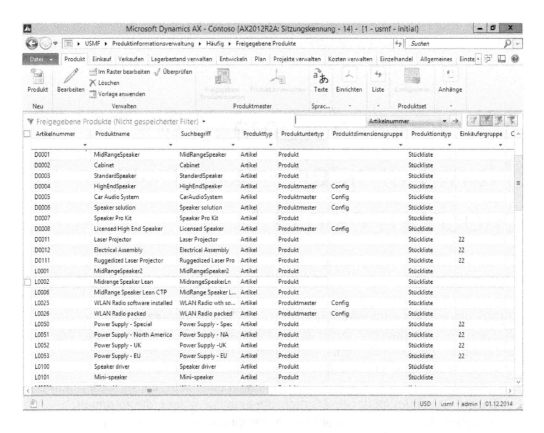

In meinen System habe ich ein einfaches Schema für die Nummerierung meiner Artikel: AXXXX für Rohmaterial, DXXXX für Fertigprodukte und LXXXX für konfigurierte Produkte. Die meiste Zeit ergänze ich neue Fertigprodukte, so dass ich als Vorgabe für die Nummersequenz die DXXXX Serie verwenden möchte.

Verwende automatischer Nummernkreis - außer Sie möchten es nicht

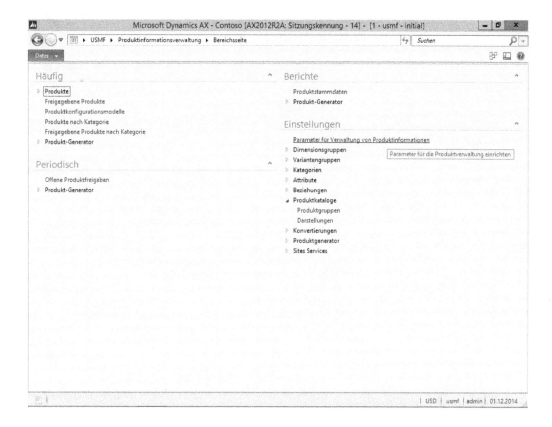

Dazu klicken Sie auf den Menüpunkt Parameter für Verwaltung von Produktinformationen unter Einstellungen im Modul Produktinformations-verwaltung.

Verwende automatischer Nummernkreis - außer Sie möchten es nicht

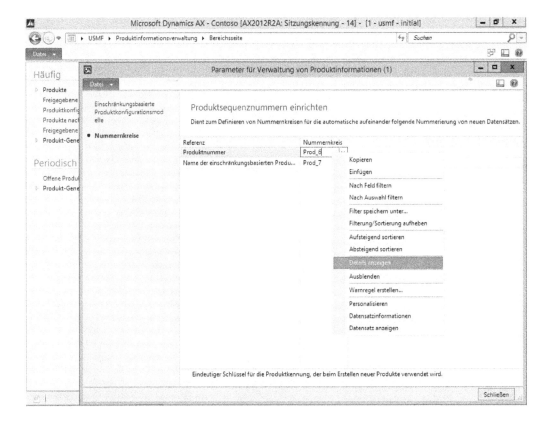

Wenn die Maske Produktinformationsparameter angezeigt wird, wählen Sie die Seite Nummernkreise, und klicken Sie dann im Feld Produktnummer die rechte Maustaste und wählen im Kontextmenü Details anzeigen aus.

Verwende automatischer Nummernkreis - außer Sie möchten es nicht

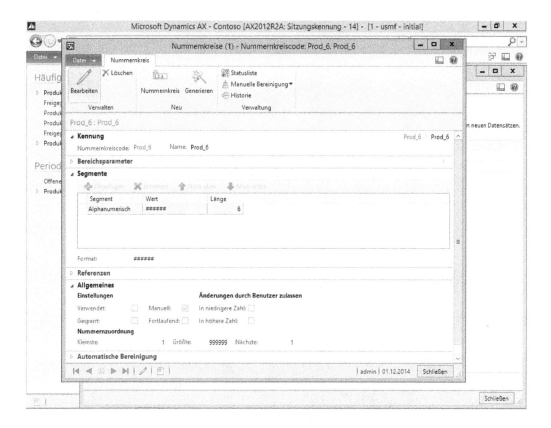

Wenn die Maske Nummernkreis angezeigt wird, klicken Sie in der Menüleiste auf Bearbeiten.

Diesen Nummernkreis habe ich auf Manuell gesetzt, so dass ich jede beliebige Nummer eingeben kann. Um diesen Nummerkreis auf halb-automatisch umzustellen, deaktivieren Sie die Checkbox Manuell.

Verwende automatischer Nummernkreis - außer Sie möchten es nicht

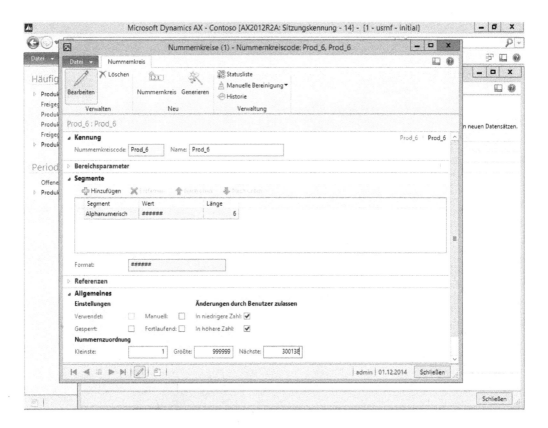

Dann setzen Sie im Feld Nächste die nächste Nummer, die im Nummernkreis verwendet werden soll.

Außerdem aktivieren Sie In niedrigere Zahl und in höhere Zahl. Dies erlaubt es den Benutzer, die Nummer zu ändern, auch wenn diese automatisch zugewiesen wird.

Anschließend klicken Sie auf Schließen.

Verwende automatischer Nummernkreis - außer Sie möchten es nicht

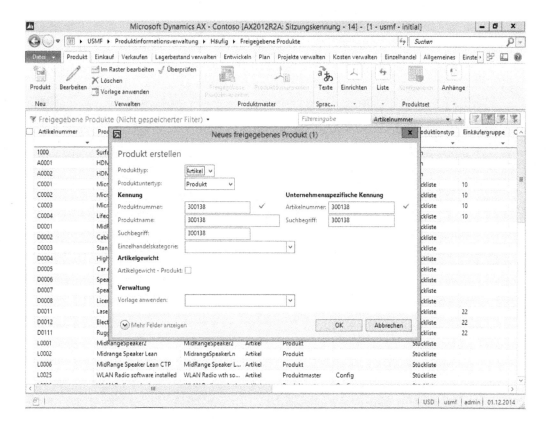

Wenn ich jetzt einen neuen Datensatz erstelle, schlägt Dynamics AX die nächste Produktnummer aus dem Nummernkreis vor, innerhalb dem ich normalerweise Produkte hinzufüge.

Verwende automatischer Nummernkreis - außer Sie möchten es nicht

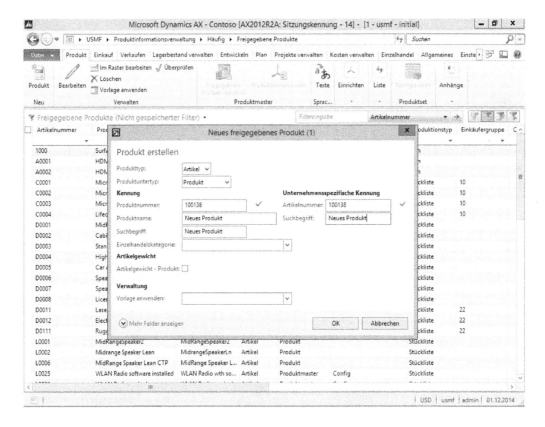

Aber wenn ich die Nummer ändern möchte, dann hält mich nichts davon ab, eine höhere oder niedrigere Nummer zu ergänzen.

Splitte den Nummernkreis, damit er smarter aussieht

Die Nummernkreisfunktion innerhalb Dynamics AX ist hervorragend, da sie Ihnen erlaubt, Ihrer Dokument- und Transaktions-Nummerierung eine Menge Intelligenz hinzuzufügen. Sie können bei der Nummerierung Konstanten ergänzen, so dass Sie schnell sehen können, wo die Daten herkommen und können ebenso danach sortieren. Aber das ist noch nicht alles. Falls Sie etwas Logik integriert haben, wie Ihre Datensätze augenblicklich nummeriert werden, dann können Sie die Nummer selbst splitten, so dass sie trotzdem noch fortlaufend ist. Dazu gibt es Segment-Separatoren, die hervorheben, dass bestimmte Nummern signifikant sind.

Jetzt müssen Sie die Benutzer nur noch dahingehend trainieren, was die Nummern bedeuten.

Splitte den Nummernkreis, damit er smarter aussieht

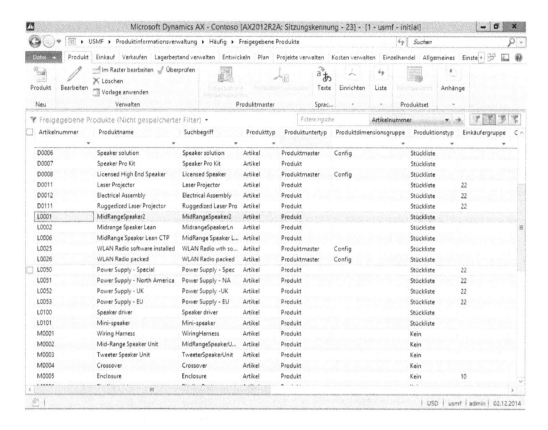

In meinen System habe ich ein einfaches Schema für die Nummerierung meiner Artikel: AXXXX für Rohmaterial, DXXXX für Fertigprodukte und LXXXX für konfigurierte Produkte. Ich würde dieses Schema gerne hervorheben, indem ich den ersten Buchstaben separiere, wenn ich Produkte erstelle, so dass sie das Format X-XXXX haben.

Splitte den Nummernkreis, damit er smarter aussieht

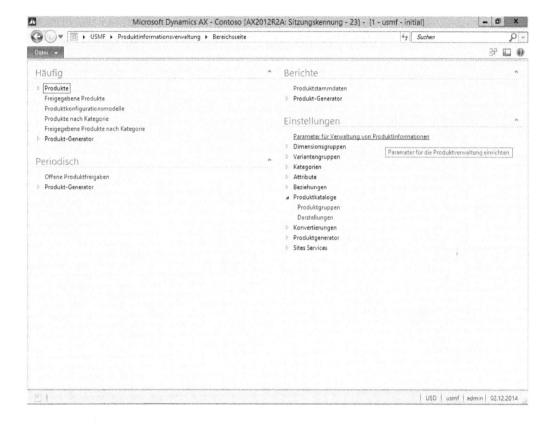

Dazu klicken Sie auf den Menüpunkt Parameter für Verwaltung von Produktinformationen unter Einstellungen im Modul Produktinformations-verwaltung.

Splitte den Nummernkreis, damit er smarter aussieht

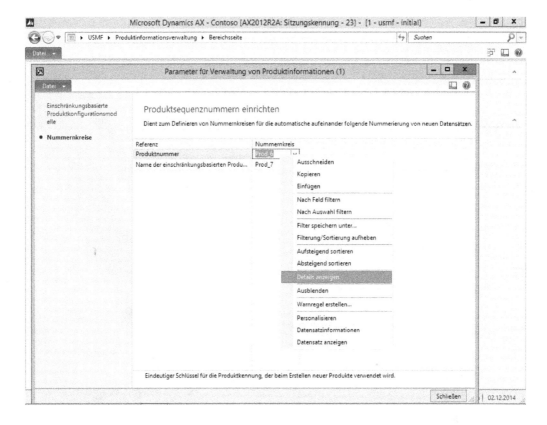

Wenn die Maske Parameter für Verwaltung von Produktinformationen angezeigt wird, wählen Sie die Seite Nummernkreise, und klicken Sie im Feld Produktnummer die rechte Maustaste und wählen aus dem Menü Details anzeigen aus.

Splitte den Nummernkreis, damit er smarter aussieht

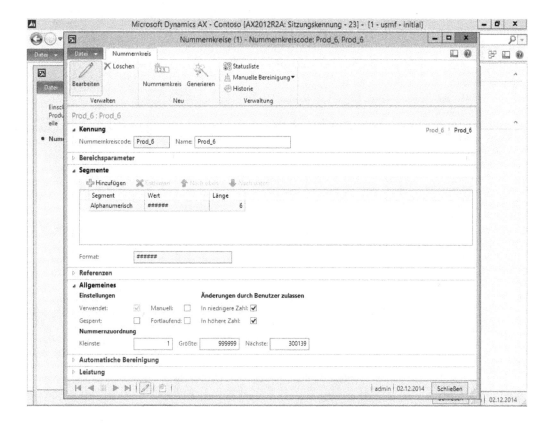

Wenn die Maske Nummernkreise angezeigt wird, klicken Sie in der Aktionsleiste Nummernkreis auf Bearbeiten.

Unsere Original-Nummernsequenz in diesem Beispiel ist 5 Zeichen lang und eine fortlaufende Nummernfolge. Klicken Sie im Register Segmente auf Hinzufügen.

Splitte den Nummernkreis, damit er smarter aussieht

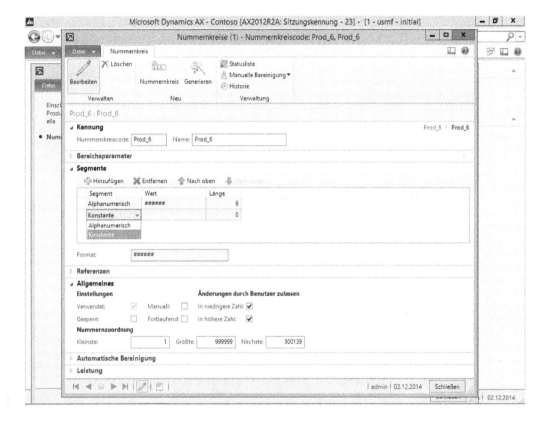

Wenn der neue Segmentdatensatz erstellt ist, ändern Sie Segment auf Konstante.

Splitte den Nummernkreis, damit er smarter aussieht

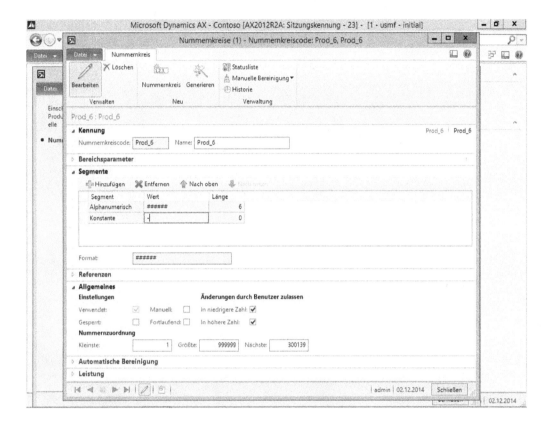

Dann setzen Sie Wert auf -.

Splitte den Nummernkreis, damit er smarter aussieht

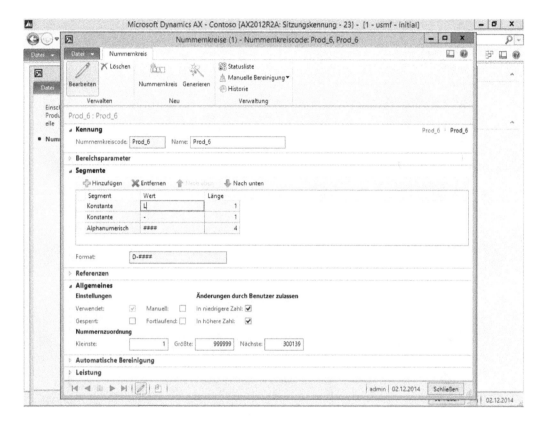

Wiederholen Sie den Vorgang und ergänzen Sie ein weiteres alphanumerisches Segment und setzen den Wert auf ####.

Ergänzen Sie an erster Stelle ein weiteres Segment Konstante und setzen den Wert auf L. Das bestehende alphanumerische Segment können Sie löschen.

Beachte: Das Nummernformat hat 4 # Platzhalter mit einer fortlaufenden Nummer, wenngleich die komplette Produktnummer 6 Zeichen umfaßt

Splitte den Nummernkreis, damit er smarter aussieht

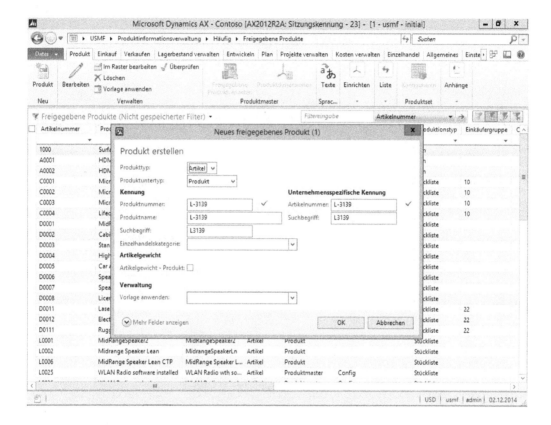

Wenn ich jetzt in Dynamics AX ein neues Produkt erstelle, wird die Produktnummer mit meinem "intelligenten" Nummern-Separator nach dem ersten Zeichen formatiert.

Wenn ich das von Anfang an so gemacht hätte, würden meine Produktnummern etwas überzeugender aussehen.

Verwende Preismodelle innerhalb der Produkt-konfiguration, um Preise ohne Stückliste zu kalkulieren

Der Produktkonfigurator innerhalb Dynamics AX ist cool und eine großartige Möglichkeit, um während des Verkaufs- und Angebotsprozesses Wahlmöglichkeiten anzubieten. Sie müssen nicht immer den kompletten Vorgang abarbeiten und Stücklisten und Arbeitspläne erstellen, damit Ihnen bei der Angebotspreiserstellung während des Verkaufszyklus geholfen wird. Der Produktkonfigurator hat eine eingebaute Preismodellfunktion, die es Ihnen erlaubt, einen Preis zu ermitteln basierend auf Ihren Konfigurationsattributen, und dann während der Auftragserstellung dynamisch einen Preis zu kalkulieren.

Sie können ab jetzt beruhigt sein, dass sämtliche Kosten bei der Preisfindung berücksichtigt werden.

Verwende Preismodelle innerhalb der Produkt-
konfiguration, um Preise ohne Stückliste zu kalkulieren

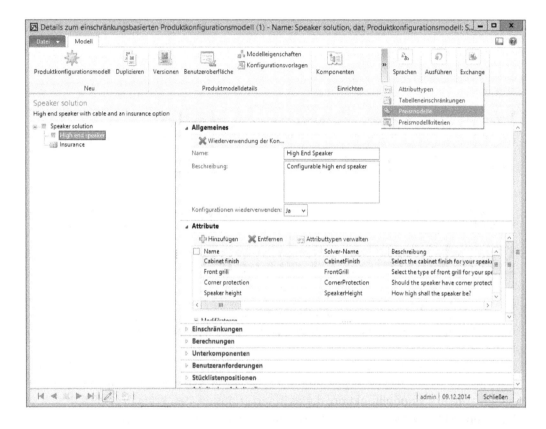

Starten Sie das Design Ihrer Produktkonfiguration mit allen Auswahlmöglichkeiten, die Sie erfassen möchten, und klicken Sie anschließend auf den Schaltknopf Preismodelle in der Aktionsleiste Modell.

Pfad: Produktinformationsverwaltung -> Produktkonfigurationsmodelle

Verwende Preismodelle innerhalb der Produkt-konfiguration, um Preise ohne Stückliste zu kalkulieren

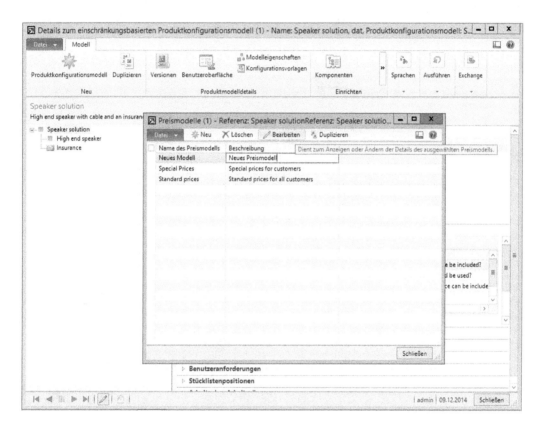

Ergänzen Sie im Formular Preismodelle einen neuen Datensatz, und klicken Sie danach auf Bearbeiten in der Menüleiste.

Verwende Preismodelle innerhalb der Produkt-konfiguration, um Preise ohne Stückliste zu kalkulieren

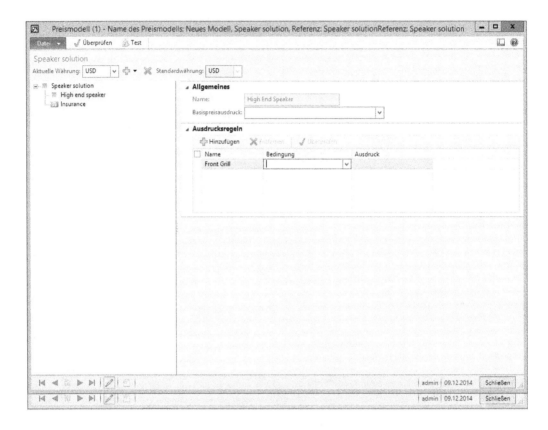

Daraufhin wird der Preismodell-Designer geöffnet. Klicken Sie im Register Ausdrucksregeln auf Hinzufügen, um eine neue Preiskomponente zu ergänzen.

Geben Sie Ihren Ausdruck einen Namen, und klicken Sie danach im Feld Bedingung auf Pfeil-Ab, um den Bedingungseditor zu öffnen.

Verwende Preismodelle innerhalb der Produkt-konfiguration, um Preise ohne Stückliste zu kalkulieren

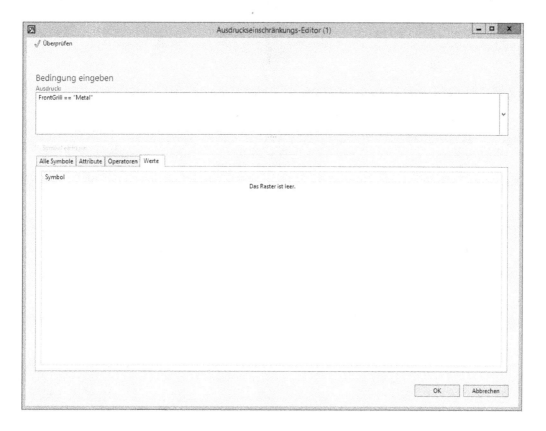

Wenn der Ausdruckseditor angezeigt wird, können Sie Ihre Ausdrucksbedingungen erstellen, indem Sie sich durch die verschiedenen Spalten klicken. Danach klicken Sie auf OK.

Verwende Preismodelle innerhalb der Produkt-konfiguration, um Preise ohne Stückliste zu kalkulieren

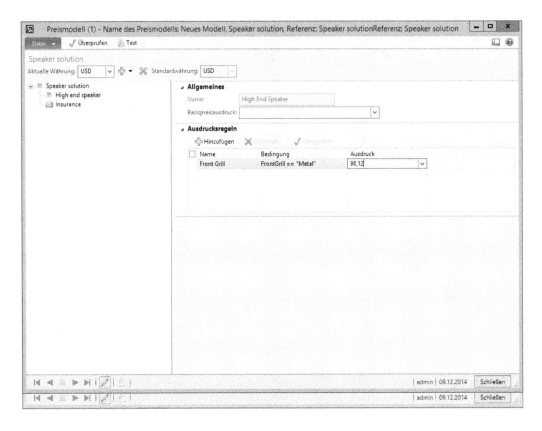

Dann ergänzen Sie einen Preis in der Spalte Ausdruck.

Beachte: Sie können auch im Feld Ausdruck genauso wie im Feld Bedingung eine Formel zur Kalkulation des Preises verwenden.

Verwende Preismodelle innerhalb der Produkt-konfiguration, um Preise ohne Stückliste zu kalkulieren

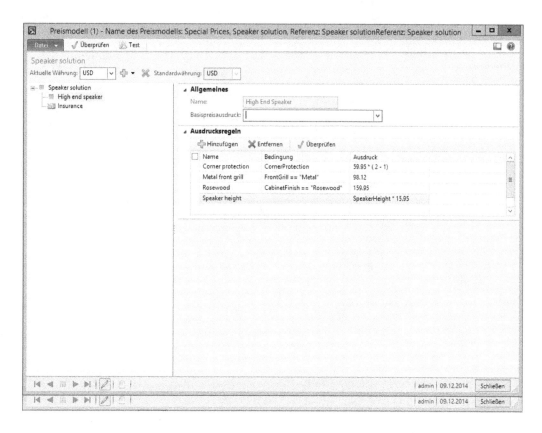

Fahren Sie fort weitere Ausdrucksregeln dem Preismodell hinzuzufügen - für alle Komponenten, die den Preis beeinflussen.

Wenn Sie fertig sind, klicken Sie auf die Schaltfläche Test, um das Modell in Aktion zu sehen.

Verwende Preismodelle innerhalb der Produkt-konfiguration, um Preise ohne Stückliste zu kalkulieren

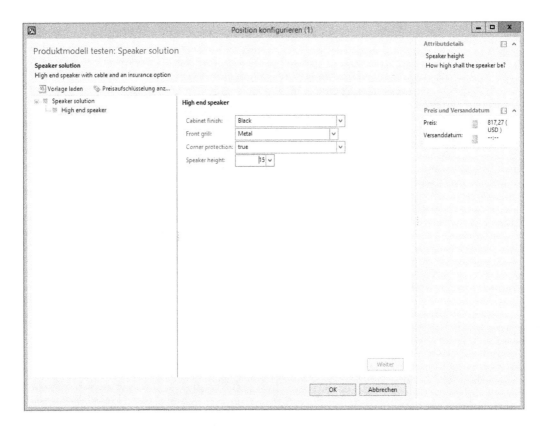

Wenn die Testmaske angezeigt wird, können Sie feststellen, dass auf der rechten Seite in der Infobox ein Preis kalkuliert wurde.

Verwende Preismodelle innerhalb der Produkt-konfiguration, um Preise ohne Stückliste zu kalkulieren

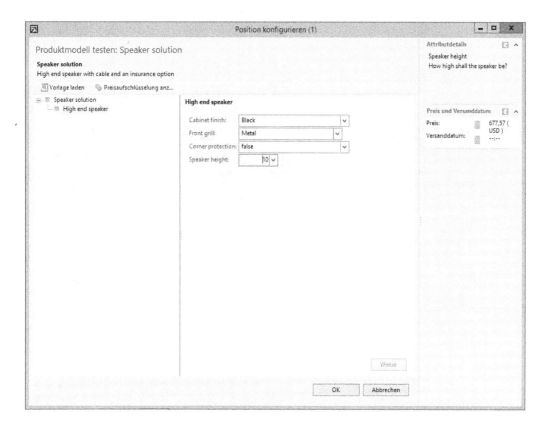

Wenn Sie innerhalb der Produktkonfiguration die Wahlmöglichkeiten ändern, dann ändert sich der Preis ebenso.

Falls Sie die Aufschlüsselung der Preise in Excel sehen möchten, dann klicken Sie auf Preisaufschlüsselung anzeigen.

Verwende Preismodelle innerhalb der Produkt-konfiguration, um Preise ohne Stückliste zu kalkulieren

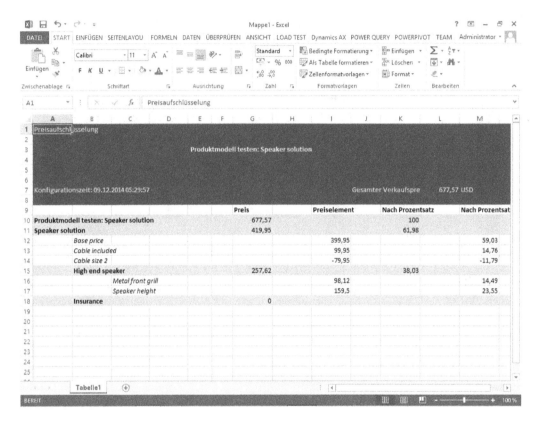

Dynamics AX erstellt Ihnen ein Excel Arbeitsblatt mit einer Zusammenfassung der Preise.

How cool is that!

Verwende Preismodelle innerhalb der Produkt-konfiguration, um Preise ohne Stückliste zu kalkulieren

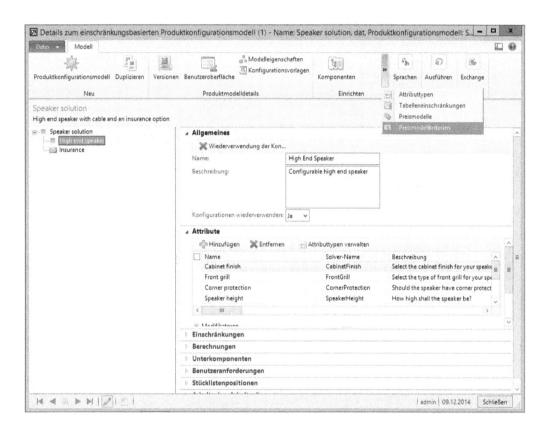

Um dies auch bei Ihren Aufträgen nutzen zu können, sind ein paar zusätzliche Einstellungen erforderlich. Klicken Sie dazu auf die Schaltfläche Preismodellkriterien in der Aktionsleiste.

Verwende Preismodelle innerhalb der Produkt-konfiguration, um Preise ohne Stückliste zu kalkulieren

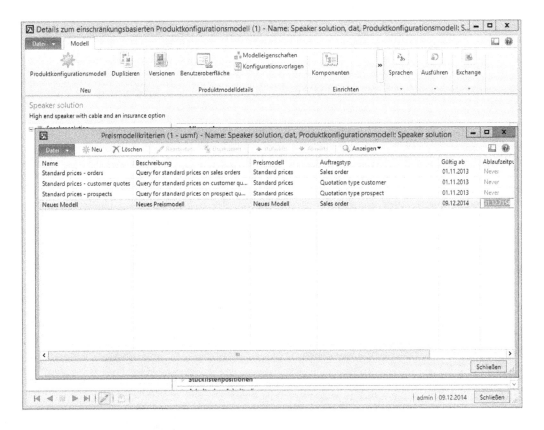

Wenn die Maske Preismodellkriterien angezeigt wird, ergänzen Sie einen Datensatz, verknüpfen diesen mit dem Preismodell, das Sie vorher erstellt haben, und wählen den Auftragstyp im Feld Auftragstyp.

Danach klicken Sie auf Schließen.

Verwende Preismodelle innerhalb der Produktkonfiguration, um Preise ohne Stückliste zu kalkulieren

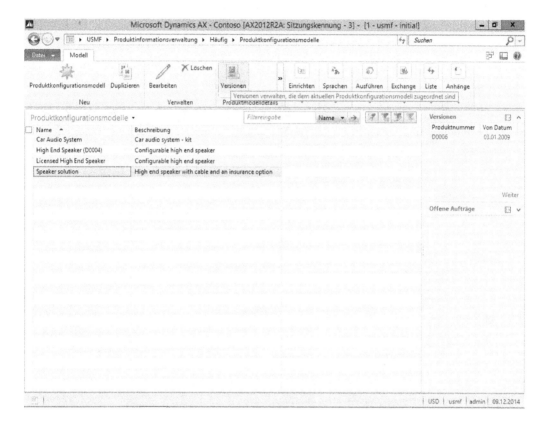

Außerdem müssen Sie sicher stellen, dass Ihre Produktkonfiguration genehmigt und aktiviert ist, um das Preismodell nutzen zu können. Dazu klicken Sie in der Aktionsleiste auf den Schaltknopf Versionen.

Verwende Preismodelle innerhalb der Produkt-
konfiguration, um Preise ohne Stückliste zu kalkulieren

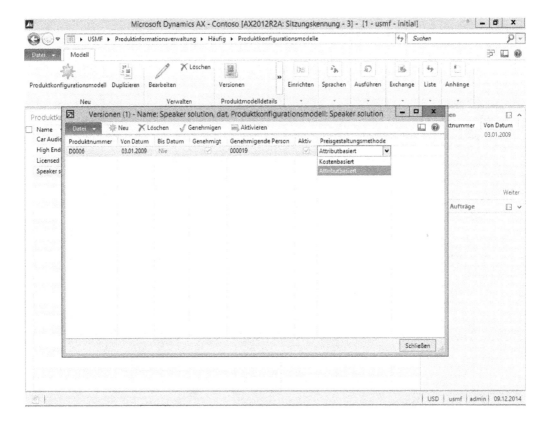

Wenn die Maske angezeigt wird, überprüfen Sie, dass die Preisgestaltungsmethode Attributbasiert ist.

Verwende Preismodelle innerhalb der Produktkonfiguration, um Preise ohne Stückliste zu kalkulieren

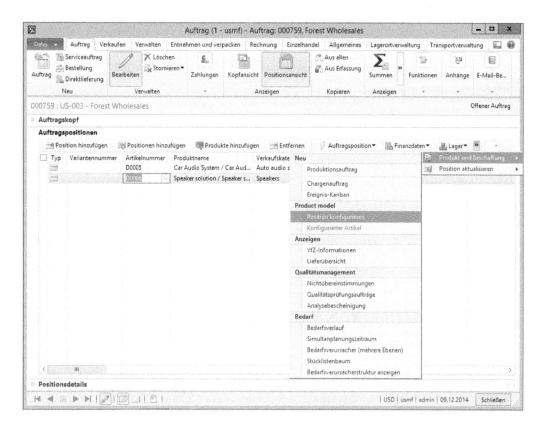

Um das Ganze in Aktion zu sehen, erstellen Sie einen neuen Auftrag mit einer Position für Ihr konfiguriertes Produkt, und dann konfigurieren Sie es durch Klicken auf die Option Position konfigurieren innerhalb des Menüpunktes Produkt und Beschaffung.

Verwende Preismodelle innerhalb der Produkt-konfiguration, um Preise ohne Stückliste zu kalkulieren

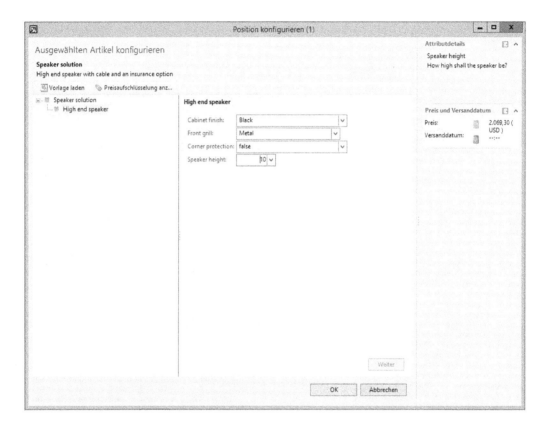

Bei der Konfiguration der Position können Sie erkennen, dass der Preis basierend auf Ihrer Auswahl aktualisiert wird.

Verwende Preismodelle innerhalb der Produkt-konfiguration, um Preise ohne Stückliste zu kalkulieren

Wenn Sie nun zum Auftrag zurückkehren, sehen Sie, dass der von Ihnen kalkulierte Preis der Auftragsposition hinzugefügt wurde.

Now that is super cool.

Kontrolliere Preisanpassungen bei Verkaufsaufträgen

Sie werden wahrscheinlich für das korrekte Aufsetzen Ihrer Preise sehr viel Zeit aufwenden, und dann geht das Verkaufspersonal her und ändert nolens volens die Preise bei der Auftragserfassung. Falls sich eine Preisänderung anfühlt wie ein Nadelstich in Ihr Herz, dann seien Sie unbesorgt, Sie können die Möglichkeit der Preisänderung für die Benutzer abschalten oder allermindestens Ursachencodes abfragen, so dass bei einer Preisänderung der Benutzer mitteilen muß, warum er die Änderung vorgenommen hat.

Wenn der Benutzer nun Ihr Herz bricht und den vorgeschlagenen Preis ignoriert, dann wissen Sie zumindest ab jetzt, warum er das getan hat.

Kontrolliere Preisanpassungen bei Verkaufsaufträgen

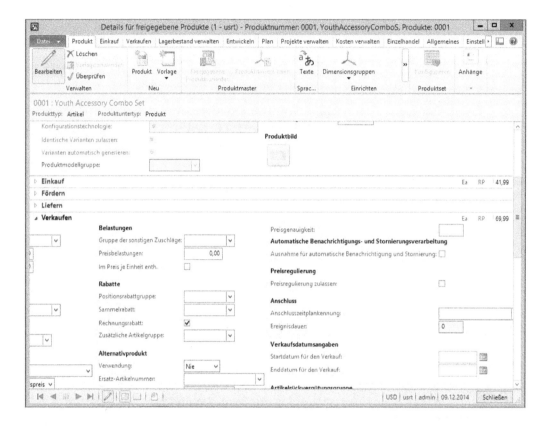

Öffnen Sie Ihren Artikel, bei dem Sie die Preisanpassung kontrollieren möchten. Im Register Verkaufen gibt es ein neues Feld mit Namen Preisregulierung zulassen.

Um den Verkaufspreis zu sperren, deaktivieren Sie diese Box.

Beachte: Wechseln Sie innerhalb Dynamics AX 2012 R3 Demo VM in den Mandanten USRT, da nur in dieser Organisation die für dieses Feature notwendigen Grundeinstellungen hinterlegt sind. Überprüfen Sie auch, ob bei dem betreffenden Callcenter (Einzelhandel -> Callcenter) die Funktion Auftragspreissteuerung aktiviert ist und ob der Benutzer, mit dem Sie sich an Dynamics AX angemeldet haben, als Kanalbenutzer hinterlegt ist.

Kontrolliere Preisanpassungen bei Verkaufsaufträgen

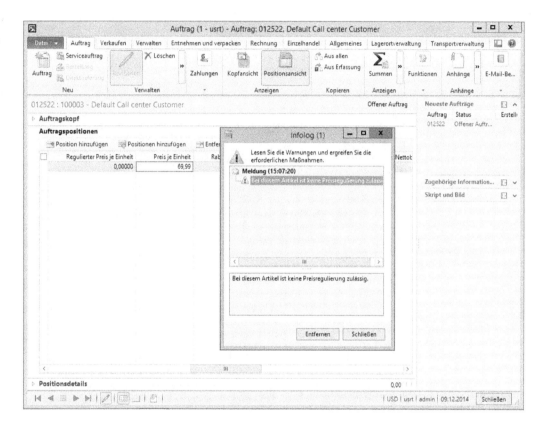

Wenn Sie für diesen Artikel eine Auftragsposition erstellen, gibt es für den Anwender keine Möglichkeit, den Standard-Preis zu ändern.

Kontrolliere Preisanpassungen bei Verkaufsaufträgen

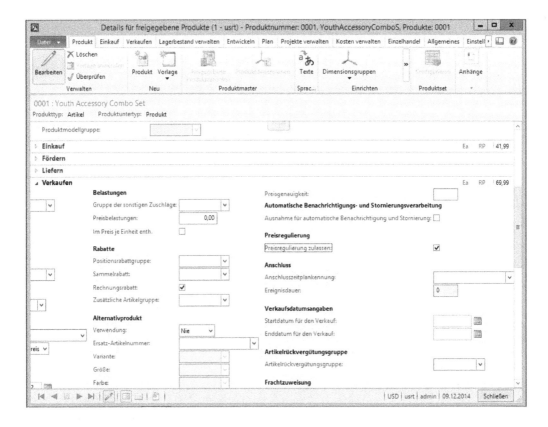

Wenn Sie dem Benutzer eine Änderung des Preises erlauben wollen, dann aktivieren Sie das Feld Preisregulierung zulassen.

Kontrolliere Preisanpassungen bei Verkaufsaufträgen

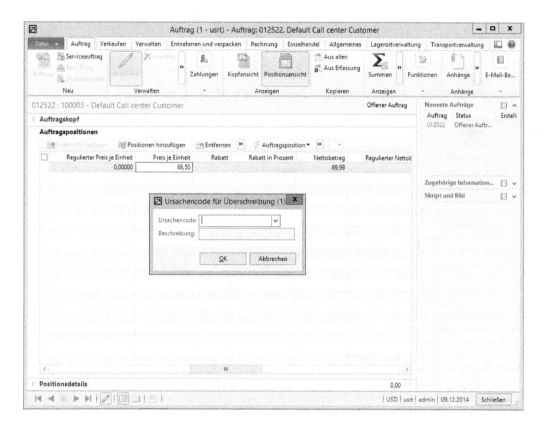

Wenn Sie jetzt den Preis ändern, wird die Dialogbox Ursachencode für Überschreibung eingeblendet.

Kontrolliere Preisanpassungen bei Verkaufsaufträgen

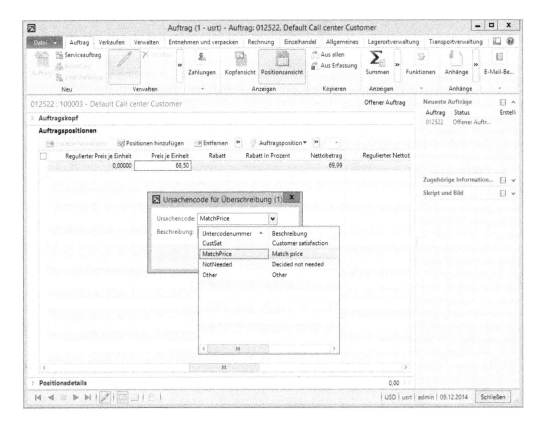

Sie müssen einen Ursachencode auswählen, der der Preisänderung zugeordnet wird.

Kontrolliere Preisanpassungen bei Verkaufsaufträgen

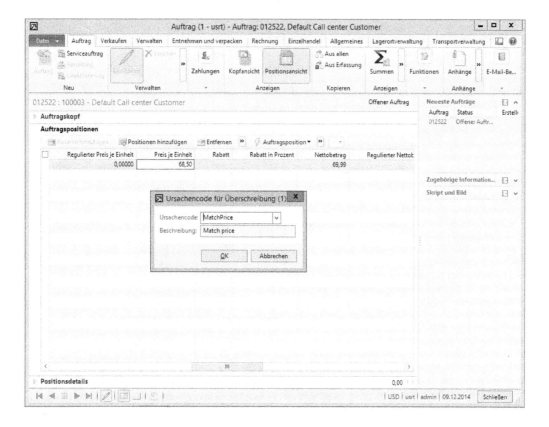

Danach klicken Sie auf OK.

Kontrolliere Preisanpassungen bei Verkaufsaufträgen

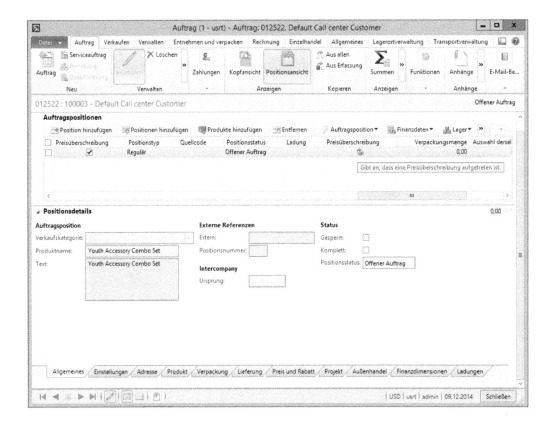

Jetzt wurde der Verkaufspreis aktualisiert, und in der Auftragsposition wird zusätzlich ein Symbol angezeigt, das verdeutlichen soll, dass der Preis angepaßt wurde.

Auch in den Positionsdetails ist mit Hilfe eines visuellen Hinweises die Preisänderung optisch sichtbar.

Kontrolliere Preisanpassungen bei Verkaufsaufträgen

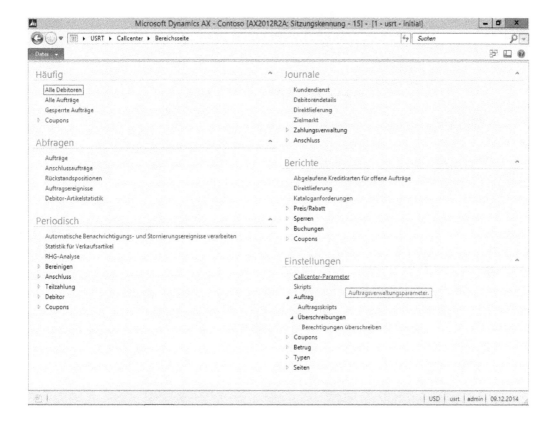

Tip: Falls Sie die Standardfarbe für den Preisänderungs-Highlighter wechseln möchten, dann klicken Sie auf Callcenter Parameter unter Einstellungen im Modul Callcenter.

Kontrolliere Preisanpassungen bei Verkaufsaufträgen

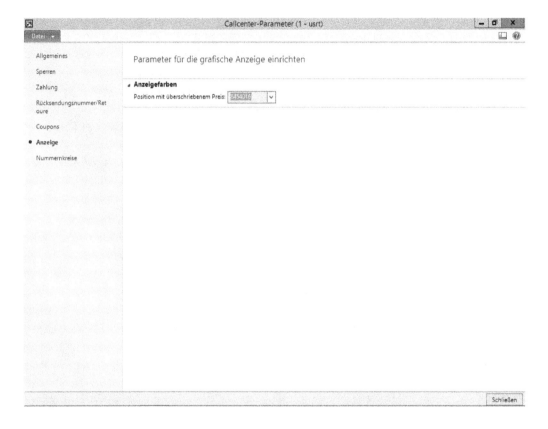

Innerhalb der Anzeige-Seite finden Sie das Feld Anzeigefarben, wo Sie eine beliebige Farbe zur visuellen Hervorhebung einer Preisänderung auswählen können.

Erstelle gefilterte Benachrichtigungen zwecks Ausspionierung bestimmter Daten

Benachrichtigungen sind innerhalb Dynamics AX eine großartige Funktion, die es Ihnen erlaubt, jede Information, an der Sie interessiert sind, zu beobachten, und eine Benachrichtigung zu bekommen, falls die Information geändert wurde. Diese Option ist gut geeignet, um einen Statusupdate zu erhalten, weil es zu aufwendig (oder anstrengend) wäre, jedesmal in der entsprechenden Listenseite selbst nachzuschauen. Benachrichtigungen sind aber auch ein zweischneidiges Schwert. Wenn man nicht vorsichtig vorgeht, kann man sich selbst zumüllen. Ein zuviel an Informationen ist genauso schlecht wie überhaupt keine Informationen. Glücklicherweise können Sie Ihre Benachrichtigungen und Warnmeldungen fein abstimmen, um nur die Informationen zu sehen, an denen Sie interessiert sind.

Es ist wie der Besitz eines eigenen Trüffelschweins, außer dass es kein Schwein ist, und es nur Daten erschnüffelt.

Erstelle gefilterte Benachrichtigungen zwecks Ausspionierung bestimmter Daten

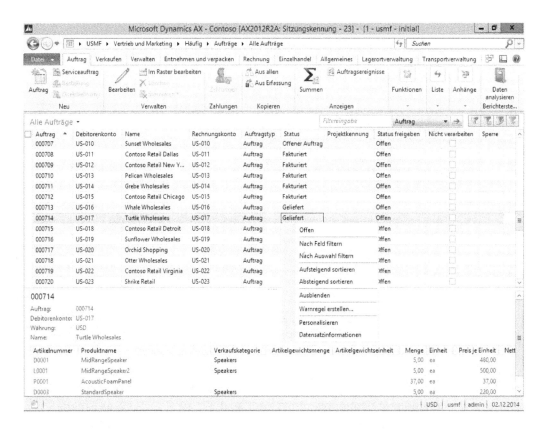

Beginnen Sie mit dem Auffinden der Daten, die Sie mit einem Alarm versehen möchten. In diesem Fall wollen wir den Status unserer Aufträge beobachten; deswegen werden wir das Statusfeld überwachen. Klicken Sie im Feld Status die rechte Maustaste und wählen Sie den Menüpunkt Warnregel erstellen.

Erstelle gefilterte Benachrichtigungen zwecks Ausspionierung bestimmter Daten

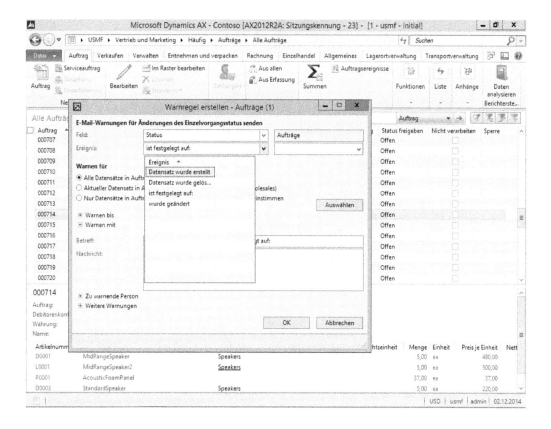

Wenn die Dialogbox Warnregel erstellen angezeigt wird, ändern Sie das Ereignis in Ist festgelegt auf, so dass wir Aufträge mit einem bestimmten Status aufzeichnen können.

Erstelle gefilterte Benachrichtigungen zwecks Ausspionierung bestimmter Daten

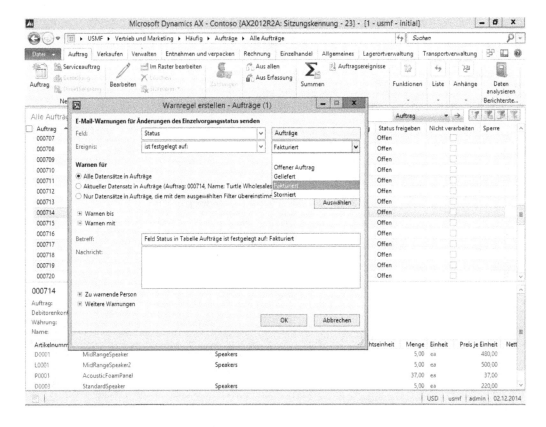

Dann wählen Sie den Status, über den Sie informiert werden möchten, aus der zweiten Auswahlliste aus. In unserem Fall möchten wir nur wissen, wann die Aufträge fakturiert wurden.

Erstelle gefilterte Benachrichtigungen zwecks Ausspionierung bestimmter Daten

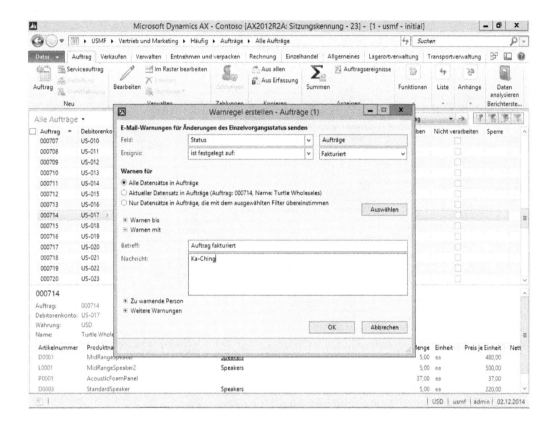

Dann ändern Sie Betreff und Nachricht, so dass die Meldung etwas informativer ist.

Erstelle gefilterte Benachrichtigungen zwecks Ausspionierung bestimmter Daten

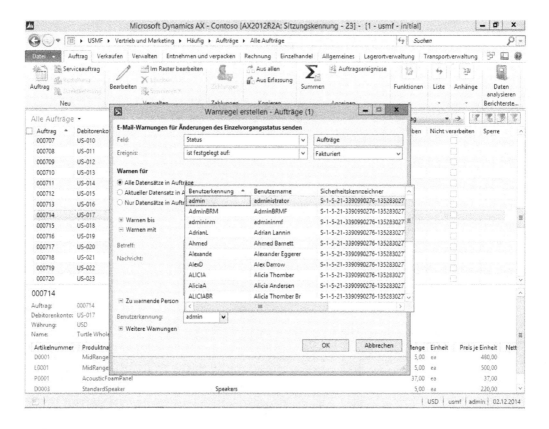

Wenn Sie die Gruppe Zu warnende Person erweitern, dann sind Sie in der Lage auszuwählen, wer benachrichtigt werden soll.

Erstelle gefilterte Benachrichtigungen zwecks Ausspionierung bestimmter Daten

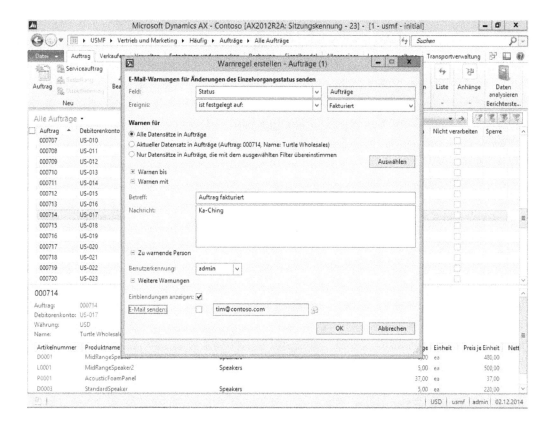

Wenn Sie auch die Gruppe Einblendungen anzeigen erweitern, dann können Sie auswählen, ob Sie eine Warnmeldung und/oder eine Email erhalten möchten.

Um das Ganze etwas sinnvoller zu gestalten, können wir die Datensätze auf diejenigen einschränken, an denen wir interessiert sind. Diesbezüglich klicken Sie auf Auswählen in der Gruppe Warnen für.

Erstelle gefilterte Benachrichtigungen zwecks Ausspionierung bestimmter Daten

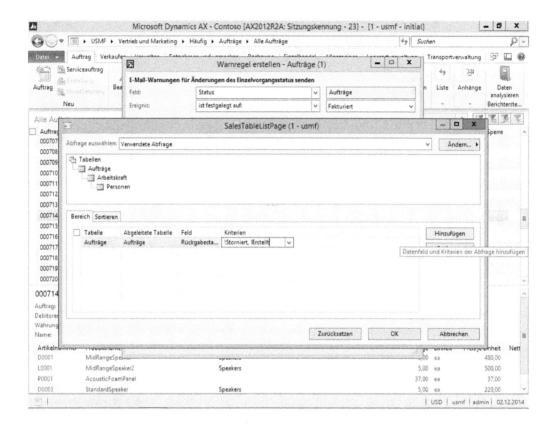

Daraufhin wird eine Vorgabe-Auswahl für diese Warnmeldung geöffnet. Um der Abfrage eine andere Bedingung zu ergänzen, klicken Sie auf Hinzufügen.

Erstelle gefilterte Benachrichtigungen zwecks Ausspionierung bestimmter Daten

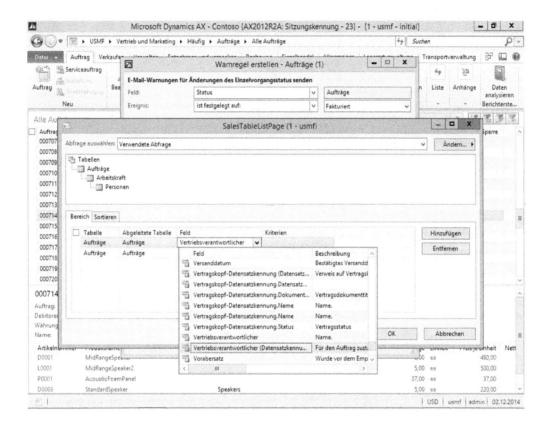

Jetzt wird eine neue Zeile eingefügt. Sie können nun ein Feld auswählen, nach dem die Meldung gefiltert werden soll. In diesem Fall filtern wir nach dem Vertriebs-verantwortlichen, so dass wir nur bei den Aufträgen gewarnt werden, mit denen wir in Verbindung stehen.

Erstelle gefilterte Benachrichtigungen zwecks Ausspionierung bestimmter Daten

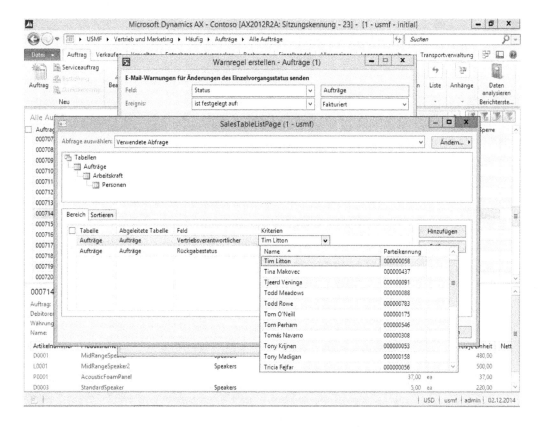

Dann im Feld Kriterien können wir den Benutzer wählen, für den wir die Auswahl filtern möchten.

Erstelle gefilterte Benachrichtigungen zwecks Ausspionierung bestimmter Daten

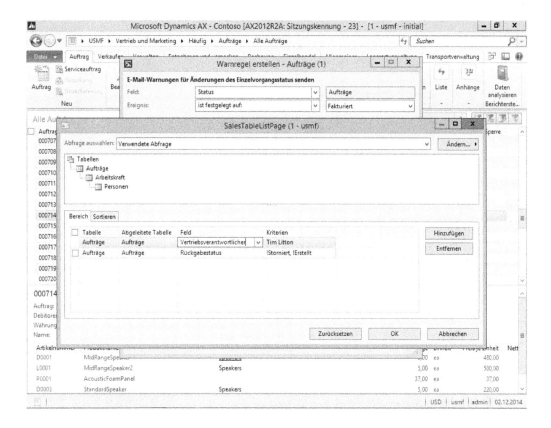

Sie können fortfahren, die Suche noch zu verfeinern, und wenn Sie fertig sind, klicken Sie einfach auf OK.

Erstelle gefilterte Benachrichtigungen zwecks Ausspionierung bestimmter Daten

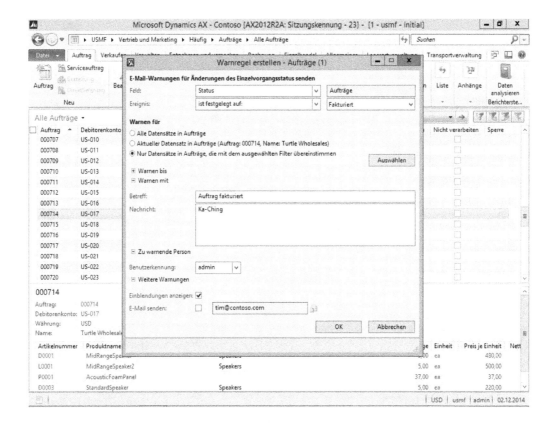

Nachdem Sie die Warnmeldung erstellt haben, klicken Sie auf OK, um die Maske zu verlassen.

Erstelle gefilterte Benachrichtigungen zwecks Ausspionierung bestimmter Daten

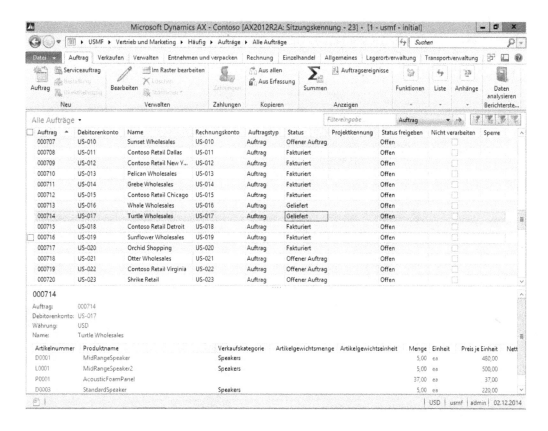

Um dies in Aktion zu sehen, werden wir mit unseren Datensätzen, die wir beobachten wollen, fortfahren.

Erstelle gefilterte Benachrichtigungen zwecks Ausspionierung bestimmter Daten

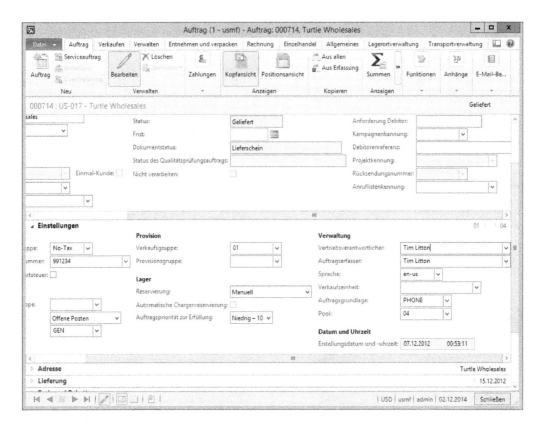

Bevor wir weitermachen stellen Sie sicher, dass der Anwender mit dem Auftrag in Beziehung steht. Tragen Sie im Feld Vertriebsverantwortlicher die betreffende Person ein.

Erstelle gefilterte Benachrichtigungen zwecks Ausspionierung bestimmter Daten

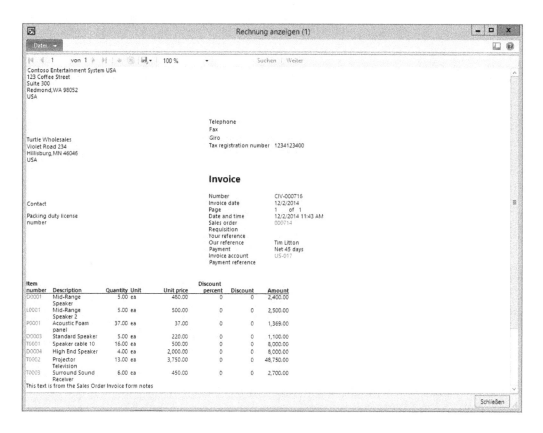

Wir müssen jetzt nur noch den Auftrag fakturieren.

Erstelle gefilterte Benachrichtigungen zwecks Ausspionierung bestimmter Daten

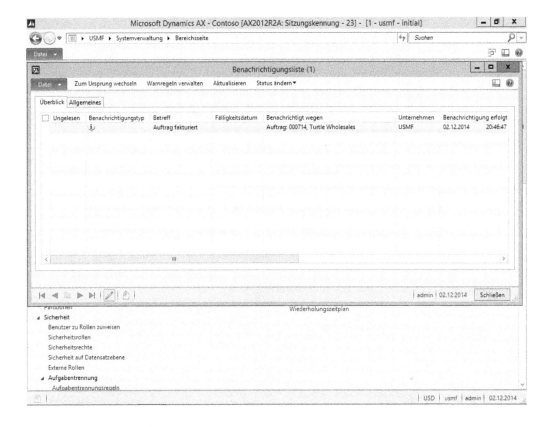

Im Hintergrund sendet Dynamics AX dem Anwender eine Benachrichtigung, dass der Auftrag fakturiert wurde. Selbstverständlich könnte man (wenn gewünscht) dem Vertriebsmitarbeiter auch eine Email senden.

Erstelle gefilterte Benachrichtigungen zwecks Ausspionierung bestimmter Daten

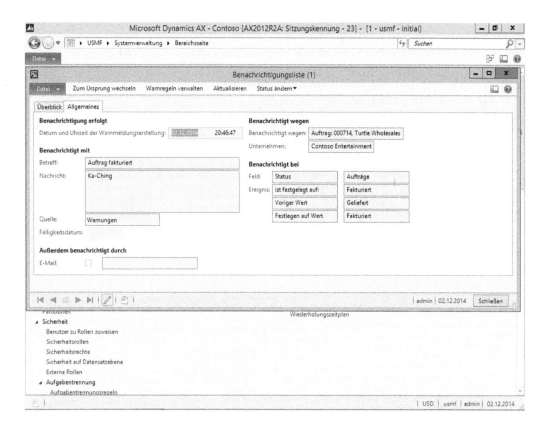

Wenn Sie die Benachrichtigungsdetails aufrufen, können Sie sehen, dass Betreff und Nachricht ebenfalls von der Warnregel in die Benachrichtigung kopiert wurden.

How cool is that.

Entrümple die Kundenliste durch Sicherheitsrichtlinien mit Hilfe des Adressbuches

Es ist nicht notwendig, jeder Person Zugriff auf jeden Kontakt innerhalb des globalen Adressbuches zu gestatten. Vielleicht wollen Sie bestimmten Personen nur die Kontakte innerhalb Ihres Gebiets oder Ihres Unternehmens zeigen, oder Sie möchten vielleicht inaktive Kontakte in der Standardliste verbergen, oder Sie sind paranoid und verweigern Ihren Mitarbeitern den Zugriff auf alle Kontakte im System. Aus welchen Grund auch immer, Sie können das sehr leicht mit einem Klick auf einen Schalter innerhalb Dynamics AX mit Hilfe der Adressbuch-Sicherheitsrichlinien vollziehen.

Jetzt können Sie Ihre spezielle Kundenliste vor neugierigen Augen verbergen.

Entrümple die Kundenliste durch Sicherheitsrichtlinien mit Hilfe des Adressbuches

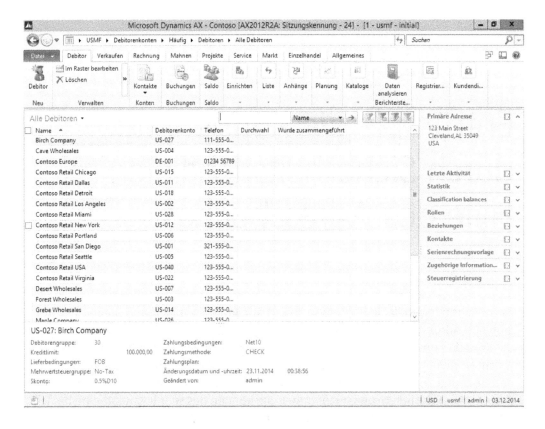

Um Ihnen zu zeigen, dass ich nicht mit gezinkten Karten spiele, sehen Sie hier die Listenseite eines Benutzers, bevor ich die Änderungen vornehme. Sie haben standardmäßig Zugriff auf alle Debitorendatensätze.

Entrümple die Kundenliste durch Sicherheitsrichtlinien mit Hilfe des Adressbuches

Der erste Schritt zur Abriegelung der Debitorenkontakte ist das Aufsetzen einiger Adressbücher, die wir zur Klassifizierung heranziehen können. Dazu klicken Sie auf den Menüpunkt Adressbücher im Ordner Globales Adressbuch unter Einstellungen im Modul Organisationsverwaltung.

Entrümple die Kundenliste durch Sicherheitsrichtlinien mit Hilfe des Adressbuches

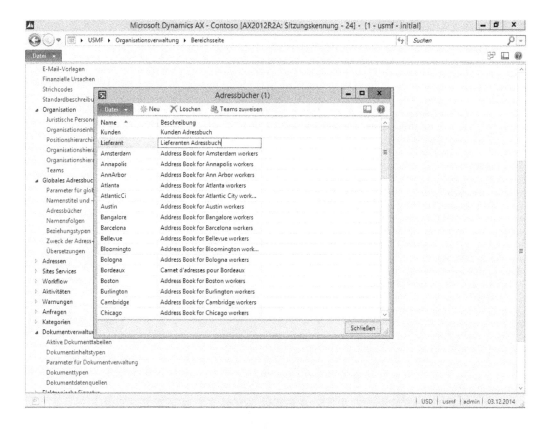

In der Maske Adressbücher klicken Sie in der Aktionsleiste auf Neu, um neue Datensätze zu erstellen. In diesem Fall habe ich die Adressbücher Kunden und Lieferanten eingerichtet.

Entrümple die Kundenliste durch Sicherheitsrichtlinien mit Hilfe des Adressbuches

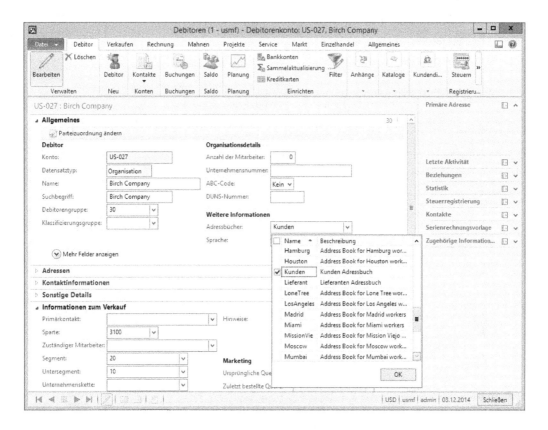

Nach der Konfiguration der Adressbücher können wir beginnen, diese Bücher Debitorendatensätzen zuzuweisen. Dazu öffnen Sie die Debitorendetails und im Register Allgemeines im Feld Adressbücher wählen Sie sämtliche Adressbücher aus, die Sie dem betreffenden Debitor zuordnen möchten.

Wiederholen Sie diesen Vorgang für alle Debitoren und schließen Sie dann die Maske.

Beachte: Jeder Datensatz ohne Adressbucheintrag wird als allgemein verfügbar behandelt.

Entrümple die Kundenliste durch Sicherheitsrichtlinien mit Hilfe des Adressbuches

Dynamics AX beschränkt den Zugriff auf die Adressbücher mit Hilfe von Teams, um die Administration etwas einfacher zu machen. Deswegen haben wir sicherzustellen, dass einige Teams definiert wurden. Dazu klicken Sie auf den Menüpunkt Teams im Ordner Organisation unter Einstellungen im Modul Organisationsverwaltung.

Entrümple die Kundenliste durch Sicherheitsrichtlinien mit Hilfe des Adressbuches

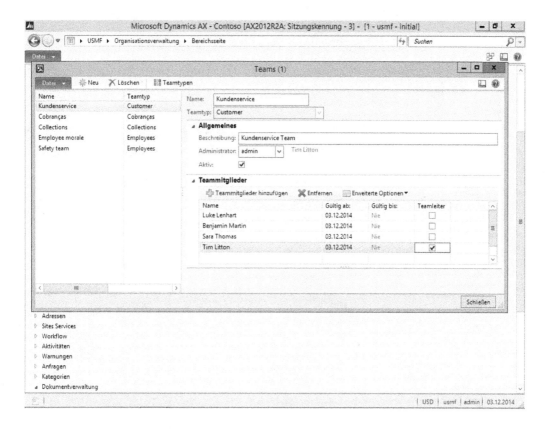

In der Maske Teams müssen Sie sicherstellen, dass alle Ihre Mitarbeiter innerhalb eines Teams gruppiert sind. Danach schließen Sie die Maske.

Entrümple die Kundenliste durch Sicherheitsrichtlinien mit Hilfe des Adressbuches

Jetzt müssen wir die Sicherheitsrichtlinien bezüglich der Kontakte aktivieren. Dazu klicken Sie auf den Menüpunkt Parameter für Globales Adressbuch im Ordner Globales Adressbuch unter Einstellungen im Modul Organisationsverwaltung.

Entrümple die Kundenliste durch Sicherheitsrichtlinien mit Hilfe des Adressbuches

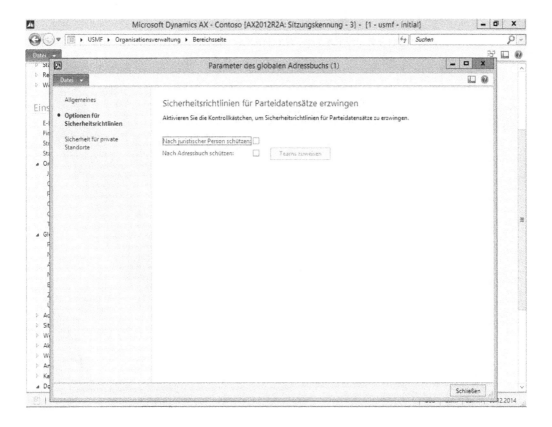

Wenn die Maske Parameter des globalen Adressbuchs angezeigt wird, wählen Sie die Seite Optionen für Sicherheitsrichtlinien.

Entrümple die Kundenliste durch Sicherheitsrichtlinien mit Hilfe des Adressbuches

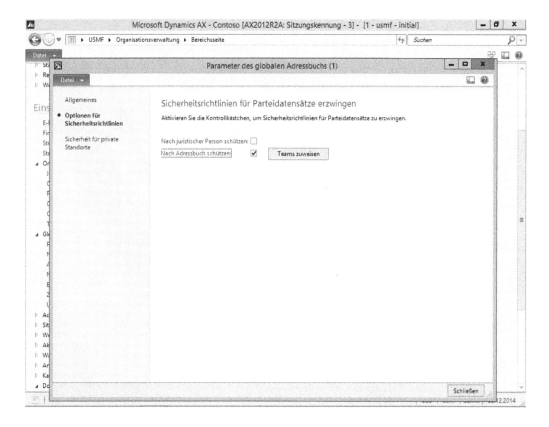

Um die Adressbücher zu schützen, aktivieren Sie die Checkbox Nach Adressbuch schützen.

Entrümple die Kundenliste durch Sicherheitsrichtlinien mit Hilfe des Adressbuches

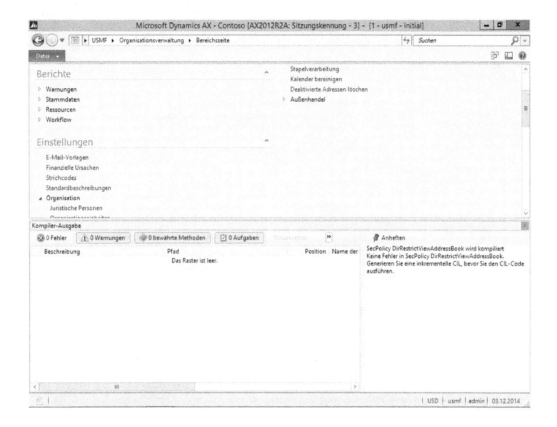

Beachte: Wenn Sie die Änderung speichern (CTRL+S), aktualisiert Dynamics AX die Datensicherheit und öffnet das Log-Fenster des AX Compilers. Danach können Sie das Info-Panel schließen.

Entrümple die Kundenliste durch Sicherheitsrichtlinien mit Hilfe des Adressbuches

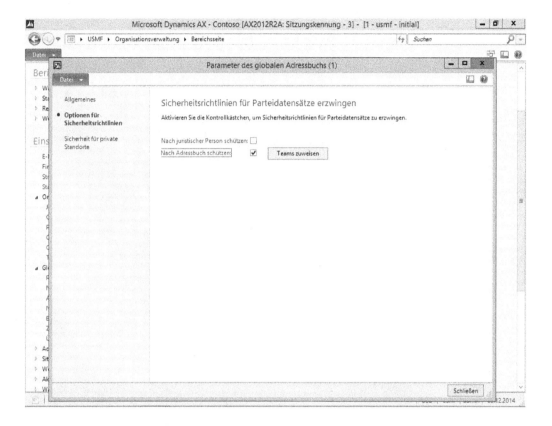

Sobald die Sciherheitsrichtlinien aktiviert wurden, müssen wir spezifizieren, wer Zugriff auf die Adressbücher hat. Dazu klicken Sie auf den Schaltknopf Teams zuweisen.

Entrümple die Kundenliste durch Sicherheitsrichtlinien mit Hilfe des Adressbuches

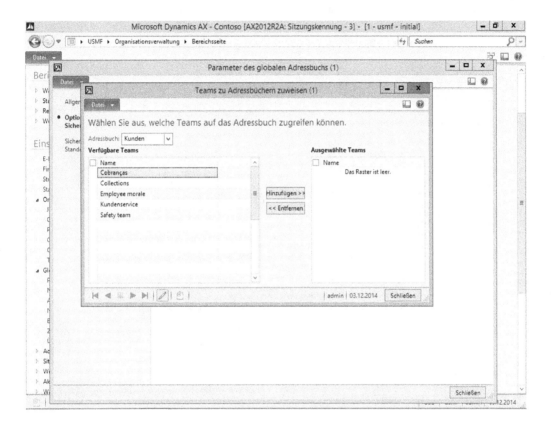

In der Maske Teams zu Adressbüchern zuweisen wählen Sie das Adressbuch, das Sie absichern wollen.

Entrümple die Kundenliste durch Sicherheitsrichtlinien mit Hilfe des Adressbuches

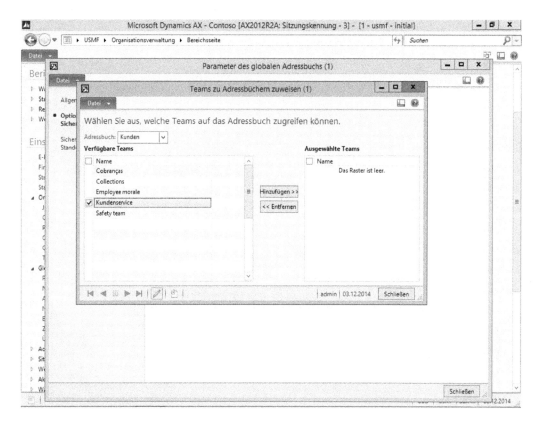

Dann wählen Sie alle Teams, denen Sie Zugriff aus das Adressbuch gestatten, aus der Liste Verfügbare Teams aus und klicken danach den Schaltknopf Hinzufügen>>.

Entrümple die Kundenliste durch Sicherheitsrichtlinien mit Hilfe des Adressbuches

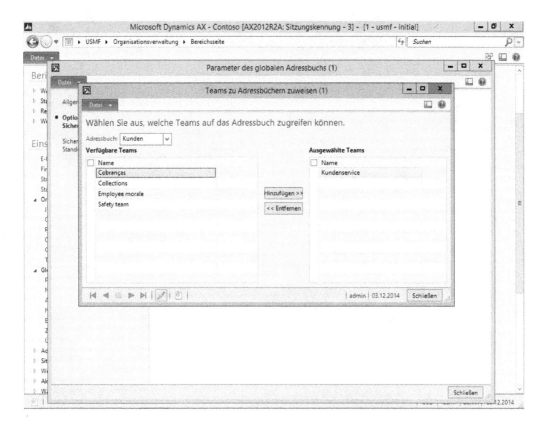

Dadurch werden sie dem Panel Ausgewählte Teams hinzugefügt.

Entrümple die Kundenliste durch Sicherheitsrichtlinien mit Hilfe des Adressbuches

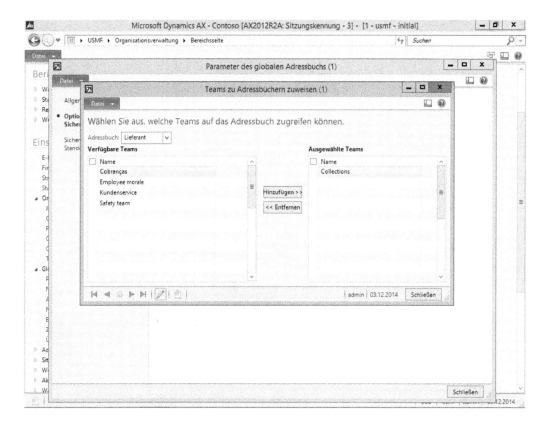

Wiederholen Sie diesen Vorgangs für die anderen Adressbücher und wenn das erledigt ist, schließen Sie die Maske.

Entrümple die Kundenliste durch Sicherheitsrichtlinien mit Hilfe des Adressbuches

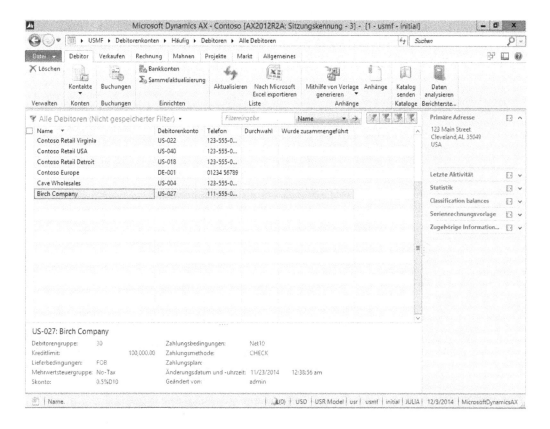

Wenn unsere Benutzer jetzt die Debitoren-Listenseite aufrufen, können sie nur die Datensätze sehen, denen sie mit Hilfe der Adressbücher zugewiesen wurden.

Wer behauptet, dass Sicherheit kompliziert wäre.

Setze Standardwerte in Buchungsmasken

Es gibt gewöhnlich eine Menge verschiedener Konfigurationseinstellungen, die Sie auswählen können, wenn Sie Modifikationen und Selektionen in Dynamics AX Masken durchführen. Sie werden wahrscheinlich täglich nur eine Option nutzen. Anstatt jedesmal, wenn Sie die Maske öffnen, den Auswahl-Parameter neu zu setzen, erlaubt Ihnen Dynamics AX, Standardwerte zu setzen und von da an haben Sie immer den richtigen Parameter in Ihrer Maske.

Das ist definitive ein Fall von "einmal setzen und dann vergessen".

Setze Standardwerte in Buchungsmasken

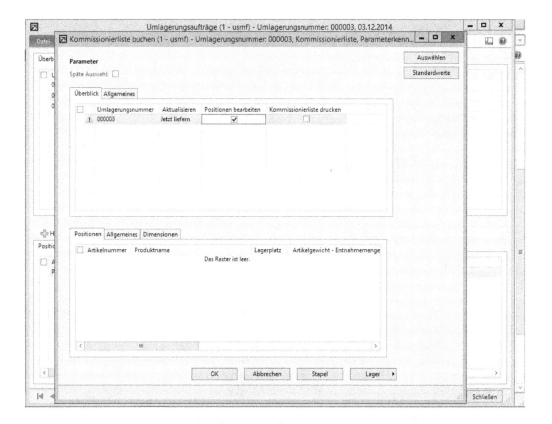

In einigen Buchungsmasken können Sie erkennen, dass es auf der rechten Seite des Formulars einen Schaltknopf Standardwerte gibt. Falls Sie die Standardparameter ändern möchten, die in der Maske verwendet werden, dann klicken Sie darauf.

Setze Standardwerte in Buchungsmasken

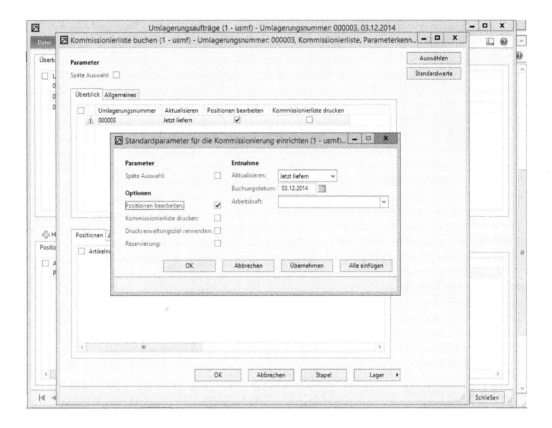

Wenn die Dialogbox Standardparameter angezeigt wird, können Sie sämtliche Standardwerte sehen, die in der Maske verwendet werden.

Setze Standardwerte in Buchungsmasken

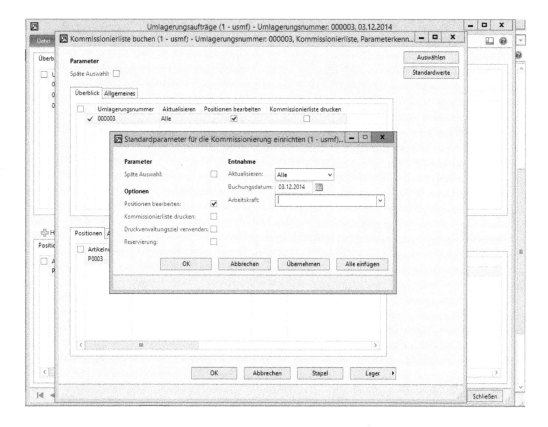

Ändern Sie die Vorgabewerte in die Werte, die Sie künftig nutzen möchten, und klicken anschließend OK.

Setze Standardwerte in Buchungsmasken

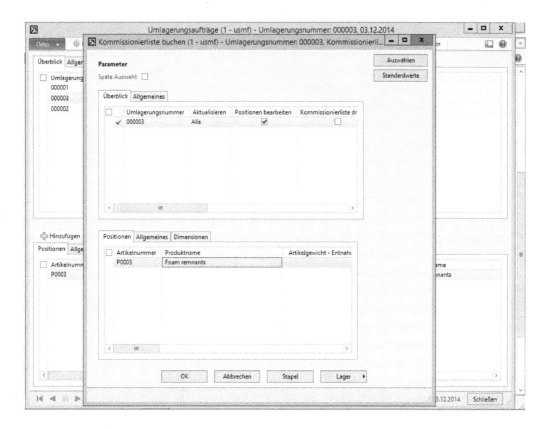

Wenn Sie jetzt die Maske öffnen, werden alle Vorgabewert zugewiesen, und Sie können geradewegs fortfahren, ohne Purzelbäume schlagen zu müssen.

Das ist sehr hilfreich.

OFFICE TRICKS

Es ist kein Geheimnis, dass viele Office nutzen, um Dokumente und Reports zu erstellen. Aber wenn Sie wirklich Office verwenden wollen, dann sollten Sie sich die Integration von Office in Dynamics AX zu Nutze machen.

Verzichten Sie auf Ausschneiden und Einfügen von Tabellen – verknüpfen Sie stattdessen Excel mit Dynamics AX. Kopieren Sie keine Daten in Word, sondern erstellen Sie mit Hilfe von Word Dokumentvorlagen, die mit Dynamics AX Daten automatisch aktualisiert werden.

In diesem Kapitel werden wir einige der integrierten Office Funktionen freilegen.

Feldwertsuche unmittelbar in Excel durchführen

Das Dynamics AX Add-In für Excel ist ein hervorragendes Werkzeug zum Downloaden und Aktualisieren von Daten aus Dynamics AX mit Hilfe eines Tools, das vielen vertraut ist. Aber nicht jeder ist vertraut mit all den gültigen Werten, die für die Felder zugelassen sind. Keine Sorge – immerhin besitzt das Excel Add-In eine elegante Suchfunktion, die es Ihnen gestattet herauszufinden, welche Werte erlaubt sind.

Nie mehr Suche nach Feldwerten nach "try and error"

Feldwertsuche unmittelbar in Excel durchführen

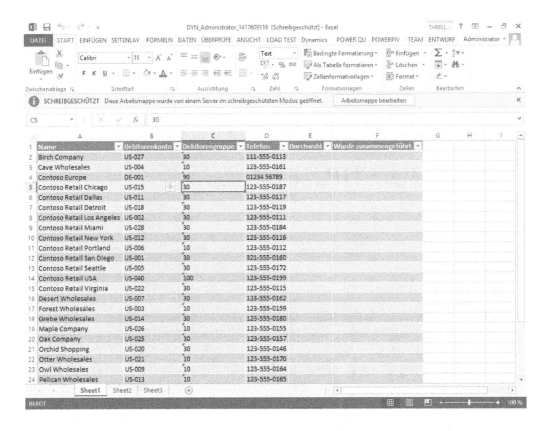

Wenn Sie auf Dynamics AX Daten von Excel aus zugreifen, wählen Sie die Spalte, in der Sie nachschlagen möchten, und klicken Sie auf die Spaltenbezeichnung.

Feldwertsuche unmittelbar in Excel durchführen

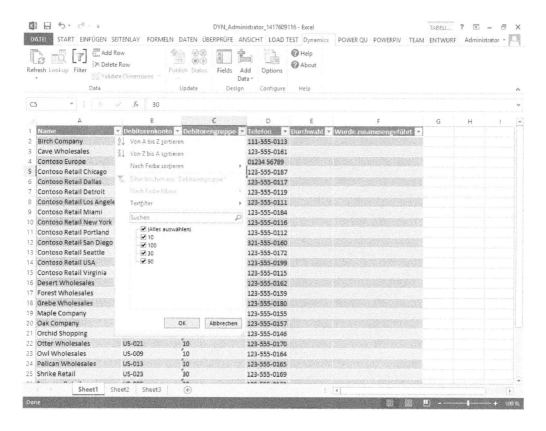

Daraufhin wird eine Dialogbox geöffnet mit allen gültigen Werten aus Dynamics AX, die Sie in der Spalte eintragen können.

Sie müssen jetzt nur noch einen Wert auswählen und dann OK klicken.

Mache Excel Exports statisch durch Deaktivierung der Aktualisierungsoption

Die Export nach Excel Funktion innerhalb von Dynamics AX ist ein machtvolles Werkzeug, den es erzeugt für Sie eine lebendige Verknüpfung zurück zur AX-Datenbank und erlaubt es Ihnen, sowohl weitere Felder hinzuzufügen als auch Daten zu aktualisieren. Aber für einige Anwender ist das vielleicht zuviel "Power". Für diese Personen kann mit einem Schnipser ein Marker gesetzt werden, um die Export nach Excel Funktion von einem leistungsfähigen Tool in ein einfaches "Screen Scrape Utility" umzuwandeln.

Ich würde dies niemals als einen vermeintlichen Aprilscherz empfehlen.

Mache Excel Exports statisch durch Deaktivierung der Aktualisierungsoption

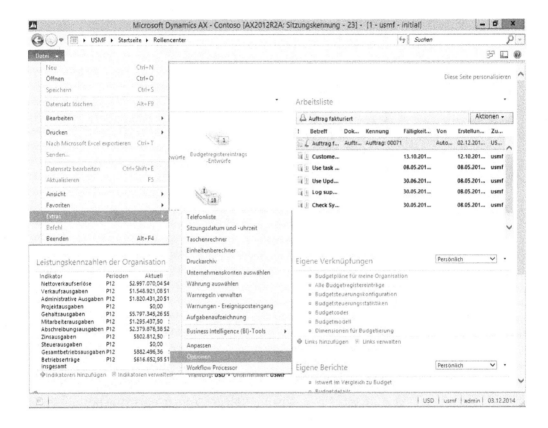

Klicken Sie auf den Menübefehl Datei, wählen Sie das Untermenü Extras und klicken auf den Menüpunkt Optionen.

Mache Excel Exports statisch durch Deaktivierung der Aktualisierungsoption

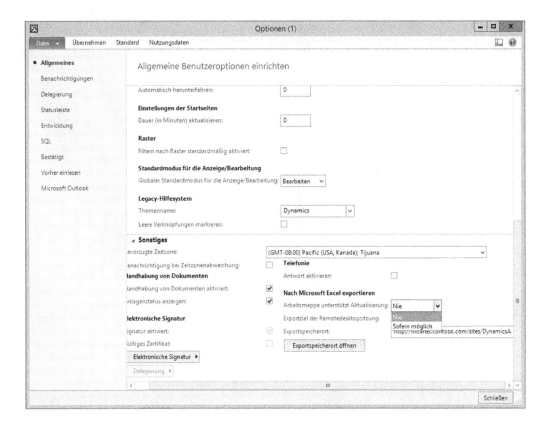

In der Optionen-Maske wählen Sie die Seite Allgemeines und ändern Sie den Eintrag in Arbeitsmappe unterstützt Aktualisierung von Sofern möglich in Nie.

Mache Excel Exports statisch durch Deaktivierung der Aktualisierungsoption

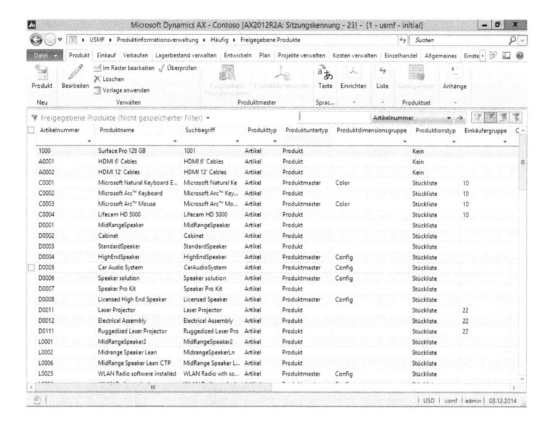

Bewegen Sie sich jetzt in eine Listenseite, aus der Sie öfters Daten exportieren, und klicken Export nach Microsoft Excel.

Mache Excel Exports statisch durch Deaktivierung der Aktualisierungsoption

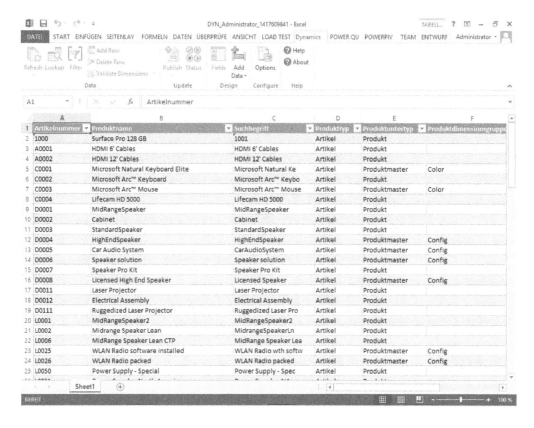

Wenn Excel mit Ihren Daten geöffnet wird, werden Sie feststellen, dass Sie nicht in der Lage sind, die Daten innerhalb von Excel zu aktualisieren, da es jetzt nur noch ein einfacher Export ist und keine "lebendige" Verbindung.

Erstelle eine Dokumentvorlage mit Hilfe von Word

In einer perfekten Welt sollten alle Dokumente und Reports, die außerhalb von Dynamics AX erstellt wurden, innerhalb der Reporting Services erzeugt werden. Da nicht immer die Zeit und die Ressourcen für die Erstellung der Reports verfügbar sind, werden Sie letztlich auf andere Werkzeuge wie Excel oder Word zurückgreifen, um schnelle, aber "unsaubere" Versionen zu erstellen. Ich möchte hier über niemanden richten, den Sie müssen tun, was Sie zu tun haben. Aber falls Sie Office als Reporting Tool verwenden, dann gibt es innerhalb Dynamics AX ein Feature, das Ihnen erlaubt, Ihre Word Dokumente als Vorlage zu speichern und dann Daten unmittelbar vom System mit dem Dokument zu verknüpfen sowie das Dokument automatisch zu speichern, das als Dokumentanhang erstellt wurde.

Es ist wie der Besitz einer eigenen Druckmaschine

Erstelle eine Dokumentvorlage mit Hilfe von Word

Bevor wir starten müssen wir dafür sorgen, dass Sie einige Daten haben, die Word in der Lage ist zu lesen. Dazu klicken Sie auf den Menüpunkt Dokumentdaten-quellen im Ordner Dokumentverwaltung unter Einstellungen im Modul Organisationsverwaltung.

Erstelle eine Dokumentvorlage mit Hilfe von Word

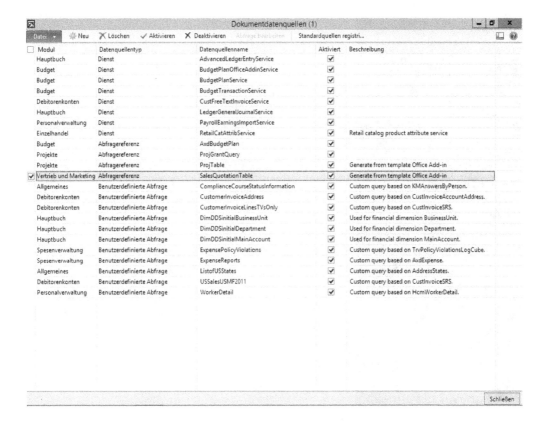

Sie müssen sicherstellen, dass Sie eine Abfragereferenz oder eine benutzerdefinierte Abfrage für die Haupttabelle des Datensatzes definiert haben, für die Sie eine Dokumentvorlage erstellen werden. In diesem Fall erstellen wir eine Dokumentvorlage für Verkaufsangebote, indem wir eine Abfragereferenz der SalesQuotationTable einfügen.

Wenn Sie die Abfrage konfiguriert haben, klicken Sie auf Schließen.

Erstelle eine Dokumentvorlage mit Hilfe von Word

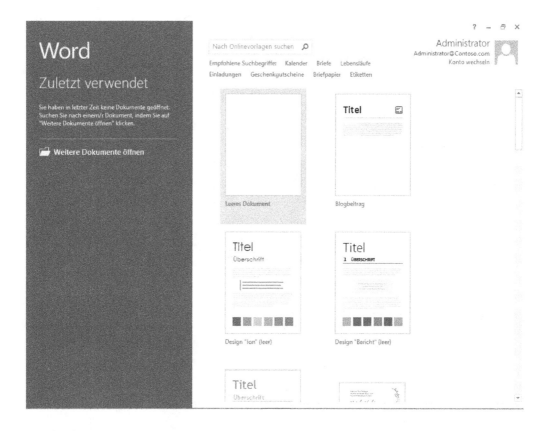

Öffnen Sie jetzt Word und erstellen Sie ein unbeschriebenes Dokument.

Erstelle eine Dokumentvorlage mit Hilfe von Word

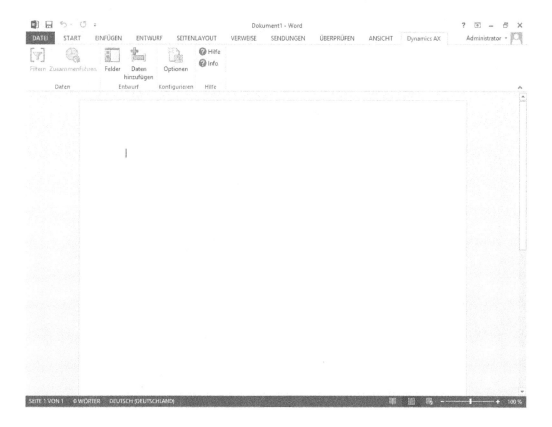

Nach Erstellung des leeren Dokuments klicken Sie in der Aktionsleiste auf das Register Dynamics AX und anschließend auf den Schaltknopf Daten hinzufügen.

Erstelle eine Dokumentvorlage mit Hilfe von Word

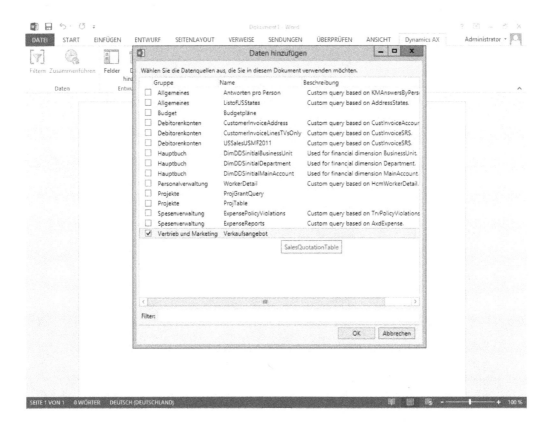

Daraufhin wird die Dialogbox Daten hinzufügen geöffnet mit allen registrierten Abfragen. Wählen Sie Ihre Hauptdatenquelle, die Sie für die Dokumentvorlage nutzen wollen und klicken dann auf OK.

Erstelle eine Dokumentvorlage mit Hilfe von Word

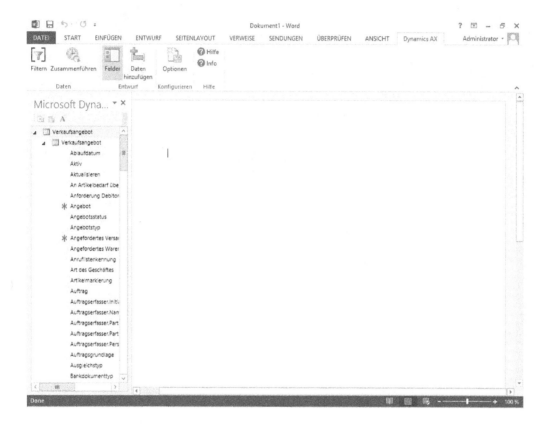

Wenn Sie zu Word zurückkehren werden Sie bemerken, dass auf der linken Seite der Feld-Browser angezeigt wird.

Erstelle eine Dokumentvorlage mit Hilfe von Word

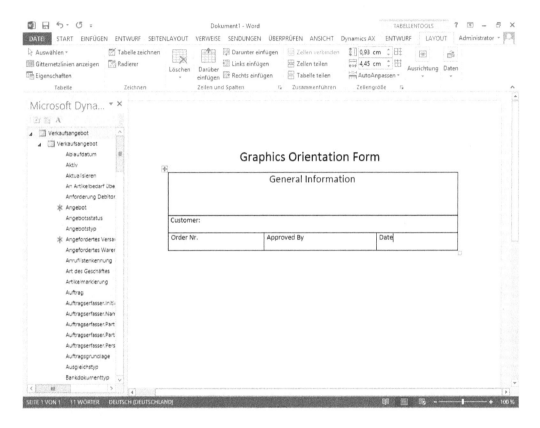

Starten Sie jetzt mit der Erstellung Ihrer Vorlage.

Erstelle eine Dokumentvorlage mit Hilfe von Word

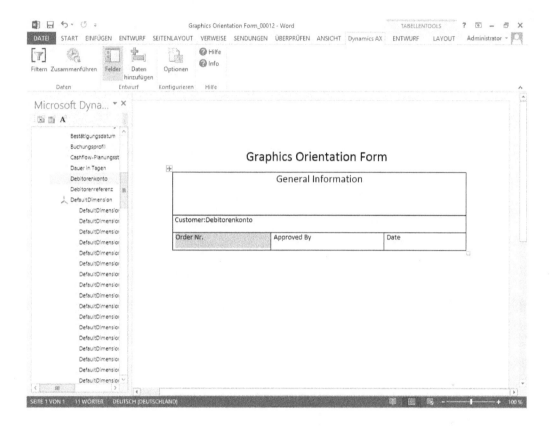

Falls Sie irgendeinen Feldwert in das Worddokument einbetten möchten, dann
können Sie das Feld mit drag and drop vom Feld-Explorer in das Dokument
hinüberziehen.

Erstelle eine Dokumentvorlage mit Hilfe von Word

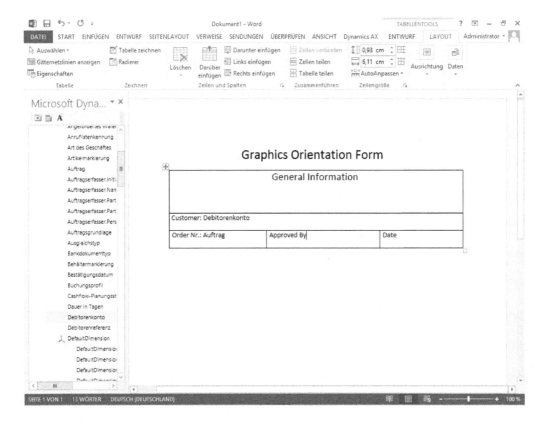

Fahren Sie fort Felder zu ergänzen, bis Sie alle Felder eingefügt haben.

Erstelle eine Dokumentvorlage mit Hilfe von Word

Danach speichern Sie Ihr Dokument.

Erstelle eine Dokumentvorlage mit Hilfe von Word

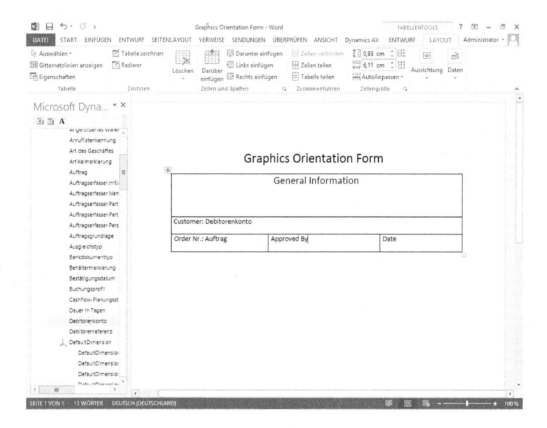

Wenn die Erstellung der Vorlage beendet ist, schließen Sie die Datei.

Erstelle eine Dokumentvorlage mit Hilfe von Word

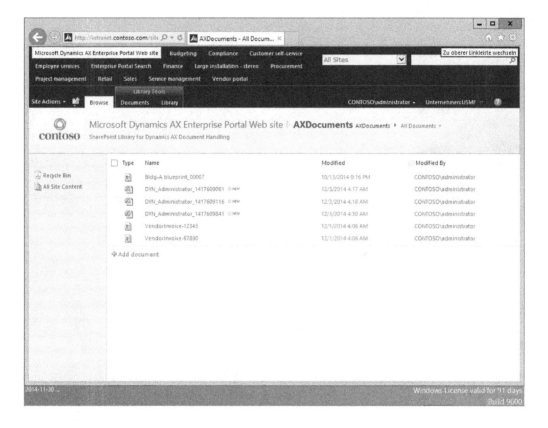

Jetzt werden wir das Dokument in einer SharePoint-Bibliothek abspeichern. Falls Sie noch keine haben, erstellen Sie eine Dokument-Bibliothek und notieren Sie sich die URL. Dann klicken Sie in der Bibliothek auf den Link Add Document.

Erstelle eine Dokumentvorlage mit Hilfe von Word

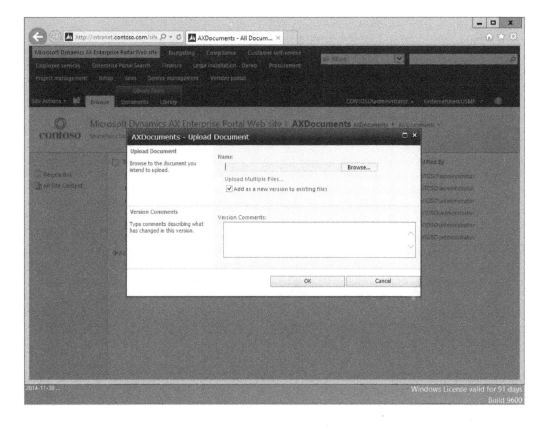

Daraufhin wird die Dialogbox Upload Document geöffnet. Klicken Sie auf Browse, um den Datei-Browser zu öffnen.

Erstelle eine Dokumentvorlage mit Hilfe von Word

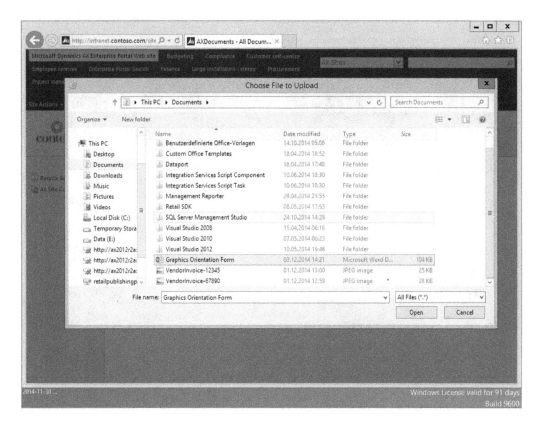

Dann navigieren Sie zur Vorlagedatei, die Sie vorher erstellt haben, und klicken auf Open.

Erstelle eine Dokumentvorlage mit Hilfe von Word

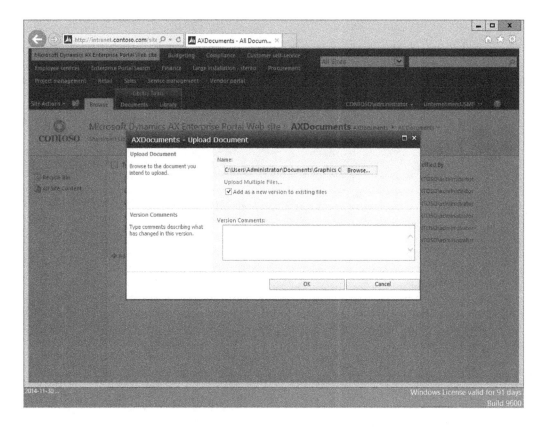

Wenn Sie in die Dialogbox Upload Document zurückkehren, klicken Sie OK, um die Datei in SharePoint zu übernehmen.

Erstelle eine Dokumentvorlage mit Hilfe von Word

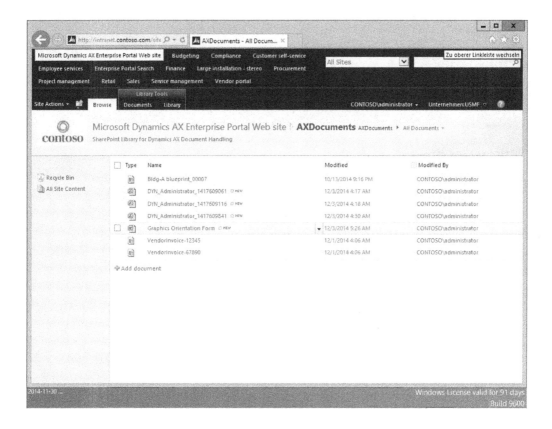

Danach können Sie SharePoint verlassen.

Erstelle eine Dokumentvorlage mit Hilfe von Word

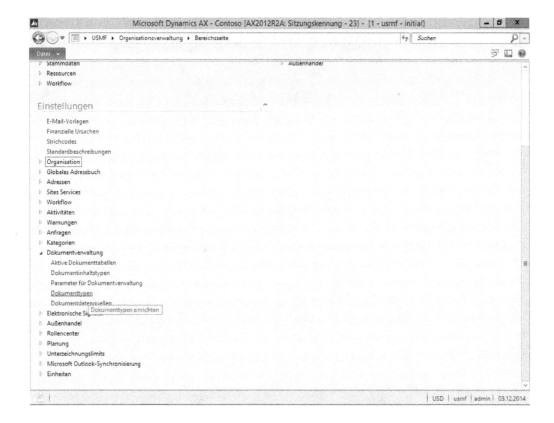

Jetzt müssen wir für unsere Vorlage einen Dokumenttyp erstellen, den wir für die Synchronisation mit SharePoint verwenden und als Referenz für all unsere Dokumentvorlagen nutzen. Dazu klicken Sie auf den Menüpunkt Dokumenttypen im Ordner Dokumentverwaltung unter Einstellungen im Modul Organisationsverwaltung.

Erstelle eine Dokumentvorlage mit Hilfe von Word

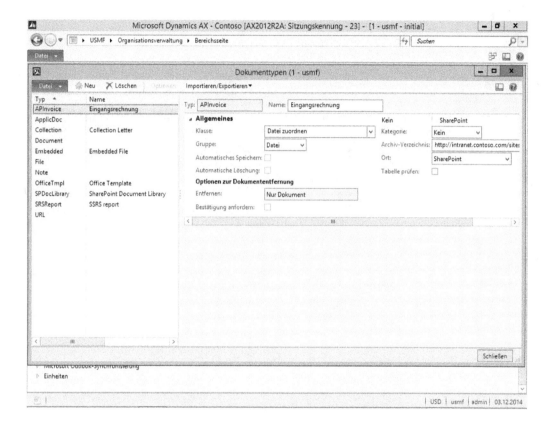

In der Maske Dokumenttypen klicken Sie auf Neu, um einen neuen Datensatz zu erstellen.

Erstelle eine Dokumentvorlage mit Hilfe von Word

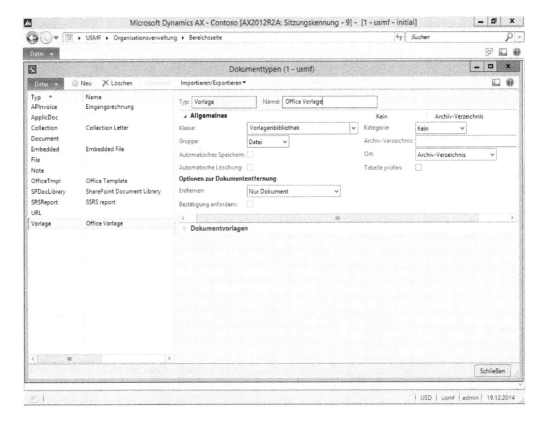

Dann geben Sie Ihren neuen Datensatz einen Typ-Code und einen Namen.

Erstelle eine Dokumentvorlage mit Hilfe von Word

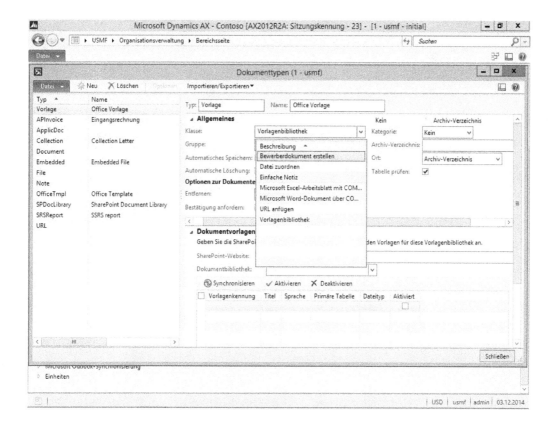

Wählen Sie im Feld Klasse Vorlagenbibliothek aus.

Erstelle eine Dokumentvorlage mit Hilfe von Word

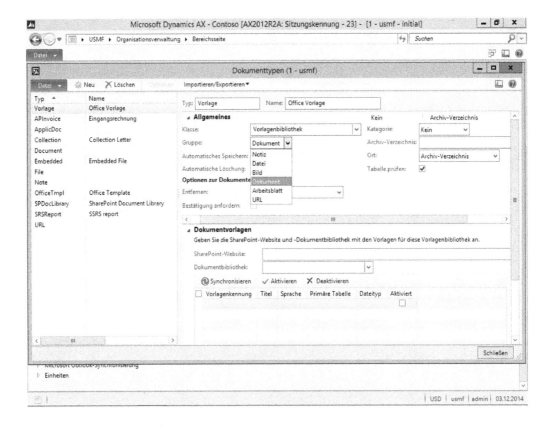

Ändern Sie Gruppe auf Dokument.

Erstelle eine Dokumentvorlage mit Hilfe von Word

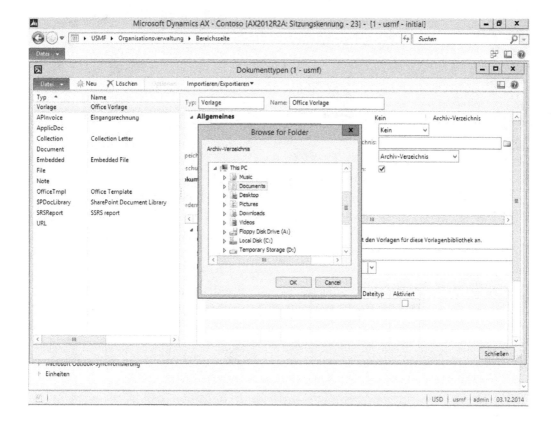

Dann klicken Sie auf das Ordner-Symbol rechts vom Feld Archiv-Verzeichnis, und führen den Browser zu einem Arbeitsverzeichnis, wo Sie alle Ihre Vorlagedateien abspeichern. Abschließend klicken Sie OK.

Erstelle eine Dokumentvorlage mit Hilfe von Word

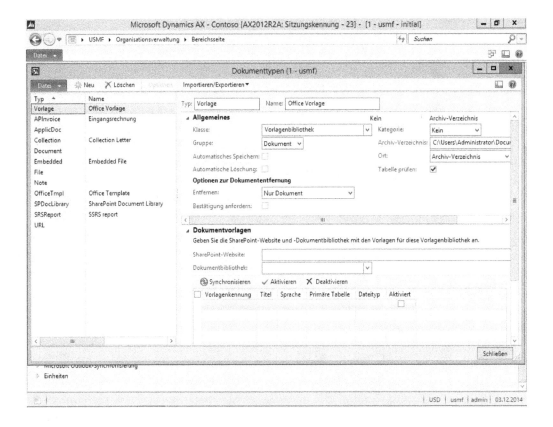

Sie werden bemerkt haben, dass bei Auswahl der Klasse Vorlagenbibliothek unterhalb ein neues Register angezeigt wird. Fügen Sie die Seiten-URL der SharePoint Dokumentbibliothek ein (ohne die Dokumentbibliothek), wo Sie Ihre Vorlage innerhalb SharePoint hochgeladen haben.

Erstelle eine Dokumentvorlage mit Hilfe von Word

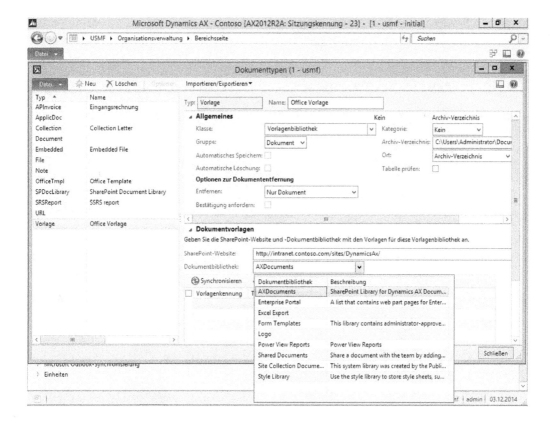

Von der Auswahliste wählen Sie Ihre Dokumentbibliothek, wo Sie Ihre Vorlage gespeichert haben.

Erstelle eine Dokumentvorlage mit Hilfe von Word

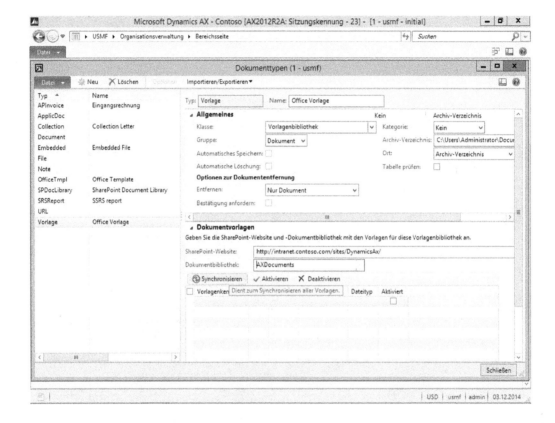

Danach klicken Sie auf Synchronisieren.

Erstelle eine Dokumentvorlage mit Hilfe von Word

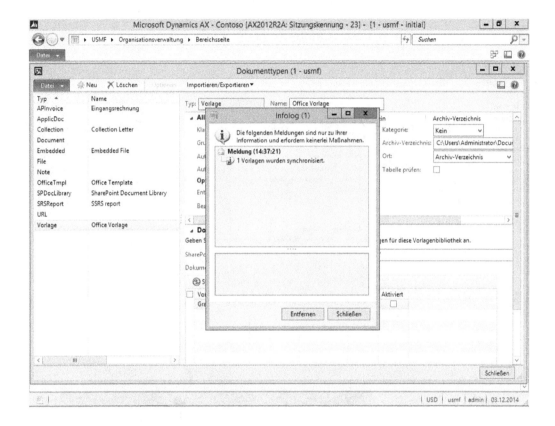

Sie sollten eine Infolog-Box angezeigt bekommen, die Ihnen mitteilt, dass eine (oder mehrere) Vorlagen synchronisiert wurden.

Erstelle eine Dokumentvorlage mit Hilfe von Word

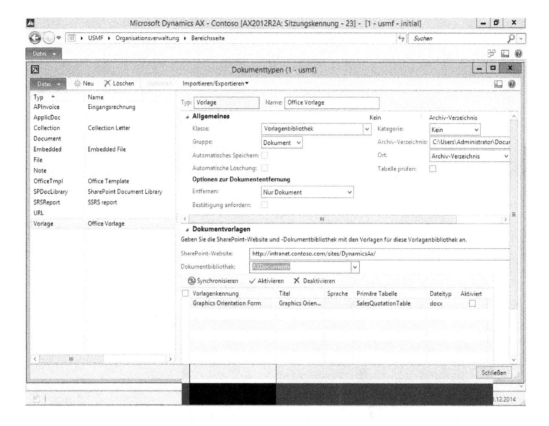

In der Maske Dokumenttypen wird die Vorlage jetzt angezeigt.

Erstelle eine Dokumentvorlage mit Hilfe von Word

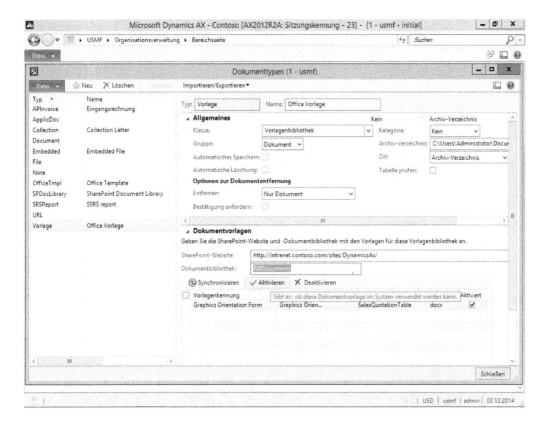

Zur Freischaltung müssen Sie jetzt nur noch auf Aktivieren klicken.

Erstelle eine Dokumentvorlage mit Hilfe von Word

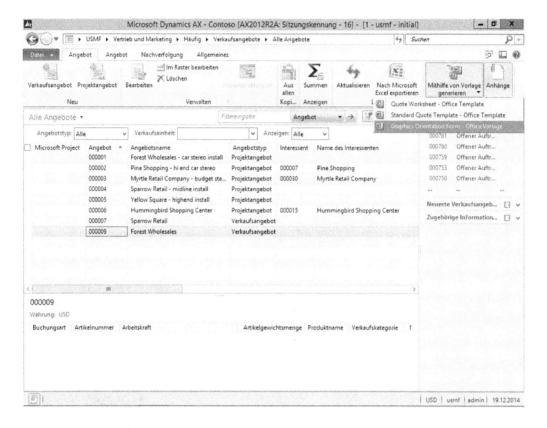

Wenn Sie jetzt in das Formular Verkaufsangebote wechseln, und klicken auf die Schaltfläche Mit Hilfe von Vorlage generieren, wird die Wordvorlage nun angezeigt.

Erstelle eine Dokumentvorlage mit Hilfe von Word

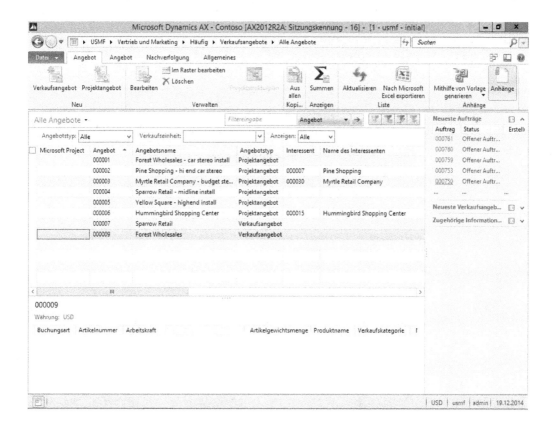

Wenn Sie darauf klicken, wird Dynamics AX gewissenhaft die Vorlage verwenden, die Sie für die Erstellung eines neuen Dokuments angelegt haben.

Erstelle eine Dokumentvorlage mit Hilfe von Word

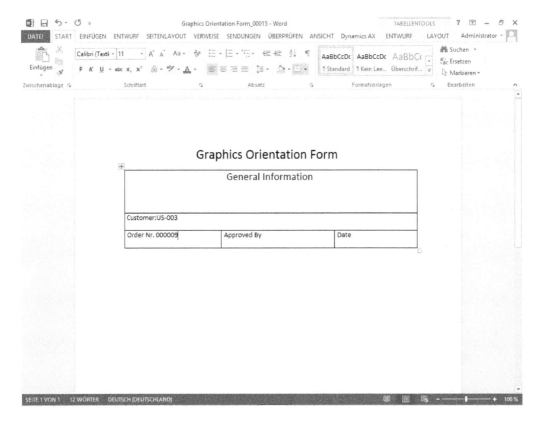

Daraufhin wird Word mit der Vorlage geöffnet und es werden die Schlüsselfelder für Sie eingetragen.

Erstelle eine Dokumentvorlage mit Hilfe von Word

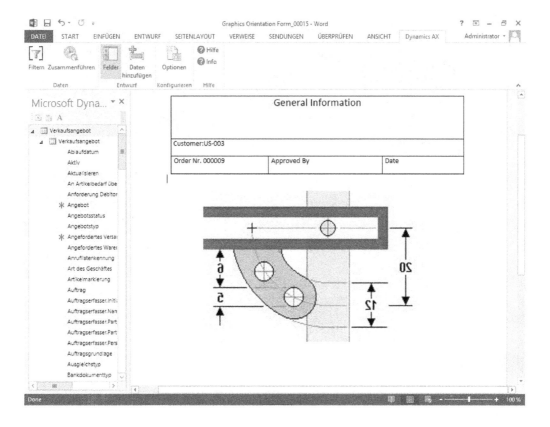

Falls Sie die modifizierte Vorlage für jeden aktualisieren möchten, dann überschreiben Sie die Original-Vorlage beim Speichern.

Erstelle eine Dokumentvorlage mit Hilfe von Word

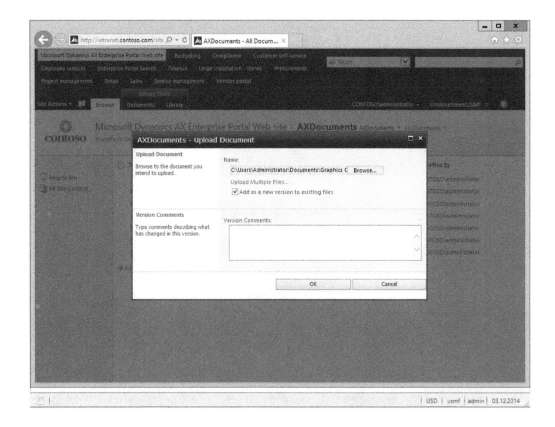

Rufen Sie die SharePoint Bibliothek nochmals auf und laden Sie die Vorlagedatei erneut hoch (überscheiben Sie die vorhergehende Version).

Erstelle eine Dokumentvorlage mit Hilfe von Word

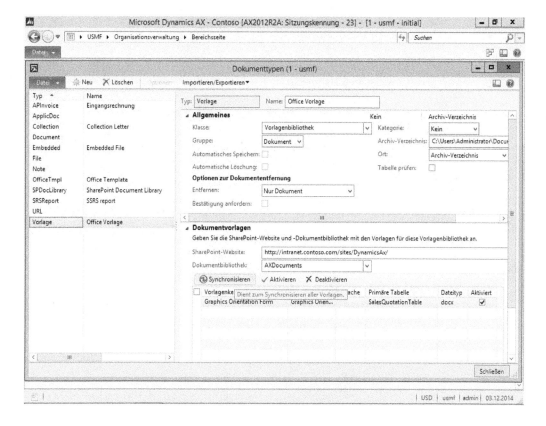

Danach öffnen Sie wieder Ihre Dokumenttypen, wählen die Vorlagebibliothek und klicken auf Synchronisieren.

Erstelle eine Dokumentvorlage mit Hilfe von Word

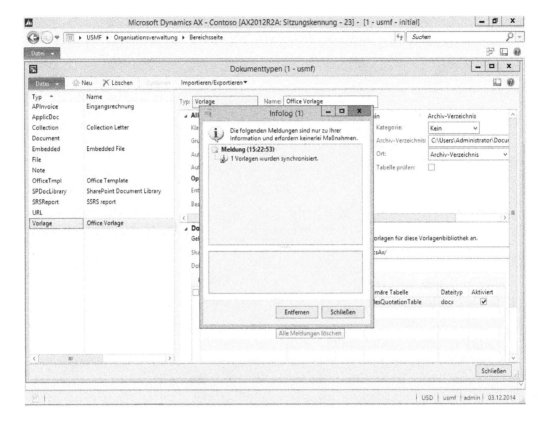

Dynamics AX findet für Sie das Dokument und aktualisiert die Referenz-Vorlage.

Erstelle eine Dokumentvorlage mit Hilfe von Word

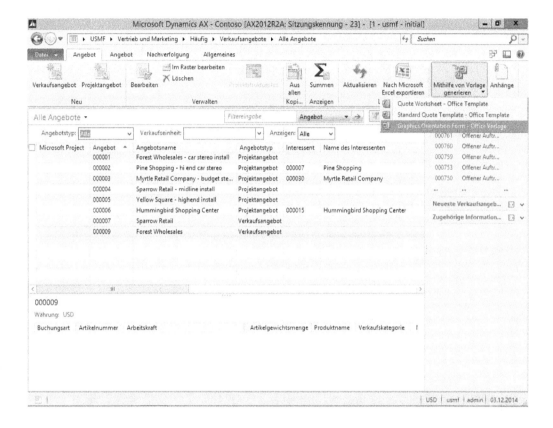

Wenn Sie zu den Verkaufsangeboten zurückkehren und mit der Vorlage ein anderes Dokument erstellen ...

Erstelle eine Dokumentvorlage mit Hilfe von Word

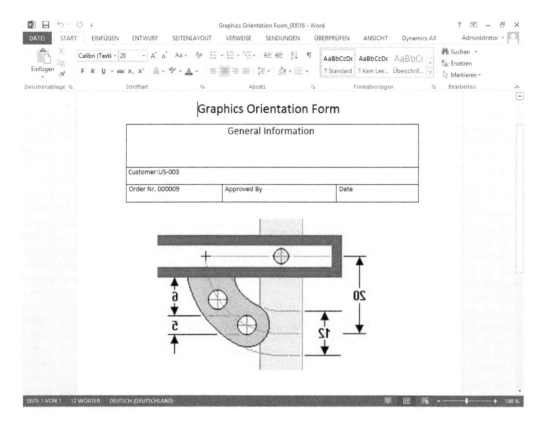

Dann wird die neue Version der Vorlage, die Sie vorher hochgeladen haben, verwendet.

Erstelle eine Dokumentvorlage mit Hilfe von Word

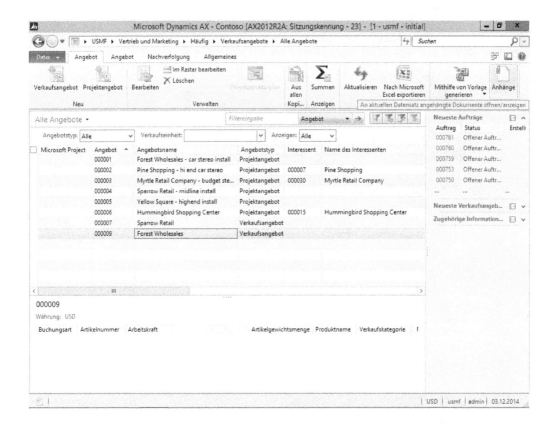

Ein weiterer Vorteil dieses Features ist, dass sämtliche Dokumente, die Sie erstellen, als Anhänge des Datensatzes aufgezeichnet und gespeichert werden. Das können Sie sehen, wenn Sie in der Aktionsleiste auf die Schaltfläche Anhänge klicken.

Erstelle eine Dokumentvorlage mit Hilfe von Word

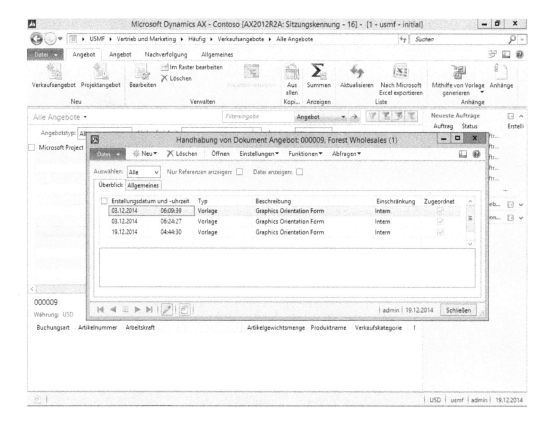

Sie könnnen alle Versionen sehen, die von einem Dokument erstellt wurden. Um das Dokument selbst zu betrachten, klicken Sie einfach in der Menüleiste auf Öffnen.

Beachte: Damit Sie die verschiedenen Versionen des Dokuments einsehen können, müssen in der Dokumentverwaltung die aktiven Dokumenttabellen aktualisieren und aktivieren werden (Organisationsverwaltung -> Dokumentverwaltung -> Aktive Dokumenttabellen).

Erstelle eine Dokumentvorlage mit Hilfe von Word

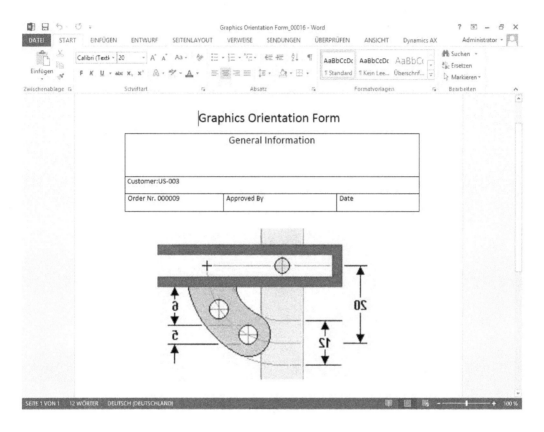

Daraufhin wird das Word-Dokument geöffnet, das mit der Vorlage erstellt wurde.

Rock on!

WORKFLOW TRICKS

Workflow ist einer der am meisten mißverstandenen Bereiche in Dynamics AX, hauptsächlich, weil viele Personen denken, dass es kompliziert ist und einen Entwickler erfordert, um den Workflow aufzusetzen und zum Laufen zu bringen. Das ist nicht korrekt. Viele Dinge, die man mit einem Workflow machen kann, erfordern keine Code-Anpassungen. Aber es wird Verantwortlichkeit ergänzt hinsichtlich der Benutzer und der Prozesse im System.

In diesem Kapitel werden wir einige Wege aufzeigen, wie Sie den Workflow nutzen können, um Ihre Geschäftsprozesse zu straffen.

Erlaube mehreren Personen, in einen Workflow-Genehmigungsschritt involviert zu sein

Nicht alle Entscheidungen werden von einer Person getroffen, sondern es gibt viele Situationen, wo es notwendig ist, mehrere Personen zur Einhaltung interner Richtlinien einzubeziehen - oder Sie ziehen es vor, Entscheidungen im Team zu treffen, so dass niemand außen vor bleibt. Eine Abstimmung via Workflow innerhalb Dynamics AX ist diesbezüglich ebenso gut, den Sie können soviele Personen wie notwendig in den Entscheidungsprozeß einbinden und eine Gewichtung während der Workflowausführung vornehmen. Es gibt einige verschiedene Wege, wo Sie festlegen, wie die Stimmen gewichtet werden, um den Vorgang obendrein zu beschleunigen.

Alles ist besser, wenn es von einem Komitee entschieden wird... Richtig ?

Erlaube mehreren Personen, in einen Workflow-Genehmigungsschritt involviert zu sein

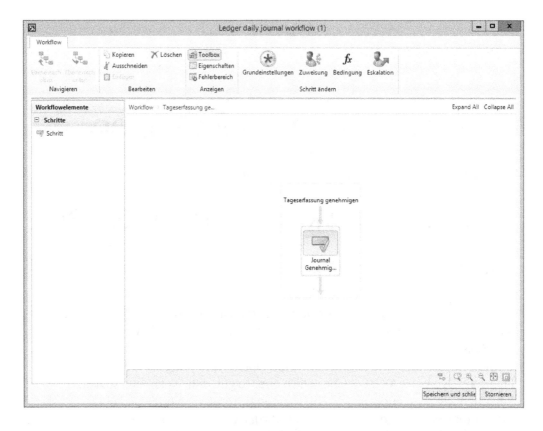

Wählen Sie den Workflowschritt, der von mehreren Personen genehmigt werden soll, und klicken Sie auf den Schaltknopf Zuweisung in der Workflow-Aktionsleiste.

Erlaube mehreren Personen, in einen Workflow-Genehmigungsschritt involviert zu sein

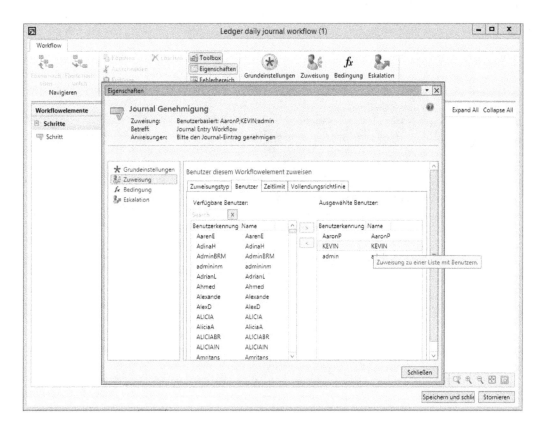

Wenn die Zuweisungs-Eigenschaften angezeigt werden, klicken Sie auf das Register Benutzer, und ergänzen Sie sämtliche Mitarbeiter, die in den Workflowschritt eingebunden werden sollen, als Ausgewählte Benutzer auf der rechten Seite der Auswahlbox.

Erlaube mehreren Personen, in einen Workflow-Genehmigungsschritt involviert zu sein

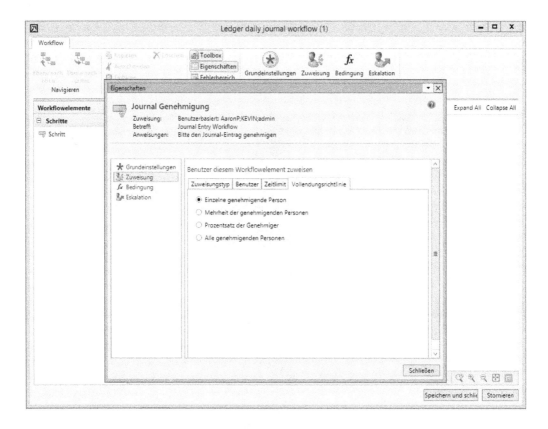

Dann wechseln Sie zum Register Vollendungsrichtlinie.

Wenn Sie die Option Einzelne genehmigende Person wählen, wird, sobald ein Benutzer diesen Schritt genehmigt hat, die Aufgabe als erledigt markiert.

Erlaube mehreren Personen, in einen Workflow-Genehmigungsschritt involviert zu sein

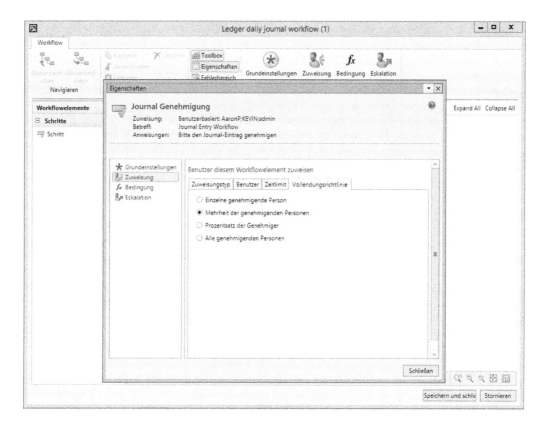

Wenn Sie die Option Mehrheit der genehmigenden Personen wählen, dann benötigen Sie für diese Aufgabe eine Mehrheit an Benutzern, um fortfahren zu können. Es ist aber nicht notwendig, dass von allen Benutzern eine Stellungnahme eingeholt wird.

Beachte: Stellen Sie sicher, dass Sie die Anzahl für eine Mehrheitsentscheidung haben, so dass Sie nicht bei einer uneinigen Jury enden.

Erlaube mehreren Personen, in einen Workflow-Genehmigungsschritt involviert zu sein

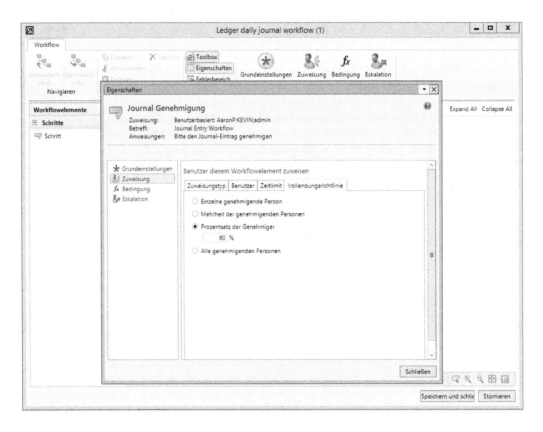

Wenn Sie die Option Prozentsatz der Genehmiger wählen, haben Sie die Möglichkeit, einen Prozentsatz einzugeben. Dies ist ähnlich der Option Mehrheit der Genehmiger, nur das Sie hier "ein Zeichen" setzen, ab wann der Schritt als abgeschlossen betrachtet wird.

Erlaube mehreren Personen, in einen Workflow-Genehmigungsschritt involviert zu sein

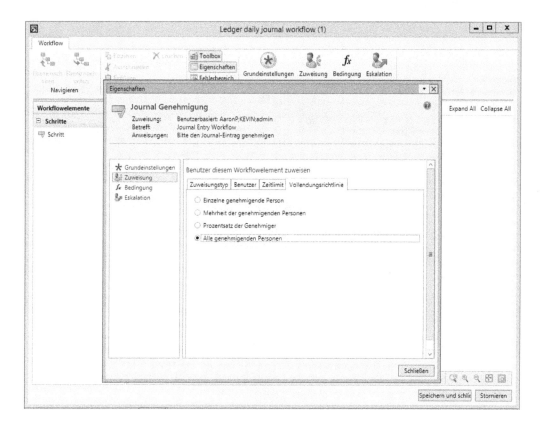

Schlussendlich können Sie noch die Option Alle genehmigenden Personen wählen. In diesem Fall müssen alle Benutzer, die Sie zuvor zugewiesen haben, die Aufgabe genehmigen; ansonsten kann der Workflow nicht fortgeführt werden.

Sobald Sie Ihre Vollendungsrichtlinie gewählt haben, klicken Sie auf Schließen und der Genehmigungsschritt wird aktualisiert.

Erstelle mehrere Versionen eines Workflow und entscheide, wann sie verwendet werden

Workflows sind großartig, aber es kommt vielfach vor, dass Sie eine Workflow-Version in dieser Situation und eine weitere Version in einer anderen Situation laufen lassen möchten. Sie können die Sauron Methode verwenden und einen Workflow erstellen, mit dem alles abgebildet werden kann, indem Sie am Anfang des Workflows die Bedingungen verankern, die Sie zum richtigen Entscheidungsbaum lotsen, oder Sie können mehrere Workflows erstellen und anschließend über die Aktivierungsoption Dynamics AX mitteilen, wann welche Version verwendet werden soll.

Jetzt können Sie eine Armee von Workflows erstellen, die alle einzigartig sind.

Erstelle mehrere Versionen eines Workflow und entscheide, wann sie verwendet werden

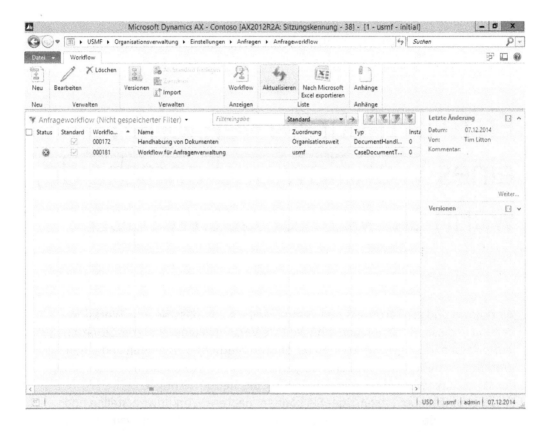

Beginnen Sie mit der Erstellung der verschiedenen Workflowabläufen, die Sie nutzen möchten. In diesem Fall haben wir einige Anfrage (Case)-Management-workflows, die wir in unterschiedlichen Szenarien verarbeiten wollen.

Erstelle mehrere Versionen eines Workflow und entscheide, wann sie verwendet werden

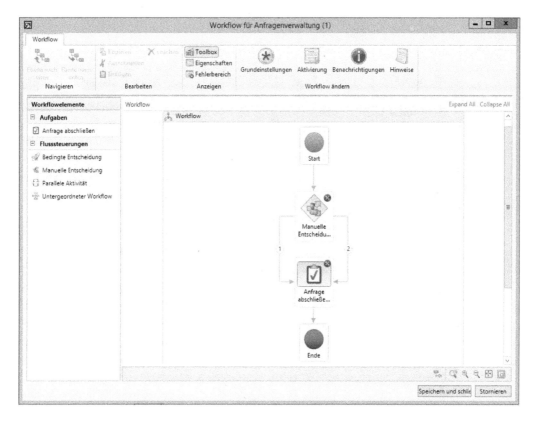

Öffnen Sie den Workflow für Anfrageverwaltung, und klicken Sie auf den Schaltknopf Eigenschaften in der Workflow Aktionsleiste.

Erstelle mehrere Versionen eines Workflow und entscheide, wann sie verwendet werden

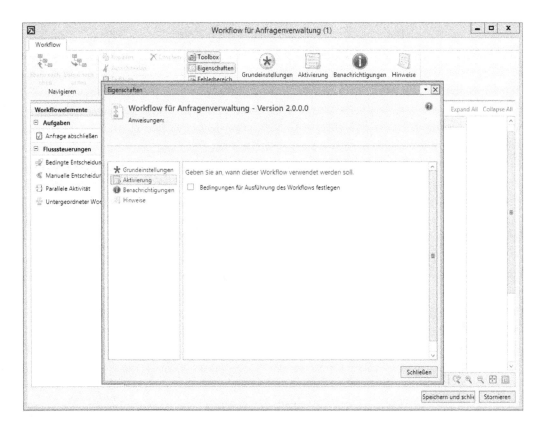

Im Formular Eigenschaften klicken Sie auf der linken Seite auf Aktivierung.

Erstelle mehrere Versionen eines Workflow und entscheide, wann sie verwendet werden

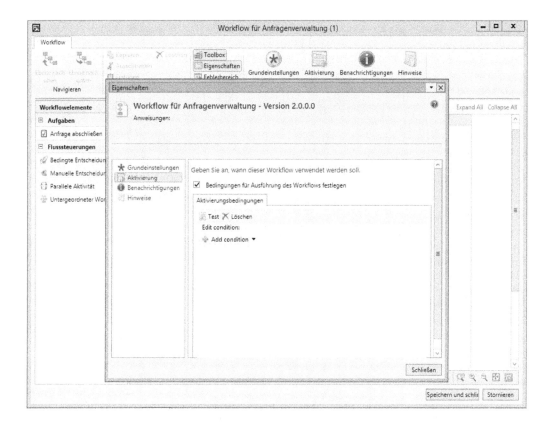

Aktivieren Sie die Checkbox Bedingungen für Ausführung des Workflows festlegen, um die Details der Aktivierungsbedingungen anzuzeigen, und dann klicken Sie auf Add Condition.

Erstelle mehrere Versionen eines Workflow und entscheide, wann sie verwendet werden

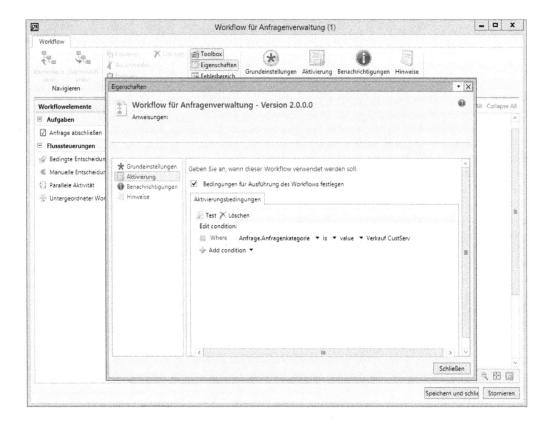

Daraufhin wird eine neue Bedingungszeile erstellt, wo Sie irgendein Feldelement von der Anfrage wählen können und ebenso eine Bedingung, die für dieses Element gültig sein soll.

In diesem Fall wird die Anfrage nur aktiviert, wenn es sich um eine Kundenservice-Anfrage handelt. Am Ende speichern und aktivieren Sie den Workflow.

Erstelle mehrere Versionen eines Workflow und entscheide, wann sie verwendet werden

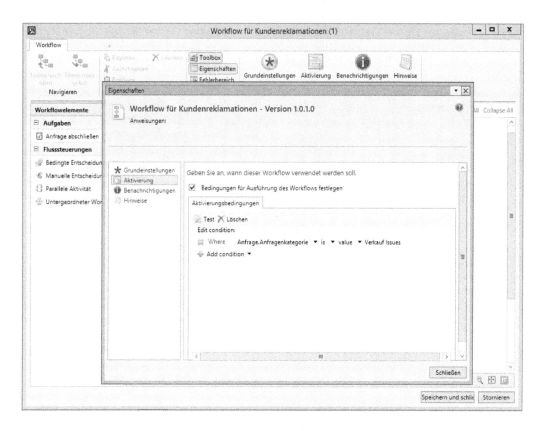

Wiederholen Sie den Vorgang für die anderen Workflows.

Der zweiten Workflow wird nur gestartet, wenn es sich um eine Kunden-reklamation handelt. Wenn Sie fertig sind, verlassen Sie den Workflow-Editor.

Erstelle mehrere Versionen eines Workflow und entscheide, wann sie verwendet werden

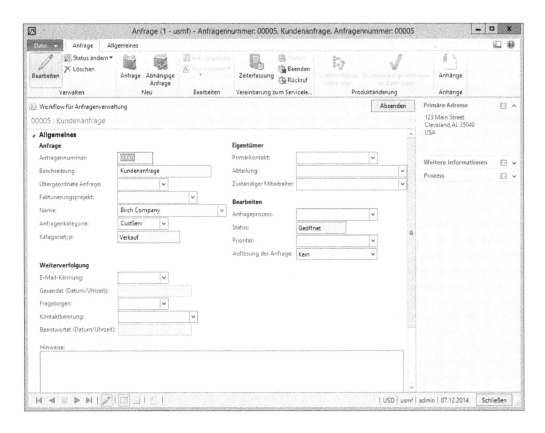

Wenn wir jetzt eine Anfrage öffnen, wird vom System entsprechend den Aktivierungsbedingungen, die wir eingerichtet haben, der betreffende Workflow gestartet.

Für Kundenanfragen wird der Kundenservice-Workflow aktiviert.

Erstelle mehrere Versionen eines Workflow und entscheide, wann sie verwendet werden

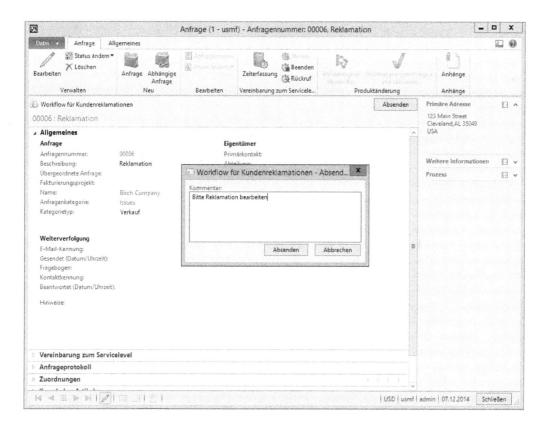

Bei Reklamationen wird der Workflow Kundenreklamationen gestartet.

Ebenso ist die Sendeanweisung auf den Workflowtyp zugeschnitten.

How cool is that?

Ergänze eine Workflow-Feedbackschleife zwecks Überprüfung, ob eine Aufgabe ausgeführt wurde

Workflows sind hervorragend, da sie die Zuweisung von Aufgaben zu den richtigen Personen zur richtigen Zeit wie eine gut geölte Maschine automatisieren. Das einzige, das sie nicht kontrollieren können, ist, ob die Mitarbeiter derzeit die Arbeit machen, die bei ihnen nachgefragt wurde. Wenn Sie Fehler innerhalb Ihrer Mitarbeiterabläufe haben, dann können Sie in Ihren Workflow Feedbackschleifen ergänzen, die es Ihnen erlauben sicherzustellen, dass alle Felder, die der Anwender aktualisieren sollte, auch tatsächlich aktualisiert wurden.

Jetzt werden grobe Fehler bei Aufgaben einfach eingefangen.

Ergänze eine Workflow-Feedbackschleife zwecks Überprüfung, ob eine Aufgabe ausgeführt wurde

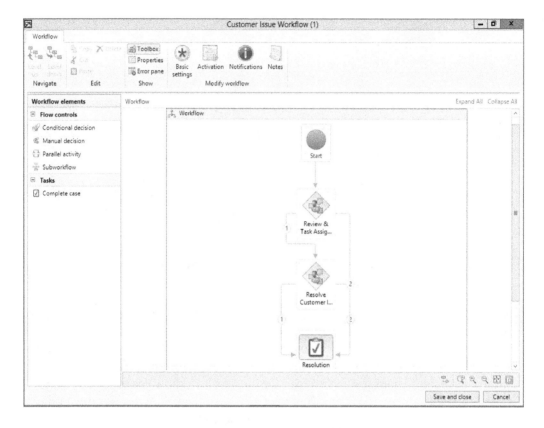

Beginnen Sie, indem Sie den Workflow-Editor öffnen. In diesem Fall haben wir einen Workflow für Kundenreklamation, wo wir eine Person bitten, die Aufgabe einen Mitarbeiter zuzuweisen.

Ergänze eine Workflow-Feedbackschleife zwecks Überprüfung, ob eine Aufgabe ausgeführt wurde

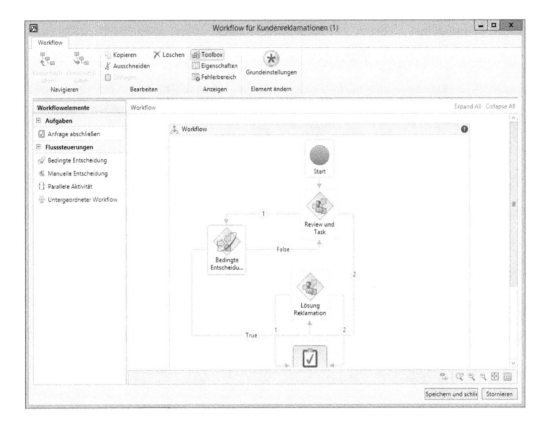

Um eine Rückmeldungsschliefe zu ergänzen, ziehen Sie das Element Bedingte Entscheidung in den Arbeitsbereich und klicken auf die Schaltfläche Grundeinstellungen innerhalb der Aktionsleiste Workflow.

Ergänze eine Workflow-Feedbackschleife zwecks Überprüfung, ob eine Aufgabe ausgeführt wurde

In der Maske Bedingte Entscheidung klicken Sie auf Add Condition.

Ergänze eine Workflow-Feedbackschleife zwecks Überprüfung, ob eine Aufgabe ausgeführt wurde

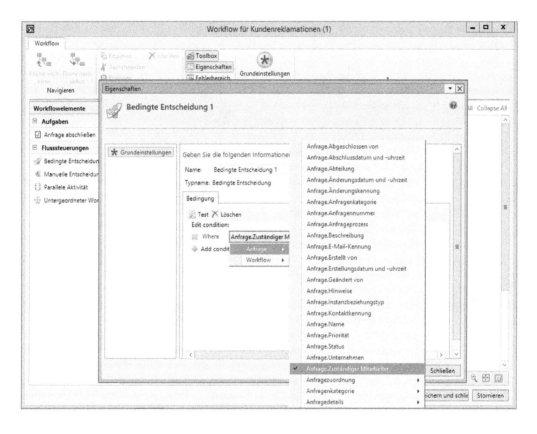

Wenn die neue Bedingung hinzugefügt wurde, klicken Sie auf den Feld-Browser, und wählen Sie das Feld, das Sie validieren möchten.

In diesem Fall ist es das Feld Anfrage.Zuständiger Mitarbeiter.

Ergänze eine Workflow-Feedbackschleife zwecks Überprüfung, ob eine Aufgabe ausgeführt wurde

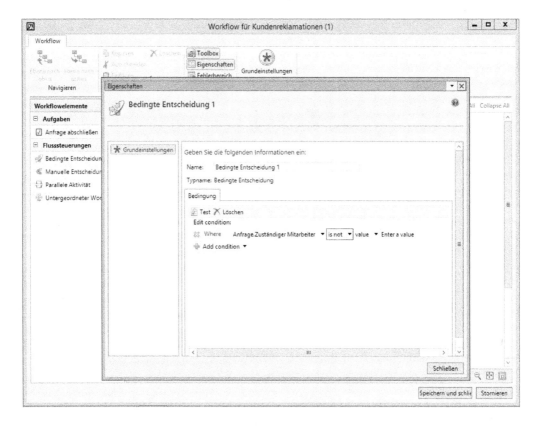

Ändern Sie jetzt die Bedingung auf Wahr (True), wenn das Feld nicht leer ist.

Ergänze eine Workflow-Feedbackschleife zwecks Überprüfung, ob eine Aufgabe ausgeführt wurde

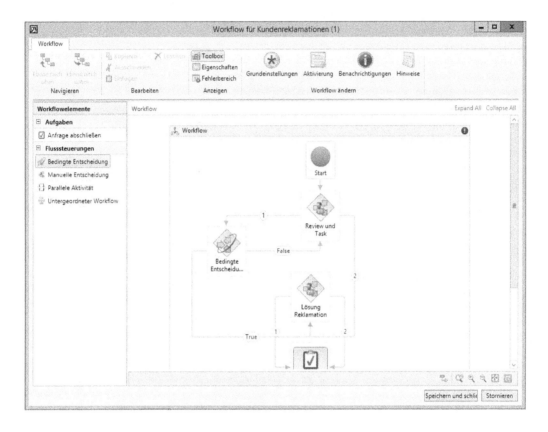

Jetzt muß nur noch die Bedingung mit der Aufgabe verknüpft werden, damit der Workflow zur vorhergehenden Aufgabe zurückkehrt, falls das Feld nicht aktualisiert wurde.

Nutze Workflows, um Transaktionen für einzelne Accounts zur Kontrolle einzufangen

Wenngleich Sie immer ein Auge auf die Transaktionen werfen, die durch Dynamics AX strömen, so gibt es trotzdem Transaktionen, die Sie jedenfalls etwas näher betrachten wollen. Workflows sind eine ausgezeichnete Möglichkeit, dies umzusetzen; aber Sie möchten nicht für jede Transaktion einen Workflow anstoßen, sondern nur in bestimmten Situationen. Kein Problem ! Sie können Dynamics AX mitteilen, wann der Workflow laufen soll und in allen anderen Fällen wird der Versenden Schaltknopf nicht angezeigt.

Es ist eine teuflisch diebische Art, um Transaktionen einzufangen.

Nutze Workflows, um Transaktionen für einzelne Accounts zur Kontrolle einzufangen

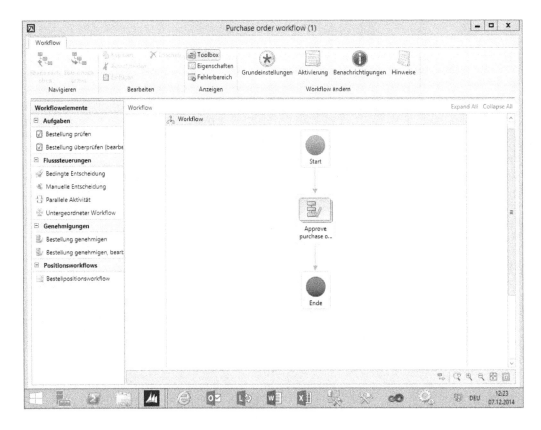

Beginnen Sie mit der Erstellung eines einfachen Genehmigungs-Workflow.

Nutze Workflows, um Transaktionen für einzelne Accounts zur Kontrolle einzufangen

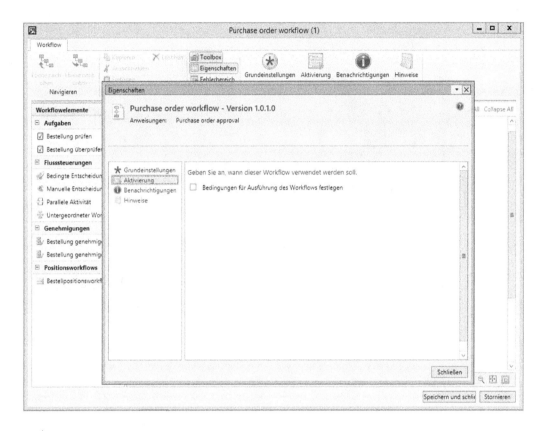

Klicken Sie in der Aktionsleiste auf Grundeinstellungen und wählen die Seite Aktivierung.

Nutze Workflows, um Transaktionen für einzelne Accounts zur Kontrolle einzufangen

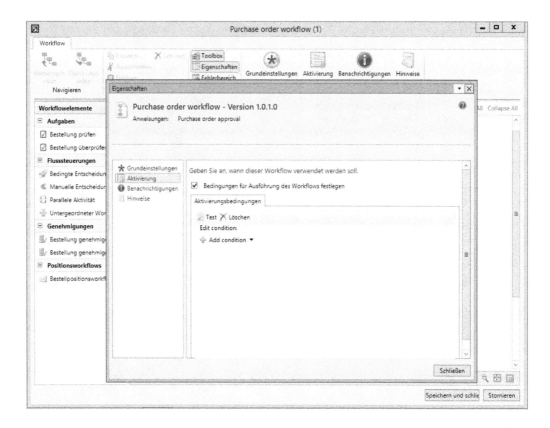

Aktivieren Sie die Checkbox Bedingungen für Ausführung des Workflow festlegen, und klicken Sie danach auf Add Condition.

Nutze Workflows, um Transaktionen für einzelne Accounts zur Kontrolle einzufangen

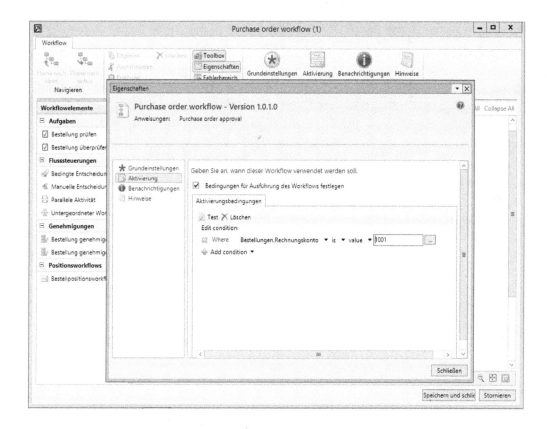

Konfigurieren Sie die Bedingung, die Sie mit diesem Workflow ausführen möchten, und klicken Sie anschließend auf Schließen.

Beachte: In diesem Fall wollen wir einen bestimmten Lieferanten etwas näher beobachten.

Nutze Workflows, um Transaktionen für einzelne Accounts zur Kontrolle einzufangen

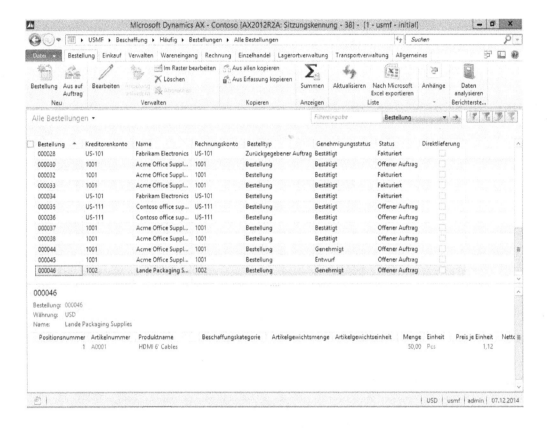

Wenn wir jetzt eine Bestellung betrachten für irgendeinen Lieferanten anstatt des einen, den wir auf Beobachtung gesetzt haben, schaut alles ganz normal aus.

Nutze Workflows, um Transaktionen für einzelne Accounts zur Kontrolle einzufangen

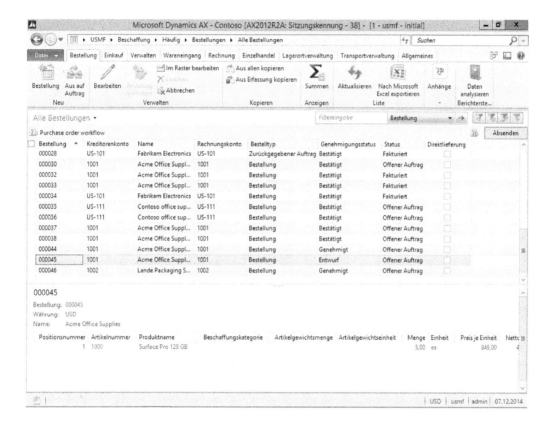

Aber für unseren speziellen Lieferanten haben wir durch den Genehmigungs-workflow zu laufen, bevor wir die Bestellung bestätigen können.

Nutze Workflows, um Transaktionen für einzelne Accounts zur Kontrolle einzufangen

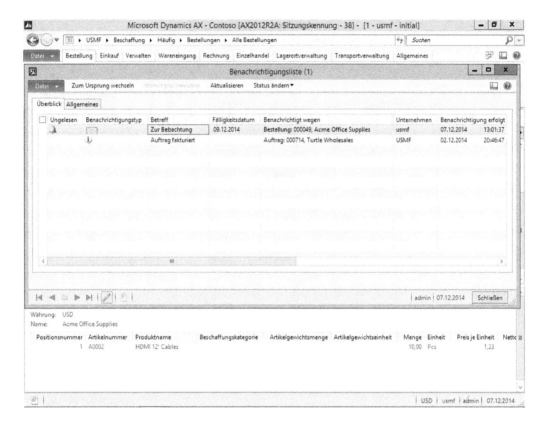

In der Benachrichtigungsliste wird diese Bestellung ebenfalls vermerkt.

Straffe Workflows durch automatische Ausführung von Aufgaben basierend auf Bedingungen

Workflows sind großartig, weil sie eine einheitliche Vorgehensweise für Ihre Geschäftsprozesse erzwingen, und sie stellen sicher, dass Mitarbeiter nicht aus den Standardabläufen ausscheren mit Hilfe kreativer Genehmigungsprozesse. Das heißt aber nicht, dass Sie keine Schritte in Ihren Workflow einbauen können, um in bestimmten Situationen ausweichen zu können. Falls Sie nicht möchten, dass z.B. eine bestimmte Aufgabe basierend auf Rechnungsbeträgen ausgeführt wird, dann können Sie die Bedingungssteuerung für Workflowaufgaben nutzen, um automatisch die Aufgabe zu beenden und dann mit den nächsten Schritt im Workflow fortzufahren.

Auf diese Art und Weise können Sie immer bei den Anwendern Verwunderung hervorrufen, weil sie in einer Situation irgendeine Aktion ausführen müssen, aber in einem anderen Fall eine Freikarte durch den Workflow ausgestellt bekommen.

Straffe Workflows durch automatische Ausführung von Aufgaben basierend auf Bedingungen

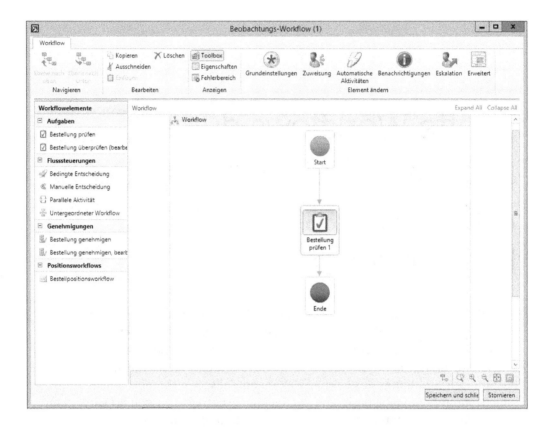

Beginnen Sie mit dem Öffnen des Workflows, den Sie optimieren möchten, wählen Sie die Aufgabe, die Sie mit einer Bedingung versehen möchten, und klicken anschließend auf die Schaltfläche Automatische Aktivitäten in der Aktionsleiste.

Straffe Workflows durch automatische Ausführung von Aufgaben basierend auf Bedingungen

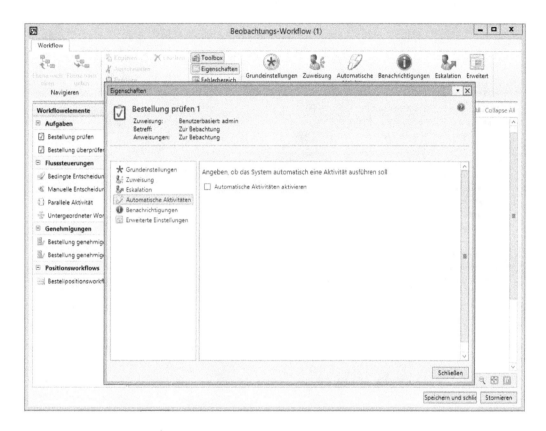

In der Maske Eigenschaften aktivieren Sie die Checkbox Automatische Aktivitäten aktivieren.

Straffe Workflows durch automatische Ausführung von Aufgaben basierend auf Bedingungen

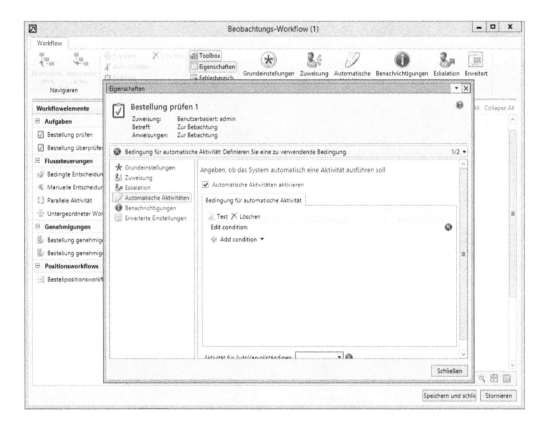

Im Designer Automatische Aktivitäten klicken Sie auf Add Condition.

Straffe Workflows durch automatische Ausführung von Aufgaben basierend auf Bedingungen

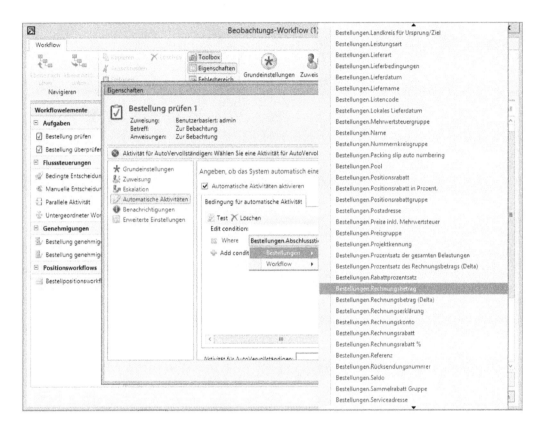

Wenn die Zeile Bedingungen angezeigt wird, wählen Sie in der betreffenden Tabelle das Feld aus, das Sie für Ihre Bedingung nutzen möchten.

Straffe Workflows durch automatische Ausführung von Aufgaben basierend auf Bedingungen

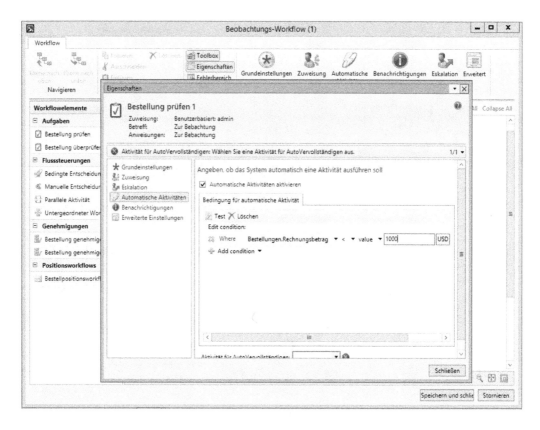

Und dann spezifizieren Sie noch den Rest der Bedingungsanweisung.

Straffe Workflows durch automatische Ausführung von Aufgaben basierend auf Bedingungen

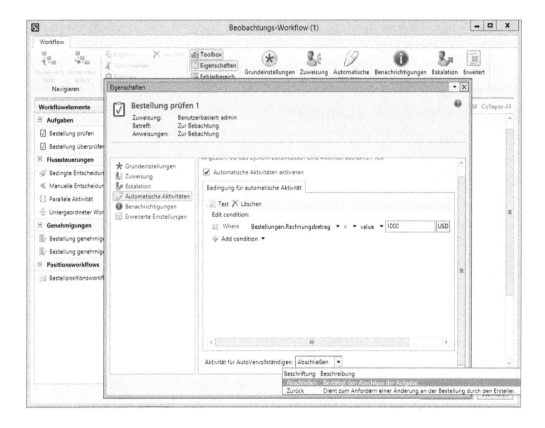

Zum Schluß wählen Sie noch die Aktivität für AutoVervollständigen, die Sie durchführen möchten, falls die Bedingung wahr (true) ist.

Beachte: Sie können erkennen, dass Sie die Aufgabe nicht genehmigen müssen, und dass Sie die Aufgabe auch automatisch zurückweisen können.

Straffe Workflows durch automatische Ausführung von Aufgaben basierend auf Bedingungen

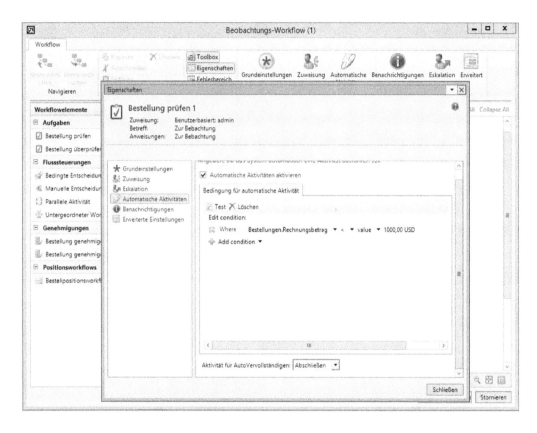

Wenn die Änderung abgeschlossen ist, verlassen Sie den Workflow und speichern die Änderungen.

Straffe Workflows durch automatische Ausführung von Aufgaben basierend auf Bedingungen

Wenn wir jetzt die Aufgabe starten, die dem Workflow zugeordnet ist und die Bedingung nicht zutrifft, schaut alles ganz normal aus, und wir haben den Workflow abzuarbeiten.

Straffe Workflows durch automatische Ausführung von Aufgaben basierend auf Bedingungen

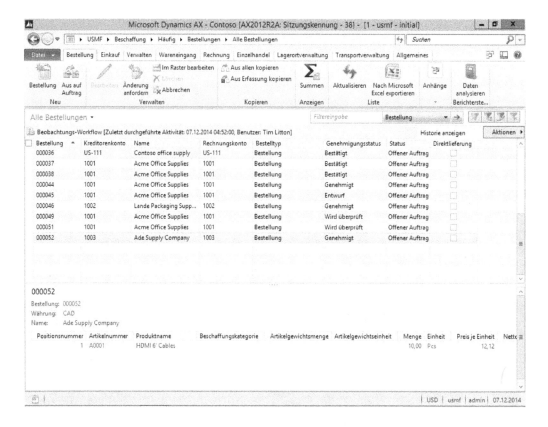

Aber wenn die Bedingung zutrifft, dann wird die Aufgabe übersprungen.

Straffe Workflows durch automatische Ausführung von Aufgaben basierend auf Bedingungen

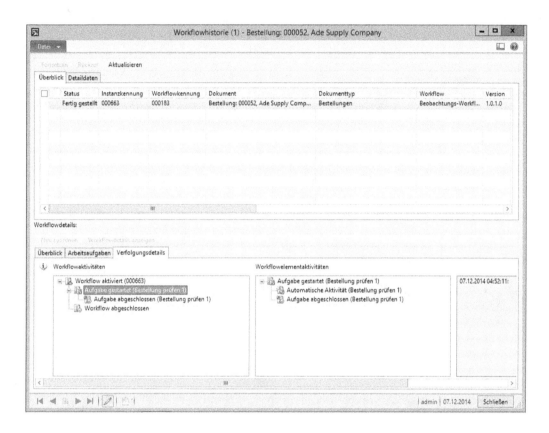

Wenn Sie die Workflowhistorie betrachten, können Sie sehen, dass die Aufgabe automatisch genehmigt und abgeschlossen wurde.

How cool is that?

SYSTEM ADMINISTRATION TIPS

Es gibt eine Menge Assistenten und Werkzeuge innerhalb Dynamics AX, die konzipiert wurden, um die Administration und das Management des Systems zu erleichtern. Aber diese Tools sind nicht nur für den Systemadministrator vorhanden – jeder kann daraus seinen Vorteil ziehen. Features wie Daten Import/Export, das Einrichten von Sicherheitsrichtlinien, das Erstellen und Modifizieren von Rollencenter, das Anbinden von SharePoint Dokumentbibliotheken, das Erstellen neuer Menüs sowie das An- und Abschalten von Lizenzfeatures sind von unschätzbaren Wert für jeden.

In diesem Kapitel werden wir einige Beispiele aufzeigen, wie Sie diese administrativen Werkzeuge nutzen können, um Zeit und Arbeit zu sparen.

Ergänze SharePoint Dokument-Bibliotheken als Menü-Link

Dokumente innerhalb SharePoint abzulegen ist cool. Es gestattet Ihnen, durch die Dokumente zu browsen, es erlaubt Ihnen, die Versionen zu kontrollieren, Sie können Metadaten ergänzen, mit deren Hilfe Sie nach Dokumenten suchen können, es macht nahezu alles. Das Problem ist, dass Sie, falls Sie ständig mit dem AX Client arbeiten, die Applikation verlassen müssen, um die verknüpften Dokumente sehen zu können. Keine Sorge ! Falls Sie Zugriff auf alle Dokumente innerhalb Dynamics AX benötigen sollten, dann können Sie das im Menü ergänzen.

Ab jetzt müssen alle Dynamics AX Freaks die Applikation nicht mehr verlassen.

Ergänze SharePoint Dokument-Bibliotheken als Menü-Link

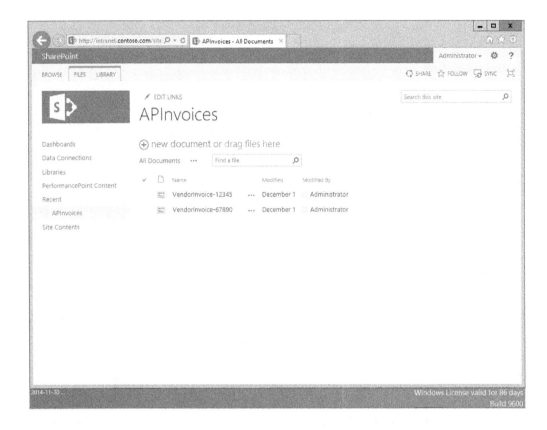

Beginnen Sie mit dem Auffinden Ihrer Dokument-Bibliothek innerhalb von SharePoint, und notieren Sie sich die URL für die Dokument-Bibliothek.

Ergänze SharePoint Dokument-Bibliotheken als Menü-Link

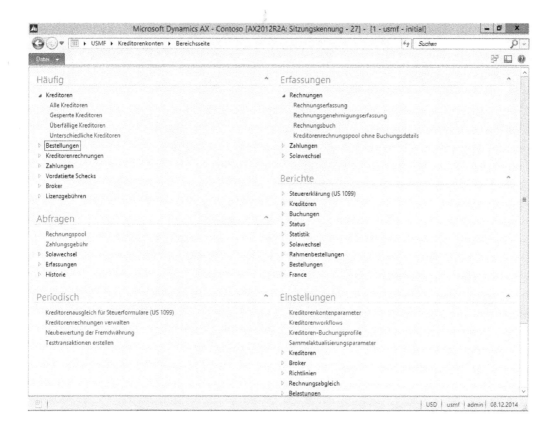

Und dann legen Sie den Ort fest, wo Sie Ihre Verknüpfung zu den Dokumenten hinterlegen möchten ...

Ergänze SharePoint Dokument-Bibliotheken als Menü-Link

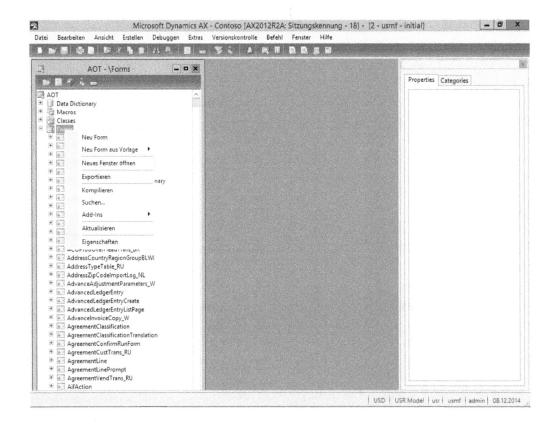

Der erste Schritt ist, ein Formular zu erstellen, das die Dokumente zeigen soll. Dazu öffnen Sie einen neuen Entwicklungsarbeitsbereich (CTRL+D), klicken auf der Gruppe Forms die rechte Maustaste und wählen den Menüpunkt Neu From.

Ergänze SharePoint Dokument-Bibliotheken als Menü-Link

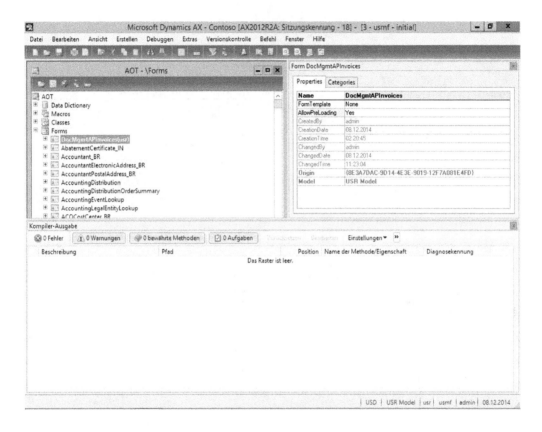

Wenn das neue Formular erstellt ist, ändern Sie in den Eigenschaften (Properties) den Namen, z.B. DocMgmtAPInvoices.

Ergänze SharePoint Dokument-Bibliotheken als Menü-Link

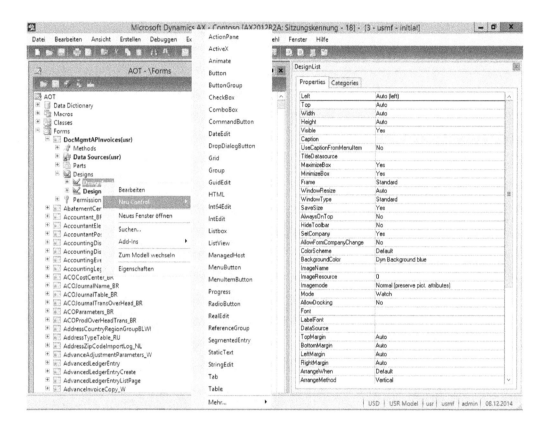

Jetzt müssen wir dem Formular ein Web Browser Control ergänzen. Dazu erweitern Sie die Formulardetails und anschließend die Gruppe Designs.

Klicken Sie auf Design die rechte Maustaste, dann auf Neu Control und wählen dann den Menüpunkt ActiveX.

Ergänze SharePoint Dokument-Bibliotheken als Menü-Link

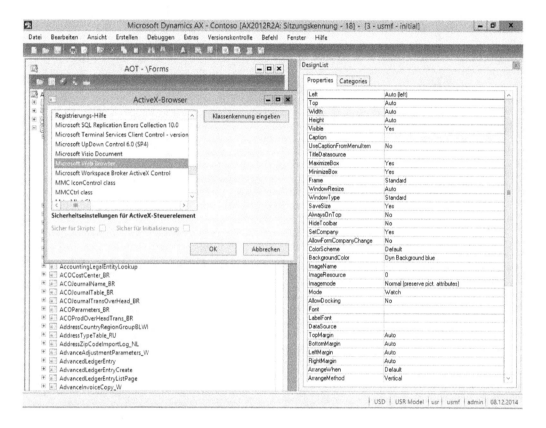

Wenn der ActiveX Browser angezeigt wird, scrollen Sie nach unten, wählen Microsoft Web Browser und klicken dann OK.

Ergänze SharePoint Dokument-Bibliotheken als Menü-Link

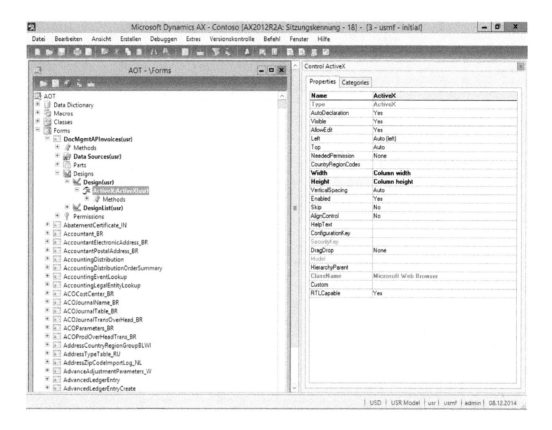

Jetzt sollten Sie sehen, dass das ActiveX Control dem Formular-Design hinzugefügt wurde.

Ändern Sie die Width Eigenschaften (Properties) in Column wight und die Height Eigenschaften in Column height, damit genügend Raum zur Darstellung aller Informationen vorhanden ist.

Ergänze SharePoint Dokument-Bibliotheken als Menü-Link

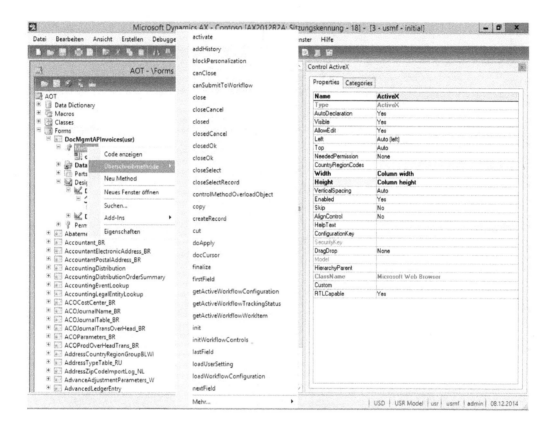

Nun müssen wir nur noch sicher stellen, dass der Browser auf unsere Dokument-Bibliothek zeigt. Dazu klicken wir auf der Gruppe Methode die rechte Maustaste, wählen das Menü Überschreibmethode und klicken im Untermenü auf die Methode Activate.

Ergänze SharePoint Dokument-Bibliotheken als Menü-Link

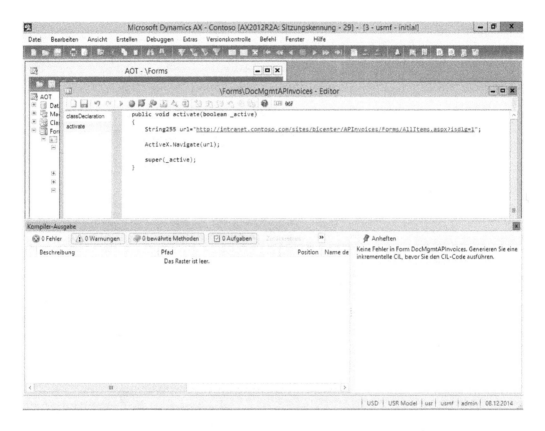

Dann ergänzen Sie im Textfeld folgende Zeilen:

String255
url="http://intranet.contoso.com/documents/APInvoices/Forms/AllItems.aspx?isdl
g=1";

ActiveX.Navigate(url);

Beachte: die URL ist die URL zur Dokument-Bibliothek.

Ergänze SharePoint Dokument-Bibliotheken als Menü-Link

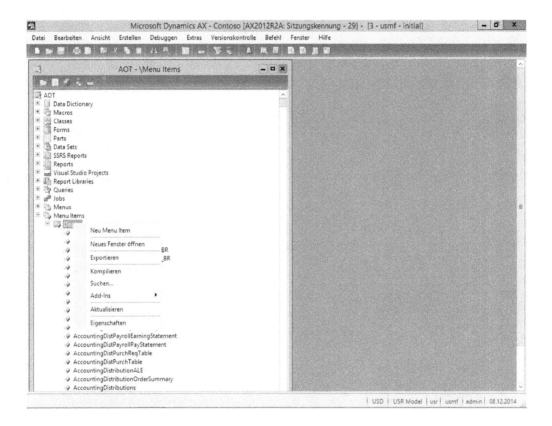

Jetzt benötigen wir noch einen Menüpunkt, um das Formular zu öffnen. Dazu erweitern Sie die Gruppe Menu Items, klicken auf dem Ordner Display die rechte Maustaste und wählen Neu Menu Item.

Ergänze SharePoint Dokument-Bibliotheken als Menü-Link

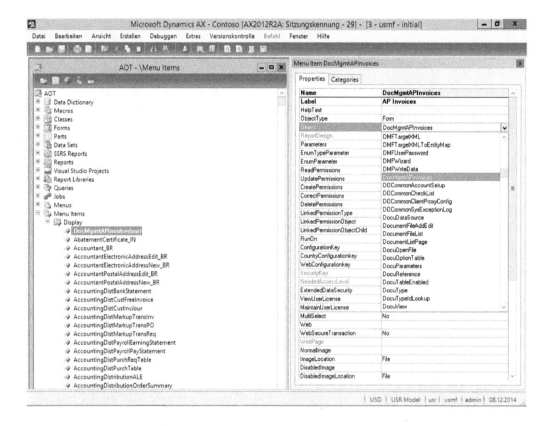

Wenn das neue Menu Item angezeigt wird, vergeben Sie einen adäquaten Namen und eine Labelbezeichnung, und dann wählen Sie im Feld Object über eine Auswahlliste das neu erstellte Formular aus.

Ergänze SharePoint Dokument-Bibliotheken als Menü-Link

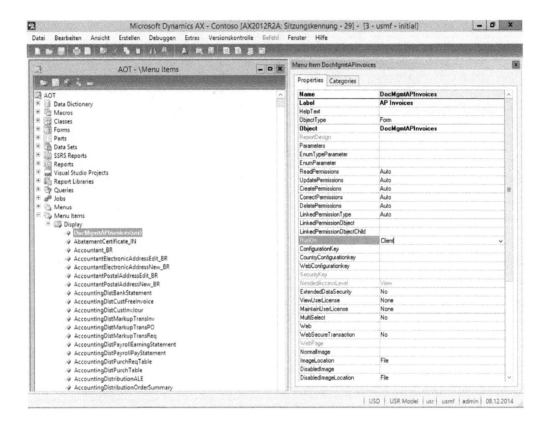

Außerdem setzen Sie die Eigenschaft RunOn auf Client.

Ergänze SharePoint Dokument-Bibliotheken als Menü-Link

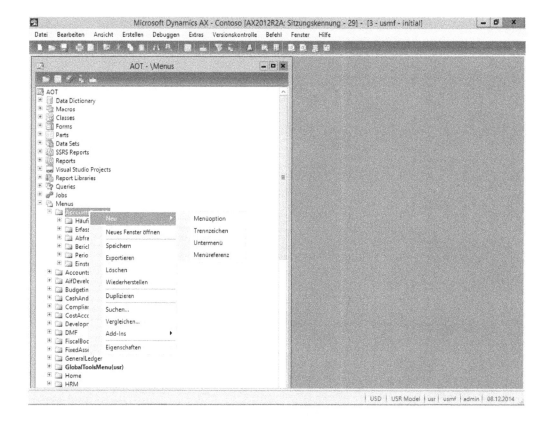

Abschließend müssen wir noch das Menu Item einem Menü zuordnen. Dazu öffnen wir die Gruppe Menus, erweitern dasjenige Menü, das wir modifizieren möchten (in diesem Fall AccountsPayable).

Klicken Sie auf dem Menü die rechte Maustaste, wählen Neu und anschließend die Option Untermenü.

Ergänze SharePoint Dokument-Bibliotheken als Menü-Link

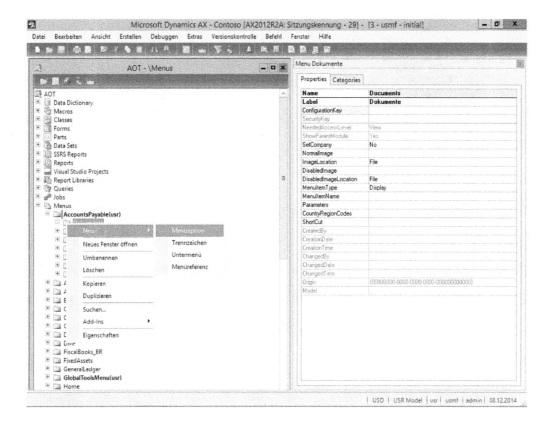

Jetzt wird eine neue Untermenü-Gruppe erstellt, die Sie mit Documents bezeichnen können.

Auf Untermenü klicken Sie wieder die rechte Maustaste, wählen Neu und dieses mal Menüoption.

Ergänze SharePoint Dokument-Bibliotheken als Menü-Link

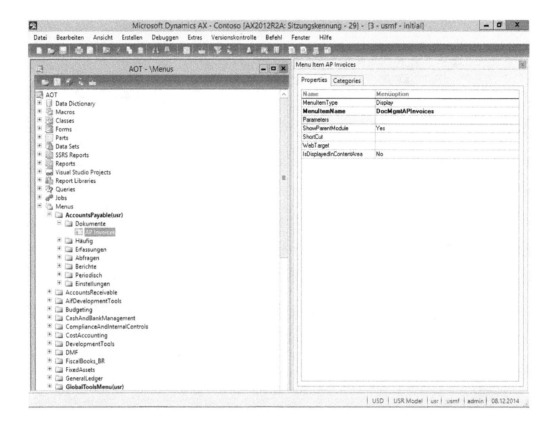

Wenn Menüoption angezeigt wird, tragen Sie im Feld MenuItemName das Menu Item ein, das Sie zuvor erstellt haben.

Dann speichern Sie Ihre Änderungen und verlassen die Entwicklungsumgebung.

Ergänze SharePoint Dokument-Bibliotheken als Menü-Link

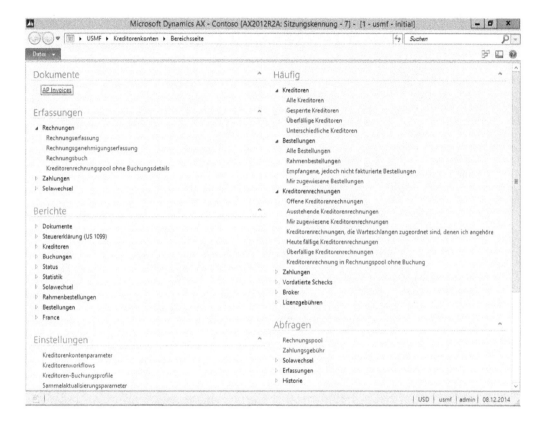

Wenn Sie jetzt das Kreditoren-Modul aufrufen, können Sie die neue Verknüpfung für Ihre Dokument-Bibliothek erkennen.

Ergänze SharePoint Dokument-Bibliotheken als Menü-Link

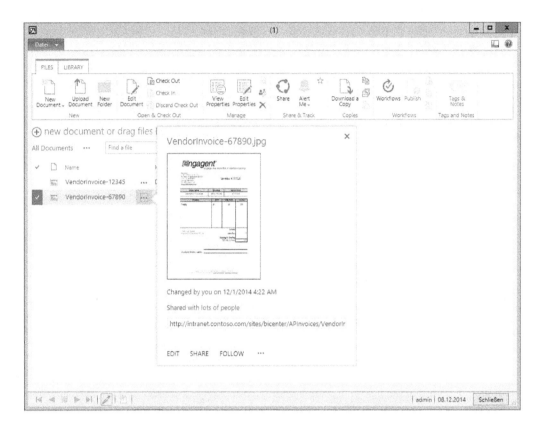

Ein Klick darauf öffnet Ihre Dokument-Bibliothek innerhalb des Dynamics AX Client.

How cool is that.

Kopiere Daten von einer Partition zu einer anderen mit Hilfe von Daten Import/Export

Das Erstellen neuer Partitionen ist eine großartige Möglichkeit, um neue Instanzen von Dynamics AX zu erstellen ohne den Mehraufwand für die Erstellung einer neuen Datenbank, der Installation eines neuen AOS Servers, da die neue Instanz von der vorhandenen Infrastruktur huckepack genommen wird. Das heißt aber auch, dass Sie sämtliche Daten in der Partition neu aufsetzen müssen, weil die neue Partition ist wie ein leeres Blatt Papier... Dynamics AX hat eine eingebaute Export- und Import-Funktion, die es Ihnen erlaubt, alle Daten einer Partition zu exportieren und in die andere zu importieren.

Das Duplizieren von Daten war noch nie so einfach.

Kopiere Daten von einer Partition zu einer anderen mit Hilfe von Daten Import/Export

Der erste Schritt in diesem Prozeß ist die Erstellung eines Exports von Ihrer Original-Datenbank-Partition. Dazu klicken Sie auf den Menüpunkt Definitionsgruppen im Ordner Daten exportieren/importieren im Modul Systemverwaltung.

Kopiere Daten von einer Partition zu einer anderen mit Hilfe von Daten Import/Export

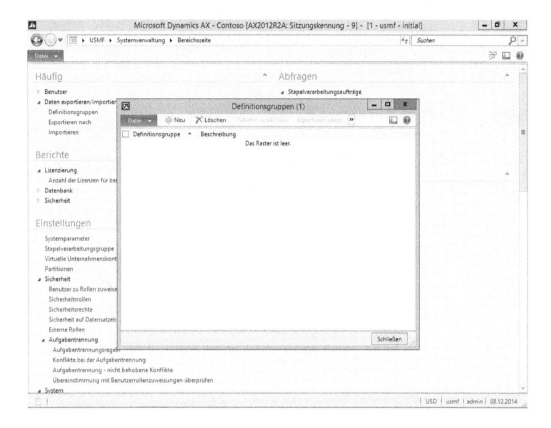

In der Maske Definitionsgruppen klicken Sie auf Neu, um einen neuen Datensatz zu erstellen.

Kopiere Daten von einer Partition zu einer anderen mit Hilfe von Daten Import/Export

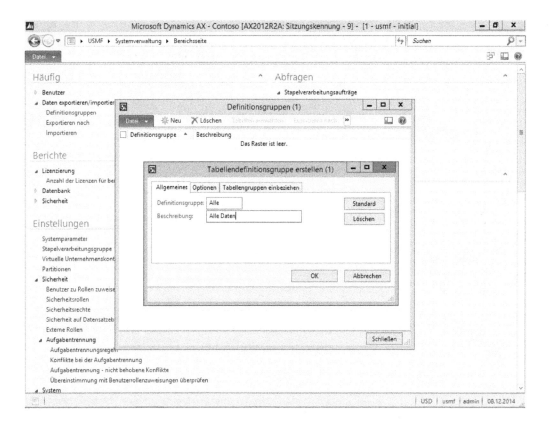

Wenn die Dialogbox Tabellendefinitionsgruppe angezeigt wird, geben Sie Ihrer Definitionsgruppe einen Namen und eine Bezeichnung.

Kopiere Daten von einer Partition zu einer anderen mit Hilfe von Daten Import/Export

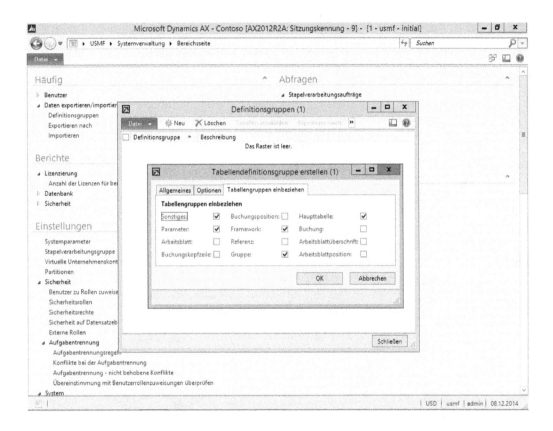

Dann switchen Sie zum Register Tabellengruppen einbeziehen. Hier werden Ihnen all die verschiedenen Typen von Daten angezeigt, die Sie exportieren können. Standardmäßig sind alle Codes und Controls für den Export markiert, was Ihnen erlauben würde, für eine neue Mandanten-Partition eine Export-Vorlage zu erstellen.

Kopiere Daten von einer Partition zu einer anderen mit Hilfe von Daten Import/Export

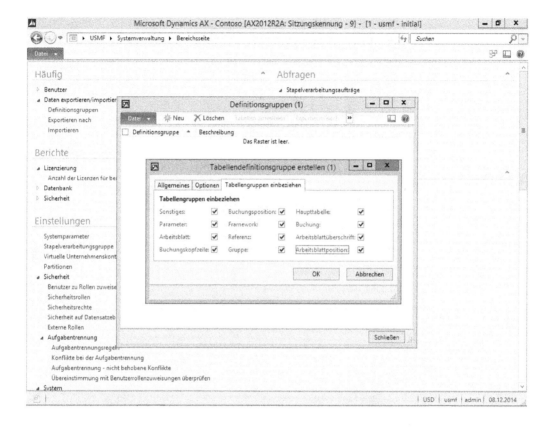

In diesem Fall wählen wir alle Tabellengruppen, so dass wir die Ursprungs-Datenbank und sämtliche Transaktionen exportieren können.

Wenn Sie die Tabellengruppen selektiert haben, die Sie exportieren wollen, klicken Sie auf OK, um die Einrichtung zu beenden.

Kopiere Daten von einer Partition zu einer anderen mit Hilfe von Daten Import/Export

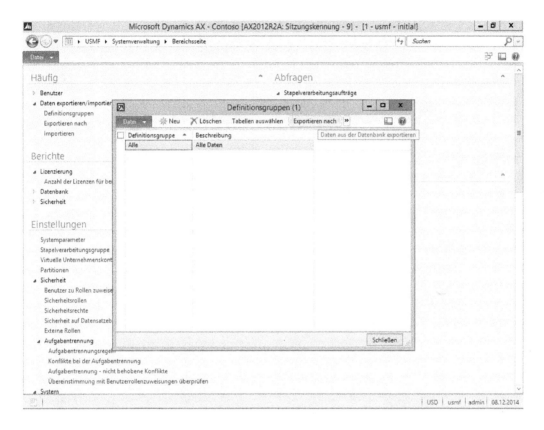

Jetzt können wir eine Export-Datei erstellen. Dazu klicken Sie in der Menüleiste auf Exportieren nach.

Kopiere Daten von einer Partition zu einer anderen mit Hilfe von Daten Import/Export

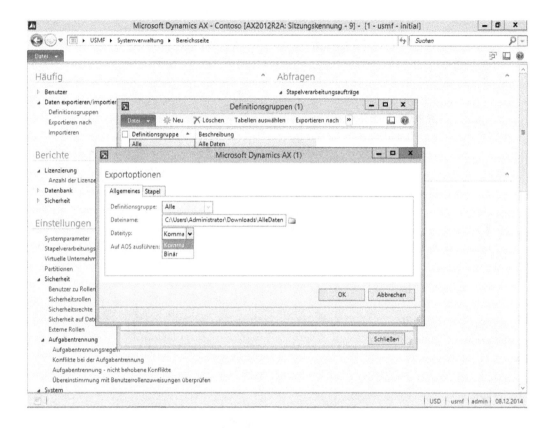

In der Dialogbox Exportoptionen klicken Sie auf das Ordnersysmbol rechts vom Feld Dateinamen und definieren Dateinamen und Speicherort für den Export.

Ebenso müssen Sie den Dateityp für den Export wählen. Das kann entweder Komma für einen einfachen Export sein oder Binär, falls Sie eine Datenbank haben, bei der Sie z.B. Carriage Return beibehalten möchten.

Kopiere Daten von einer Partition zu einer anderen mit Hilfe von Daten Import/Export

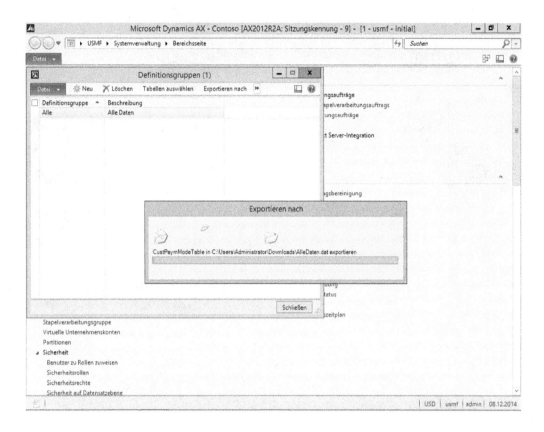

Warten Sie jetzt auf die Beendigung des Exports.

Kopiere Daten von einer Partition zu einer anderen mit Hilfe von Daten Import/Export

Nachdem der Export abgeschlossen ist, sollten Sie eine .dat und .def Datei, die alle Informationen des Mandanten beinhaltet, im Exportordner sehen.

Kopiere Daten von einer Partition zu einer anderen mit Hilfe von Daten Import/Export

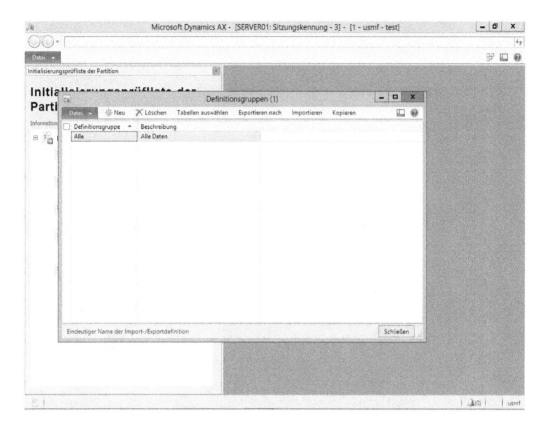

Nun können wir unsere Daten in die leere Ziel-Partition importieren. Dazu öffnen Sie die Ziel-Partition und erstellen eine Definitionsgruppe, die mit der Definition übereinstimmen sollte, die wir bei der Quell-Datenbank für den Export verwendet haben.

Kopiere Daten von einer Partition zu einer anderen mit Hilfe von Daten Import/Export

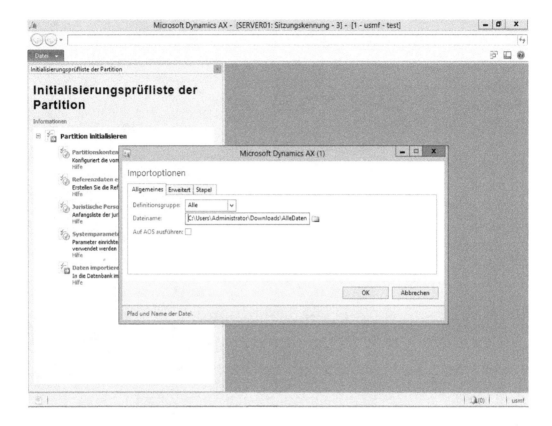

Dann klicken Sie in der Maske Definitionsgruppen auf den Menüpunkt Importieren, wählen im Feld Dateinamen die Datei, die Sie beim Export erstellt haben und klicken auf OK.

Kopiere Daten von einer Partition zu einer anderen mit Hilfe von Daten Import/Export

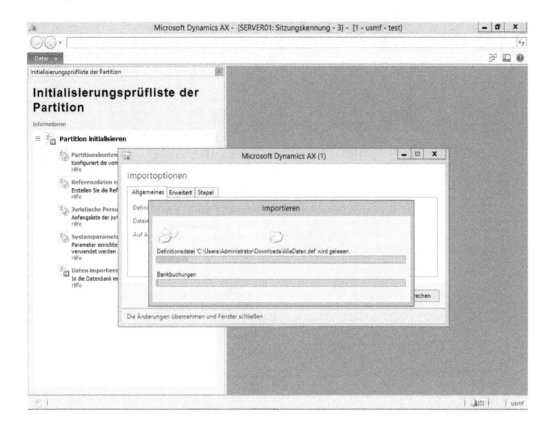

Der Importvorgang analysiert zuerst die Daten in der Exportdatei und überpüft sie auf mögliche Probleme.

Kopiere Daten von einer Partition zu einer anderen mit Hilfe von Daten Import/Export

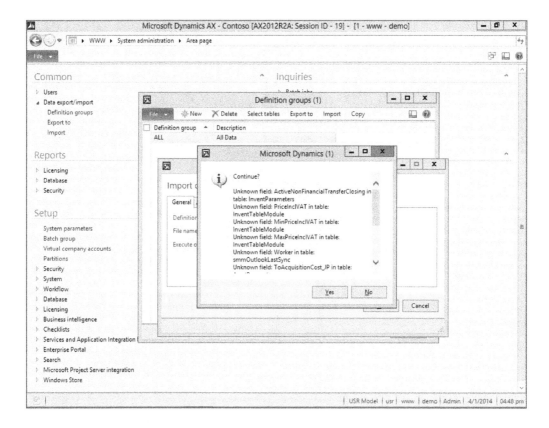

Sie bekommen einige Dialogboxen angezeigt, die darauf hinweisen, dass Felder oder Parameter vorhanden sind, die in der Ziel-Datenbank nicht existieren, aber schlagen Sie alle Bedenken in den Wind, und klicken Sie auf Yes.

Kopiere Daten von einer Partition zu einer anderen mit Hilfe von Daten Import/Export

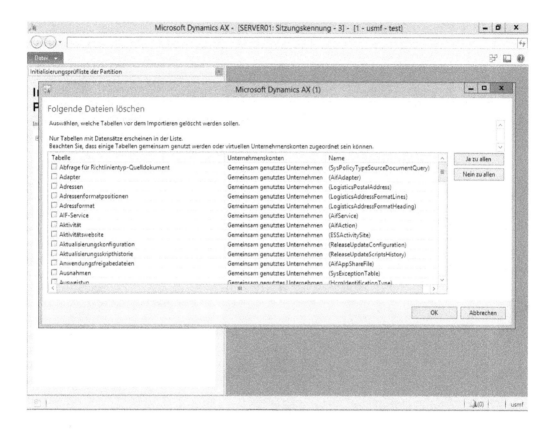

Der Import frägt Sie auch, ob Sie einige Tabellen säubern möchten. Wählen Sie keine aus, da Dynamics AX die Daten in gemeinsamen Tabellen wie UOM etc. für Sie zusammenführt. Fahren Sie fort, indem Sie OK klicken.

Kopiere Daten von einer Partition zu einer anderen mit Hilfe von Daten Import/Export

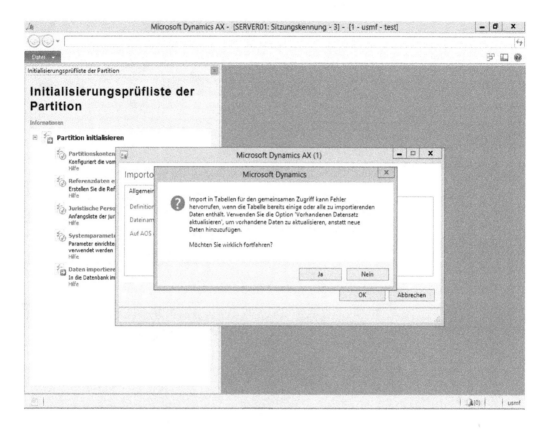

Wenn die Aktualisierungs-Bestätigungsbox angezeigt wird, klicken Sie auf Ja.

Kopiere Daten von einer Partition zu einer anderen mit Hilfe von Daten Import/Export

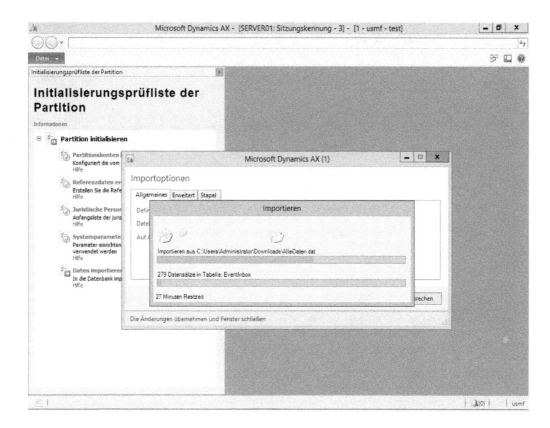

Dann lassen Sie Dynamics AX die ganze schwere Arbeit für Sie machen.

Kopiere Daten von einer Partition zu einer anderen mit Hilfe von Daten Import/Export

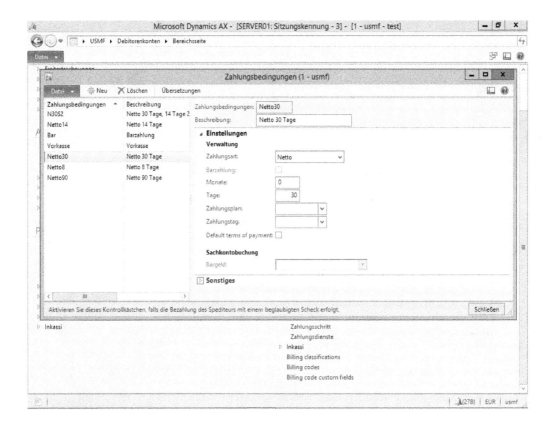

Nach Beendigung des Vorgangs können Sie sehen, dass alle Daten in Ihre neue Partition eingelesen wurden.

Das war ein einfacher Weg, eine Demo in R3 zu laden – einfacher als ich ursprünglich dachte.☺

Benutzer-Berechtigungen mit Hilfe von Active Directory Gruppen zuweisen

Der Zugriff auf alle Rollen muß innerhalb Dynamics AX konfiguriert werden; das heißt aber nicht, dass sämtliche Benutzer auch hier verwaltet werden müssen. Wenn Sie möchten, können Sie alle Sicherheitsrollen mit Active Directory Gruppen verknüpfen, und wenn Sie dann Benutzer innerhalb von Active Directory einer Gruppe zuweisen, dann wird Dynamics AX diese automatisch beerben, selbst wenn der Benutzer nicht explizit dem System hinzugefügt wurde.

Von nun an können Sie die Datensicherheit mit Hilfe des Active Directory managen und Ihr Administratorenleben vereinfachen.

Benutzer-Berechtigungen mit Hilfe von Active Directory Gruppen zuweisen

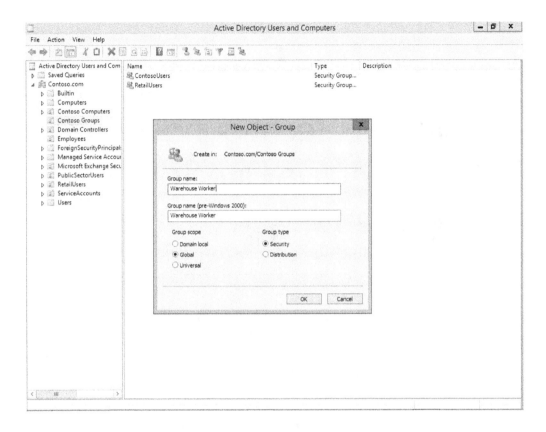

Erstellen Sie zuerst im Active Directory eine neue Benutzergruppe.

Benutzer-Berechtigungen mit Hilfe von Active Directory Gruppen zuweisen

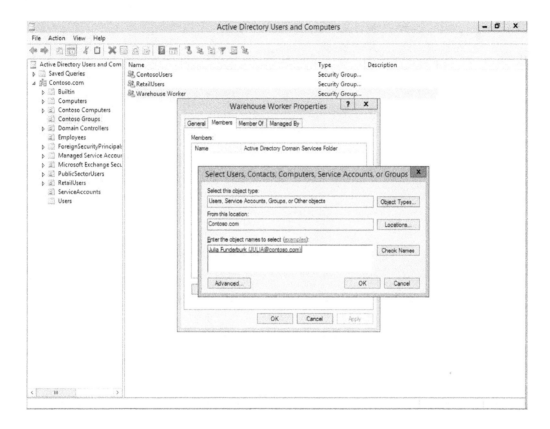

Dann weisen Sie Ihren Benutzer der Acitve Directory Gruppe zu.

Benutzer-Berechtigungen mit Hilfe von Active Directory Gruppen zuweisen

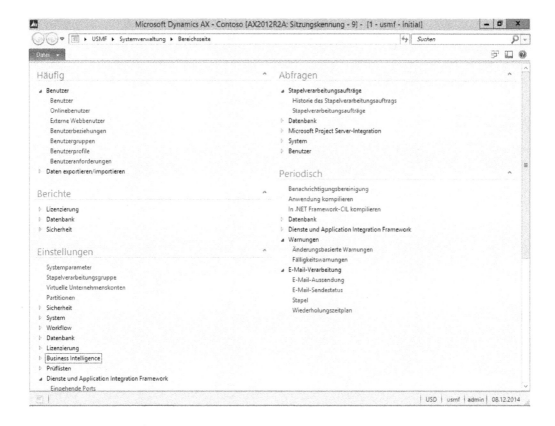

Um die Active Directory Gruppe bei den Dynamics AX Benutzern zu ergänzen, klicken Sie auf den Menüpunkt Benutzer im Ordner Benutzer im Modul Systemverwaltung.

Benutzer-Berechtigungen mit Hilfe von Active Directory Gruppen zuweisen

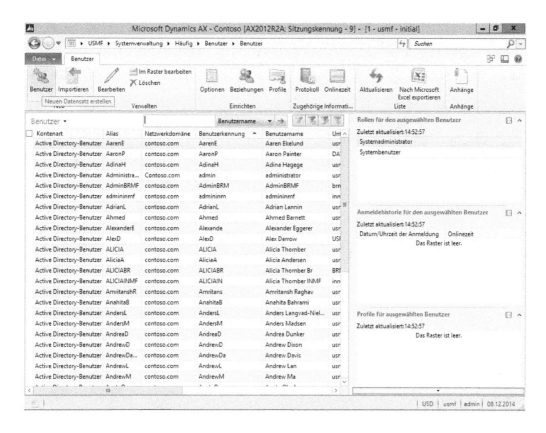

In der Listenseite Benutzer klicken Sie auf den Schaltknopf Benutzer Neu innerhalb der Aktionsleiste.

Benutzer-Berechtigungen mit Hilfe von Active Directory Gruppen zuweisen

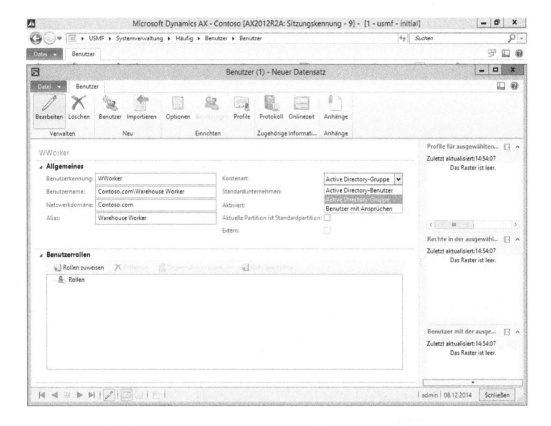

Geben Sie Ihren Benutzer-Datensatz eine Benutzerkennung, einen Namen, und setzen Sie die Netzwerkdomäne und den Alias zwecks Abgleichung mit der Sicherheitsgruppe, die Sie im Active Directory erstellt haben. Dann wechseln Sie die Kontenart in Active Directory Gruppe.

Benutzer-Berechtigungen mit Hilfe von Active Directory Gruppen zuweisen

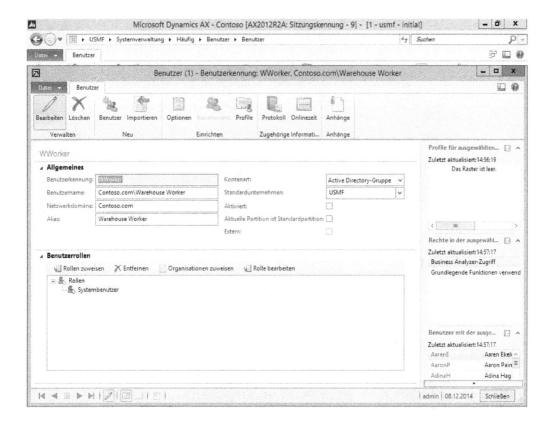

Anschließend klicken Sie auf Rollen zuweisen im Register Benutzerrollen, um Ihre Sicherheitsrichtlinien mit der Gruppe zu verknüpfen.

Benutzer-Berechtigungen mit Hilfe von Active Directory Gruppen zuweisen

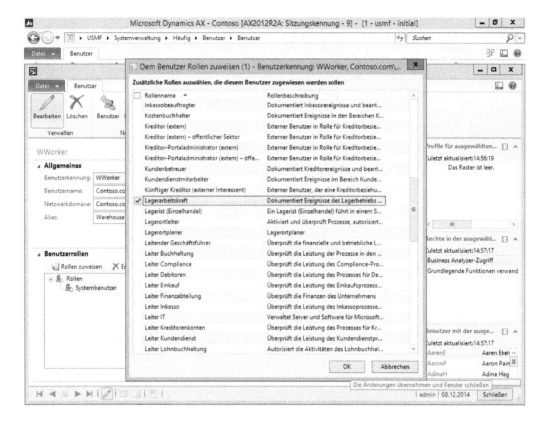

Wenn die Dialogbox Benutzer Rollen zuweisen erscheint, wählen Sie die Rolle, die Sie mit der Gruppe verbinden möchten, und klicken auf OK, um die Rolle der Benutzergruppe zuzuordnen.

Benutzer-Berechtigungen mit Hilfe von Active Directory Gruppen zuweisen

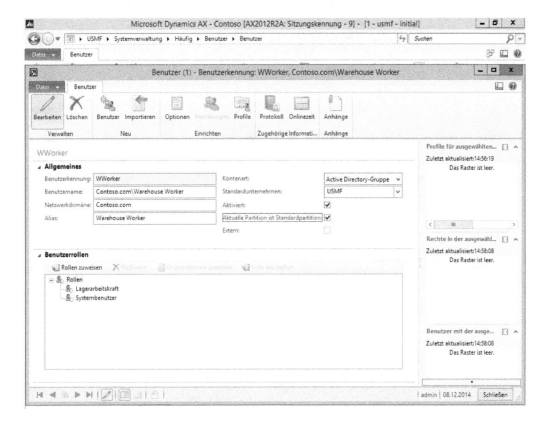

Zum Abschluß klicken Sie auf die Checkbox Aktiviert und dann auf Schließen, um die Maske zu verlassen.

Benutzer-Berechtigungen mit Hilfe von Active Directory Gruppen zuweisen

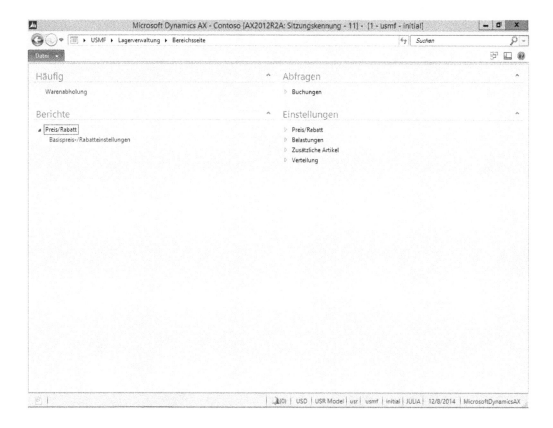

Wenn Sie sich jetzt mit dem Benutzer, den Sie der Benutzergruppe zugewiesen haben, an Dynamics AX anmelden, werden die Sicherheitsrollen der Gruppe an den Benutzer vererbt, auch wenn der Benutzer in Dynamics AX nicht explizit als solcher angelegt wurde.

How easy is that!

Steuere mit Hilfe von Rollen den Benutzerzugriff auf bestimmte Unternehmen

Die Mehrmandanten-Fähigkeit innerhalb Dynamics AX ist ein wichtiges Verkaufsargument für die Applikation, den Sie können sehr leicht zwischen Organisationen mit nur einem Klick hin und her wechseln. Das bedeutet aber nicht, dass Sie jeden Anwender das Recht zugestehen, Transaktionen in jeder Organisation durchzuführen oder die Daten der anderen Unternehmen einzusehen. Wenn Sie die Auswahl eines Anwenders auf eine oder mehrere Organisationen eingrenzen wollen, dann stellt das letztlich kein Problem dar, den Sie können das leicht mit Hilfe der Benutzeradministration vornehmen.

Es ist wie den Benutzer unter Hausarrest zu stellen.

Steuere mit Hilfe von Rollen den Benutzerzugriff auf bestimmte Unternehmen

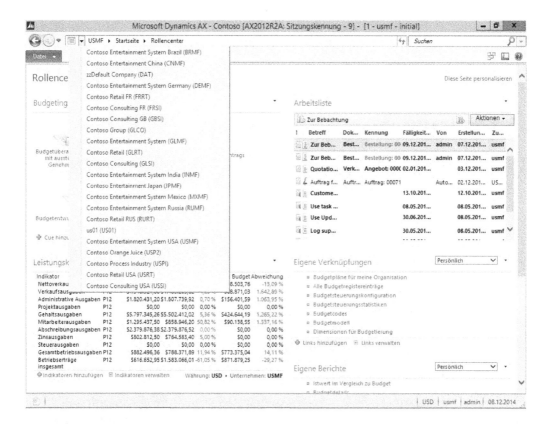

Beginnen Sie mit dem Auffinden des Benutzers, dem Sie nur auf eine ausgewählte Anzahl von Mandanten Zugriff gewähren wollen.

Steuere mit Hilfe von Rollen den Benutzerzugriff auf bestimmte Unternehmen

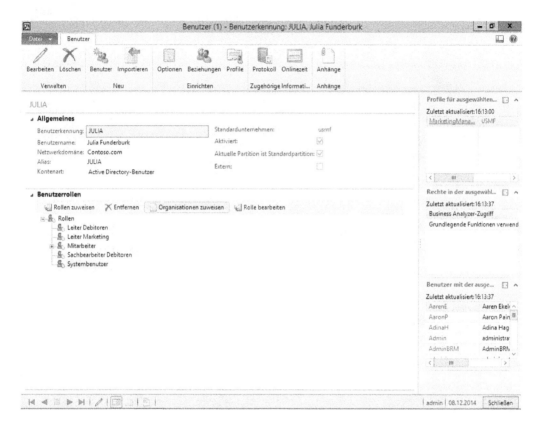

Öffnen Sie das Benutzerprofil, klicken Sie auf Organisation zuweisen im Register Benutzerrollen.

Steuere mit Hilfe von Rollen den Benutzerzugriff auf bestimmte Unternehmen

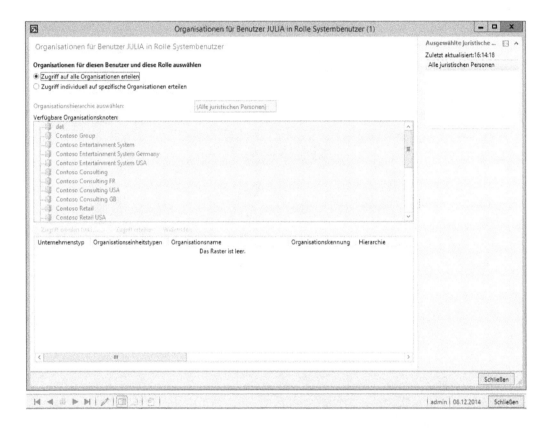

Wenn die Maske Organisationen für Benutzer angezeigt wird, können Sie sehen, dass der Benutzer vollen Zugriff auf alle Mandanten im System hat.

Um den Zugriff zu beschränken, klicken Sie auf den Radiobutton Zugriff individuell auf spezifische Organisationen erteilen.

Steuere mit Hilfe von Rollen den Benutzerzugriff auf bestimmte Unternehmen

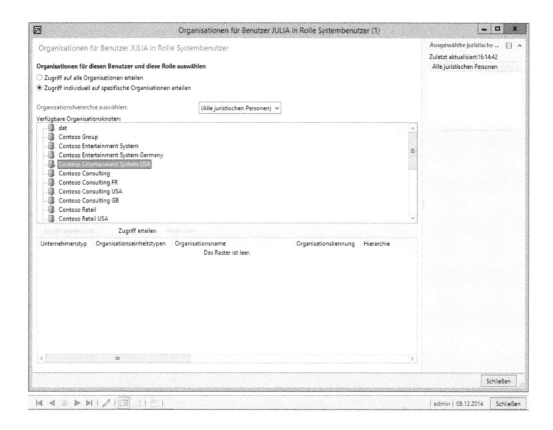

Dies gestattet es Ihnen, im Organisationsknoten zu wählen. Klicken Sie auf die Organisation, für die Sie den Benutzer Zugriff gewähren möchten und klicken anschließend auf Zugriff erteilen.

Steuere mit Hilfe von Rollen den Benutzerzugriff auf bestimmte Unternehmen

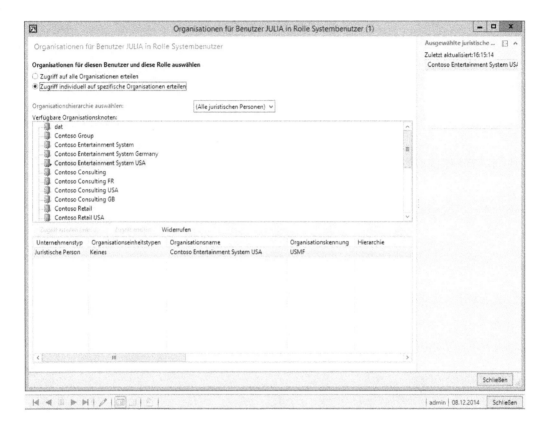

Sie können diesen Vorgang für jede andere Organisation wiederholen, die Sie für den Benutzer freigeben wollen. Danach klicken Sie auf Schließen.

Steuere mit Hilfe von Rollen den Benutzerzugriff auf bestimmte Unternehmen

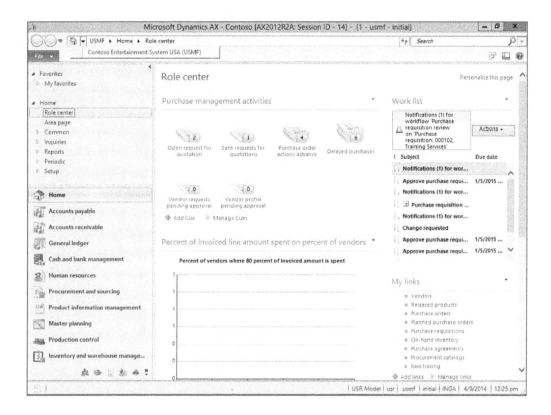

Wenn sich der Benutzer das nächste Mal anmeldet, bekommt er nur die Organisation zu sehen, für die ihm Zugriff gewährt wurde.

Import von Daten mit Hilfe des Daten Import-/Export-Frameworks

Obgleich Excel eine gute Möglichkeit ist, um Daten in Dynamics AX zu importieren, so ist es dennoch manchmal notwendig, größere Geschütze wie das Daten Import/Export-Framework aufzufahren. Das ist ein neues Modul, das den Import von Daten in Dynamics AX viel einfacher macht, vor allem wenn komplexe Datentypen, die mehrere abhängige Tabellen beinhalten, importiert werden sollen. Sie müssen nur die Daten überprüfen, die Sie importieren möchten, und das D.I.E.F. wird für Sie den Rest erledigen.

Als Anmerkung: "dief" heißt auf holländisch "Dieb". Ist das ein Zufall, oder ist es ein Hinweis darauf, dass der D.I.E.F.-Datendiebstahl so einfach erscheint ?

Import von Daten mit Hilfe des Daten Import-/Export-Frameworks

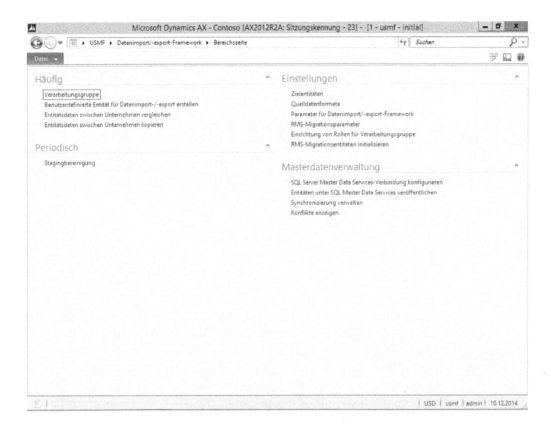

Zuerst müssen wir sicherstellen, dass der Daten Export-/Import Framework konfiguriert ist. Dazu klicken wir auf den Menüpunkt Parameter für Datenimport/-export -Framework unter Einstellungen im Modul Datenimport/-export-Framework.

Import von Daten mit Hilfe des Daten Import-/Export-Frameworks

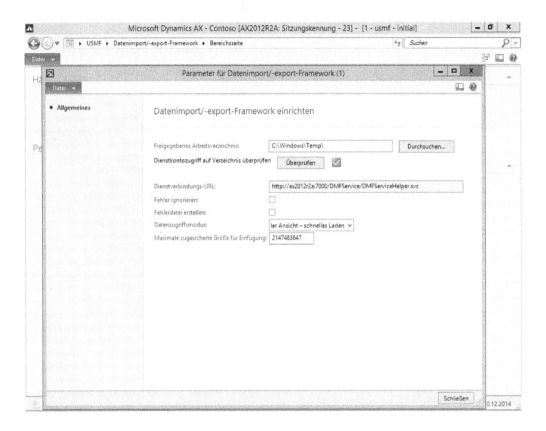

In der Maske Parameter für Datenimport/-Export-Framework überprüfen Sie, ob ein Freigegebenes Arbeitsverzeichnis definiert wurde. Falls keines vorhanden sein sollte, dann spezifizieren Sie ein Arbeitsverzeichnis, und anschließend klicken Sie auf den Überprüfen Schaltknopf, um sicher zu gehen, dass Sie einen ordnungsgemäßen Zugriff auf den Ordner haben.

Klicken Sie auf Schließen, um die Maske zu verlassen.

Import von Daten mit Hilfe des Daten Import-/Export-Frameworks

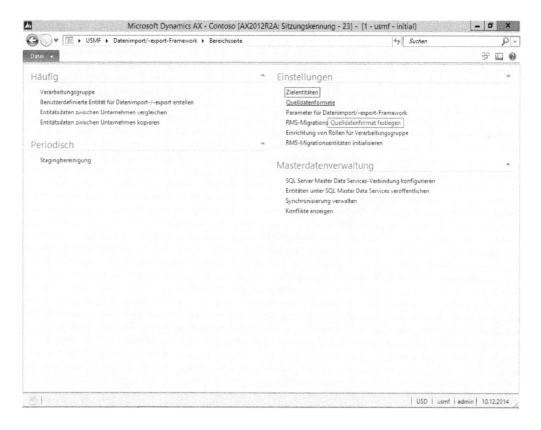

Als nächstes müssen wir sicherstellen, dass wir ein Datenformat definiert haben, das wir für unsere Import-Dateien verwenden werden. Dazu klicken Sie auf den Menüpunkt Quelldatenformate unter Einstellungen im Modul Datenimport/-Export Framework.

Import von Daten mit Hilfe des Daten Import-/Export-Frameworks

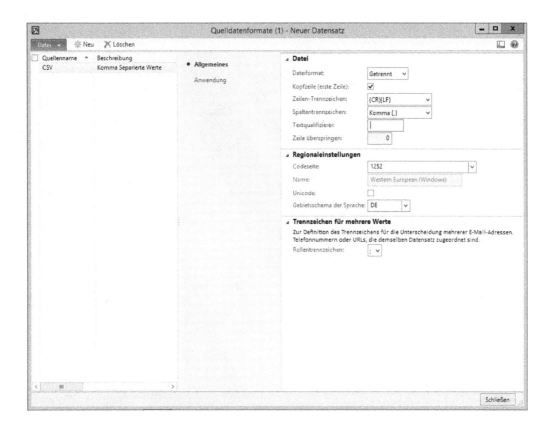

In der Maske Quelldatenformate vergewissern Sie sich, dass Sie ein Importformat definiert haben. In diesem Fall haben wir ein CSV-Format eingerichtet.

Falls kein Format augenblicklich definiert ist, klicken Sie auf Neu, um einen neuen Datensatz zu erstellen, und spezifizieren Sie Ihre Import Präferenzen.

Nachdem Sie das Importformat konfiguriert haben, klicken Sie auf Schließen und verlassen die Maske.

Import von Daten mit Hilfe des Daten Import-/Export-Frameworks

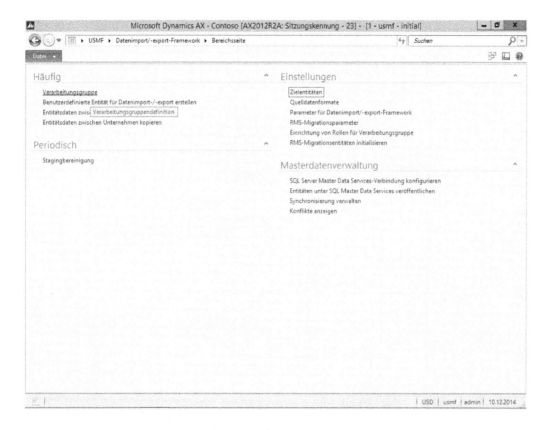

Jetzt können wir beginnen, Daten zu importieren. Dazu klicken Sie auf den Menüpunkt Verarbeitungsgruppe unter Häufig im Modul Datenimport/-Export Framework.

Import von Daten mit Hilfe des Daten Import-/Export-Frameworks

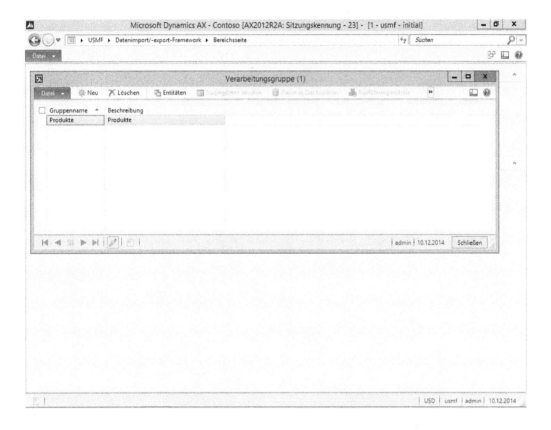

In der Maske Verarbeitungsgruppe klicken Sie auf Neu, um einen neuen Datensatz zu erstellen, und dann versehen Sie den Datensatz mit einem Namen und einer Beschreibung.

Nachdem Sie die neue Verarbeitungsgruppe erstellt haben, klicken Sie in der Menüleiste auf Entitäten, um Ihre Import-Instanzen der Verarbeitungsgruppe zu ergänzen.

Import von Daten mit Hilfe des Daten Import-/Export-Frameworks

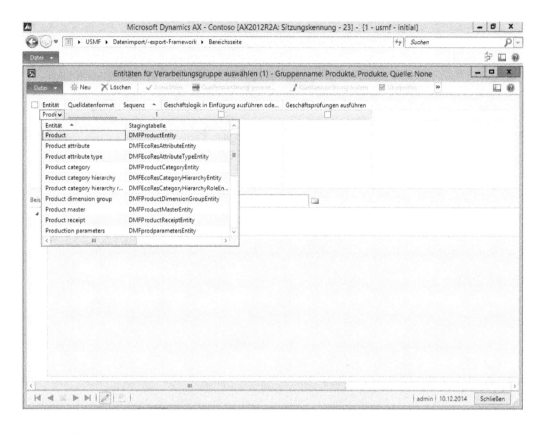

Wenn die Maske Entitäten für Verarbeitungsgruppe auswählen angezeigt wird, klicken Sie zur Erstellung eines neuen Datensatzes auf Neu, und wählen dann aus der Entität-Auswahlliste den Typ von Daten, den Sie importieren möchten – in diesem Fall importieren wir Produkte.

Import von Daten mit Hilfe des Daten Import-/Export-Frameworks

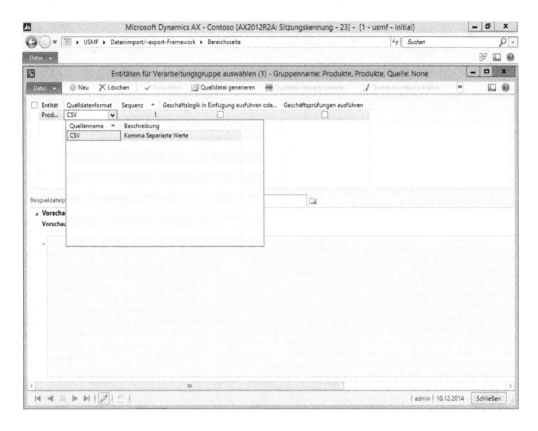

Dann wählen Sie das Quelldatenformat, das wir für den Import nutzen werden.

Import von Daten mit Hilfe des Daten Import-/Export-Frameworks

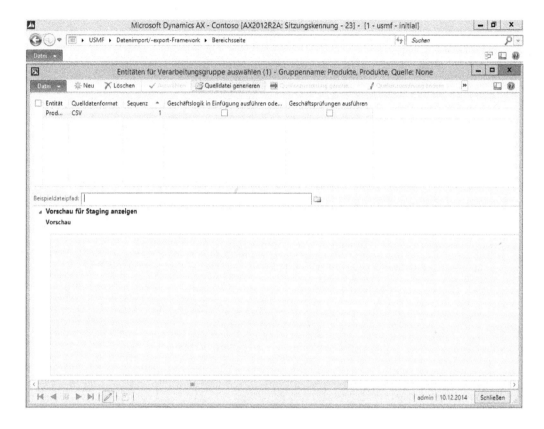

Als nächstes müssen wir die Daten spezifizieren, die wir importieren wollen. Dazu klicken Sie auf Quelldatei generieren.

Import von Daten mit Hilfe des Daten Import-/Export-Frameworks

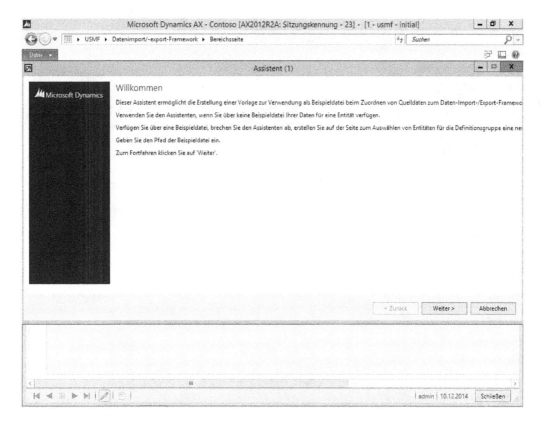

Jetzt wird ein Assistent gestartet, der Sie durch den Vorgang führt. Klicken Sie auf Weiter, um den Prozeß zu starten.

Import von Daten mit Hilfe des Daten Import-/Export-Frameworks

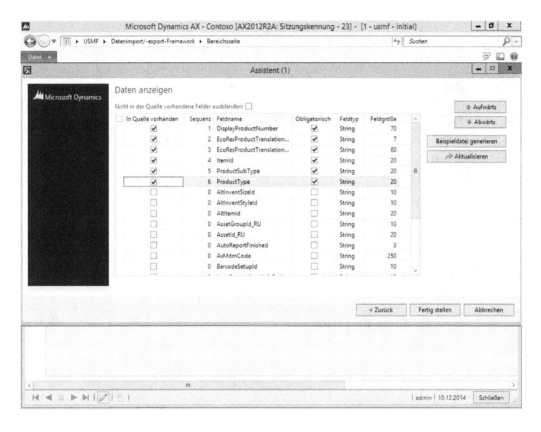

In der Maske Daten anzeigen können Sie jedes Feld auswählen, das von Ihrer Entität abgebildet (gemappt) werden kann, und auch die Sequenz-Reihenfolge neu anordnen.

Sobald Sie Ihre Felder gewählt haben, klicken Sie auf den Schaltknopf Beispieldatei generieren.

Import von Daten mit Hilfe des Daten Import-/Export-Frameworks

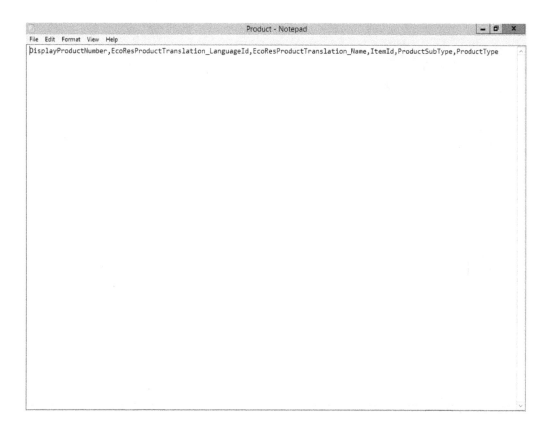

Jetzt wird für Sie eine neue leere Vorlage erstellt basierend auf Ihren Quelldatenformat, das Sie ausgewählt haben.

Import von Daten mit Hilfe des Daten Import-/Export-Frameworks

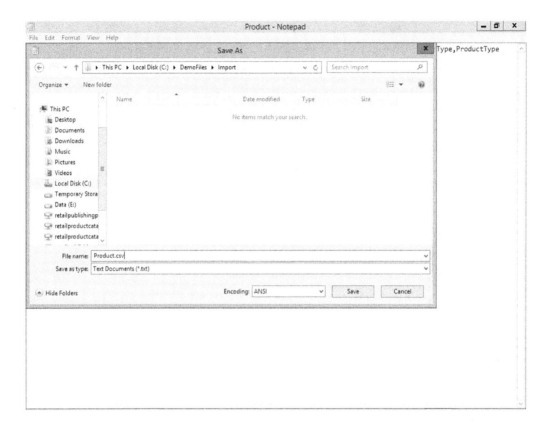

Speichern Sie die Datei im einem Arbeitsverzeichnis – wir werden sie in ein paar Minuten benötigen.

Import von Daten mit Hilfe des Daten Import-/Export-Frameworks

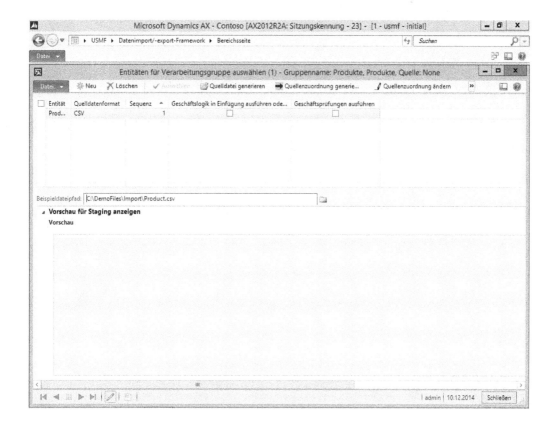

Wenn Sie in die Maske Entitäten für Verarbeitungsgruppe auswählen zurückkehren, ergänzen Sie im Beispieldateipfad die Beispieldatei, die wir soeben erstellt haben.

Import von Daten mit Hilfe des Daten Import-/Export-Frameworks

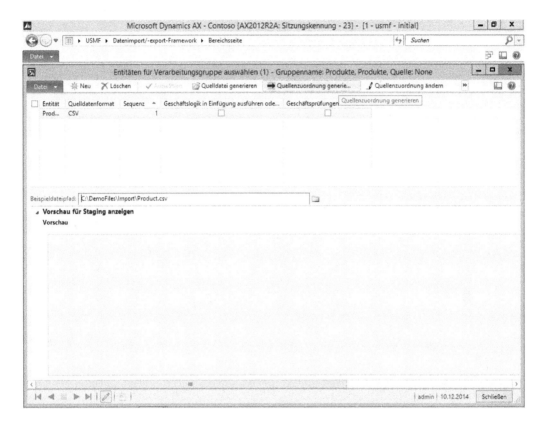

Jetzt müssen wir sämtliche Felder, die wir für den Import gewählt haben, mit allen aktuellen Entitäten verknüpfen. Dazu klicken Sie in der Menüleiste auf Quellenzuordnung generieren.

Import von Daten mit Hilfe des Daten Import-/Export-Frameworks

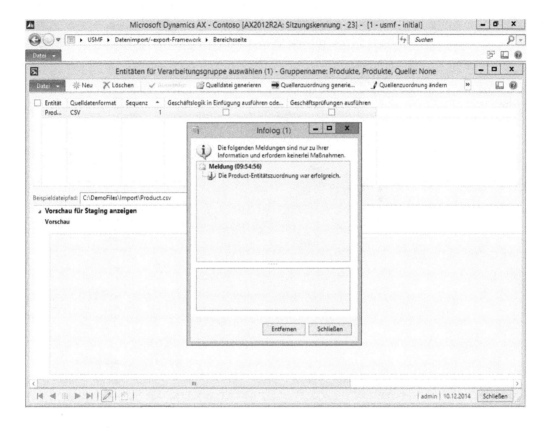

Das Ergebnis sollte eine hübsche unaufgeregte Meldung sein, dass das Mappen erfolgreich war.

Import von Daten mit Hilfe des Daten Import-/Export-Frameworks

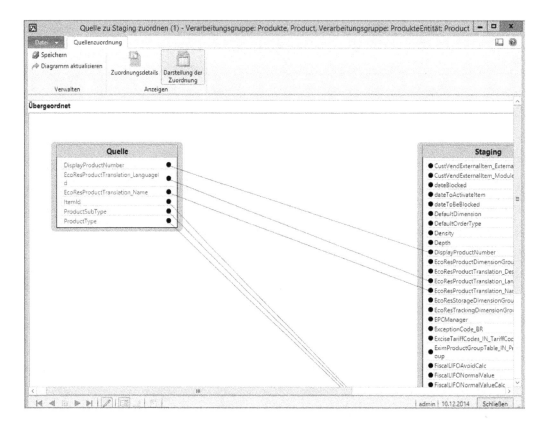

Wenn Sie in der Menüleiste auf Quellenzuordnung ändern klicken, dann können Sie sehen, was Dynamics AX tatsächlich gemacht hat – alle Quellfelder mit der Import-Stagingtabelle verknüpfen.

Import von Daten mit Hilfe des Daten Import-/Export-Frameworks

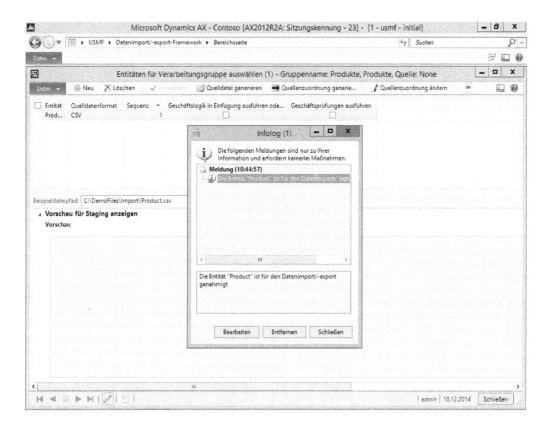

Falls Sie absolut sicher sein wollen, dass alles korrekt arbeitet, dann klicken Sie auf den Schaltknopf Überprüfen. Dynamics AX sollte keine Fehler melden.

Import von Daten mit Hilfe des Daten Import-/Export-Frameworks

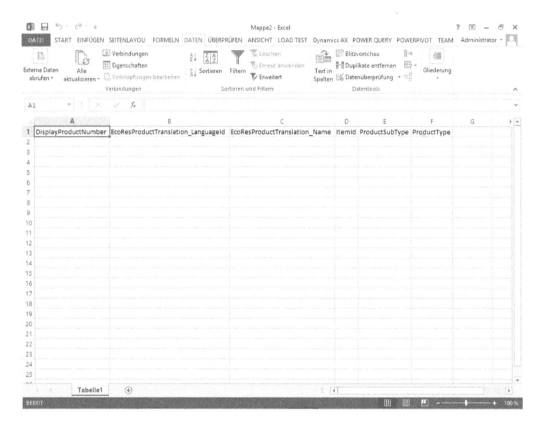

Öffnen Sie jetzt die Beispiel-Importdatei, die Sie vorher erstellt haben.

Beachte: Die CSV-Datei wird in Excel als Externe Textdatei importiert (Pfad: Daten -> Externe Daten abrufen)

Import Data Using The Data Import Export Framework

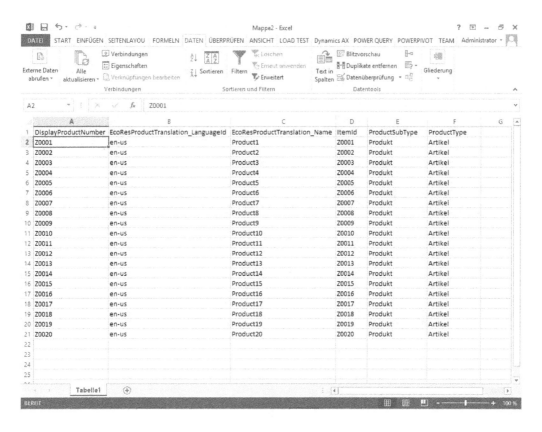

Sie müssen jetzt nur noch Ihre Daten einfügen und die Datei speichern.

Import von Daten mit Hilfe des Daten Import-/Export-Frameworks

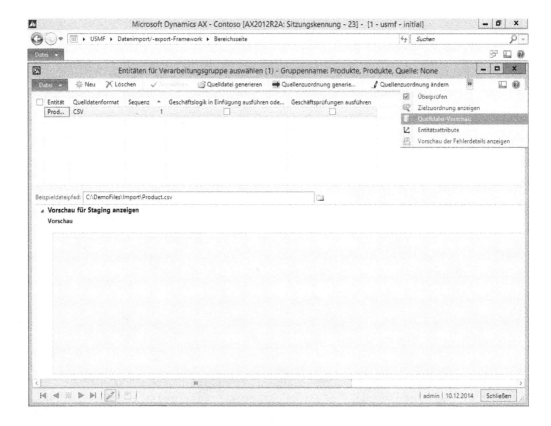

Durch klicken auf den Menüpunkt Quelldatei-Vorschau innerhalb der Maske Entitäten für Verarbeitungsgruppe können Sie sich eine Datenvorschau anzeigen lassen.

Import von Daten mit Hilfe des Daten Import-/Export-Frameworks

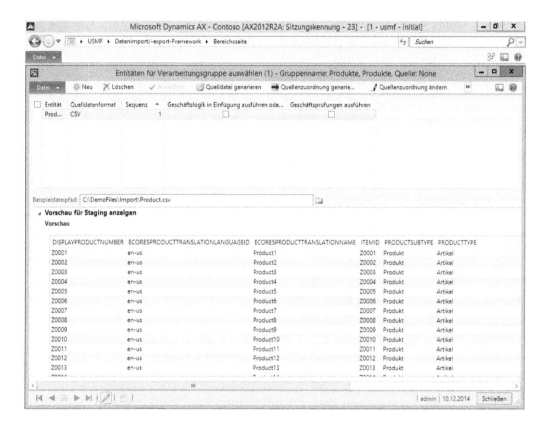

Im Vorschaubereich besteht die Möglichkeit, sich sämtliche Daten anzusehen.

Kllcken Sie auf Schließen, um die Entitäten zu speichern.

Beachte: Aufgrund der Definition unseres Importformats müssen die Felder der CSV-Datei kommasepariert sein.

Import von Daten mit Hilfe des Daten Import-/Export-Frameworks

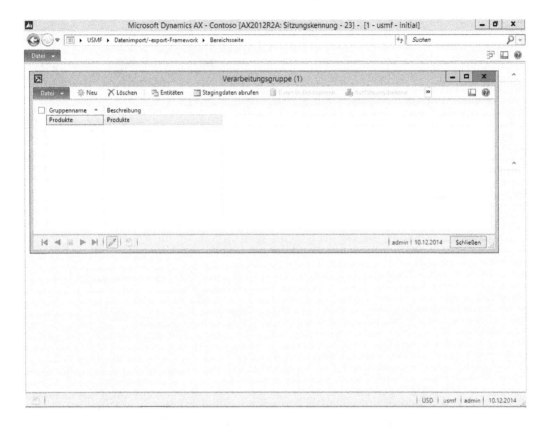

Wenn Sie zur Maske Verarbeitungsgruppe zurückkehren, klicken Sie auf den Menüpunkt Stagingdaten abrufen, um den Importprozeß zu starten.

Import von Daten mit Hilfe des Daten Import-/Export-Frameworks

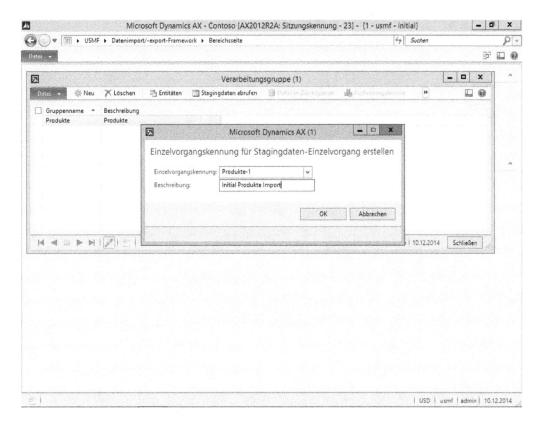

Wenn die Dialogbox Einzelvorgangskennung für Stagingdaten erscheint, geben Sie Ihrem Import-Vorgang eine Beschreibung und klicken auf OK.

Import von Daten mit Hilfe des Daten Import-/Export-Frameworks

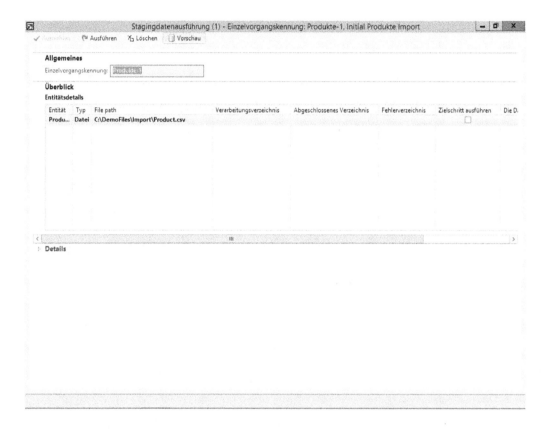

In der Dialogbox Stagingdatenausführung können Sie durch Klicken auf Vorschau Ihre Daten testen.

Import von Daten mit Hilfe des Daten Import-/Export-Frameworks

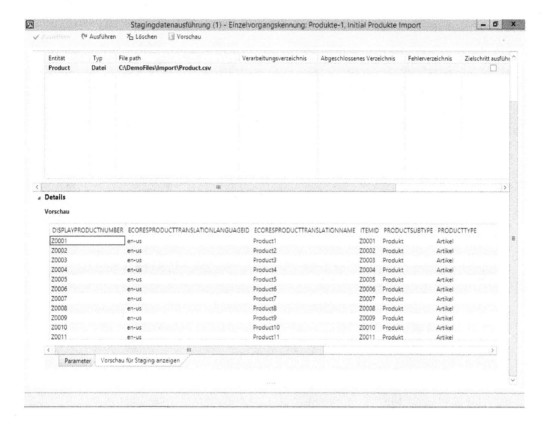

Nach ein paar Sekunden sind Sie in der Lage, im Register Details eine Vorschau Ihrer Daten zu sehen, die für Sie bereit gestellt wurden.

Import von Daten mit Hilfe des Daten Import-/Export-Frameworks

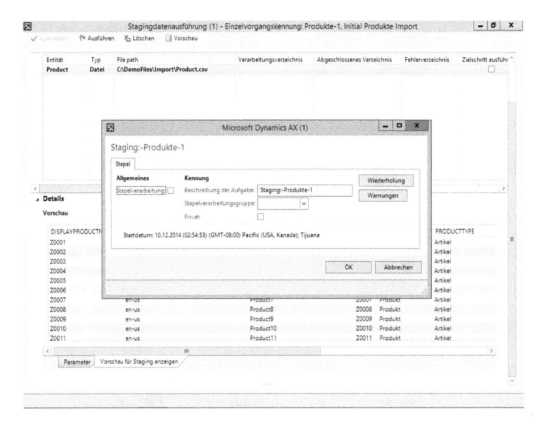

Um den "echten" Import zu starten, klicken Sie auf Ausführen. In der Staging Dialogbox klicken Sie auf OK.

Import von Daten mit Hilfe des Daten Import-/Export-Frameworks

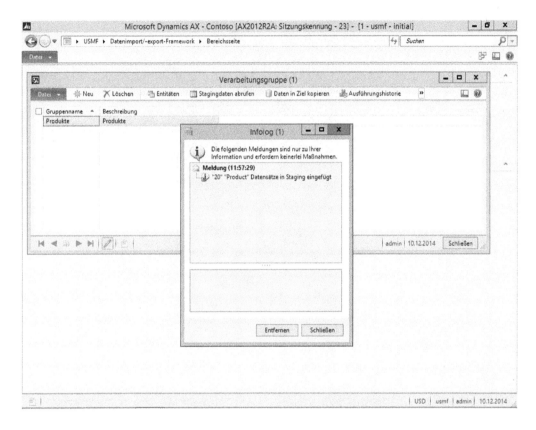

Sie sollten eine Meldung erhalten über die Anzahl der Datensätze, die in Staging eingefügt wurden.

Import von Daten mit Hilfe des Daten Import-/Export-Frameworks

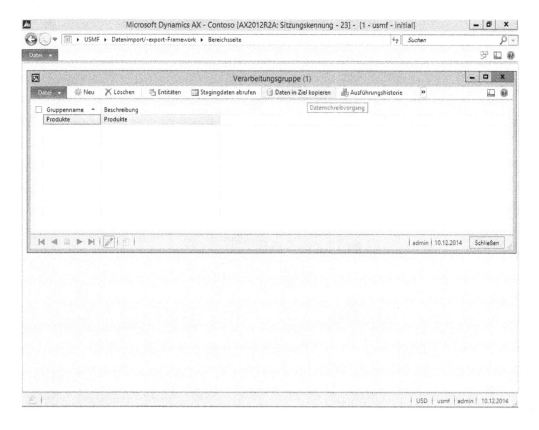

Um die tatsächlichen Tabellen in Dynamics AX zu aktualisieren, klicken Sie auf den Schaltknopf Daten in Ziel kopieren.

Import von Daten mit Hilfe des Daten Import-/Export-Frameworks

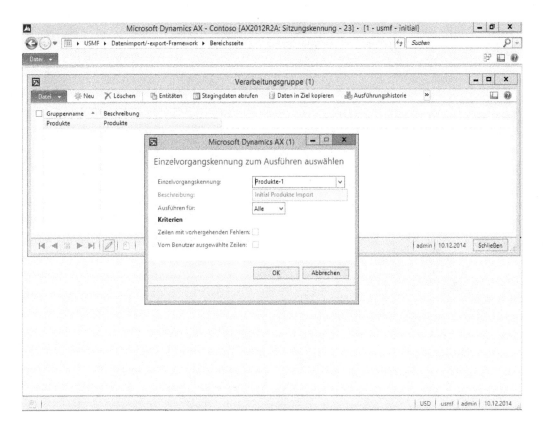

In der Dialogbox Einzelvorgangskennung wählen Sie den Vorgang, den Sie zuvor erstellten, und klicken auf OK.

Import von Daten mit Hilfe des Daten Import-/Export-Frameworks

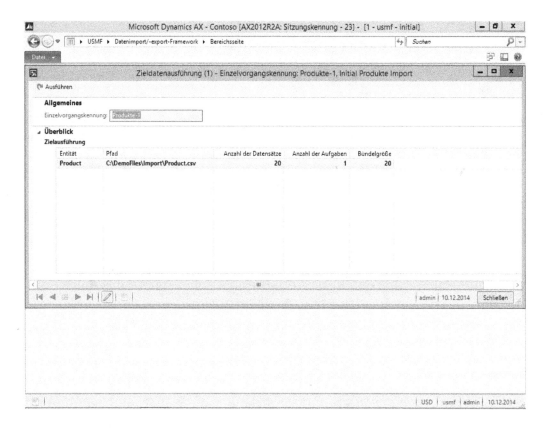

Daraufhin wird die Dialogbox Zieldatenausführung geöffnet. Klicken Sie auf Ausführen.

Import von Daten mit Hilfe des Daten Import-/Export-Frameworks

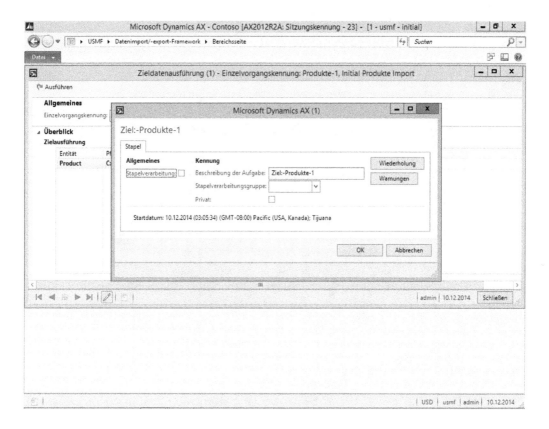

Dann klicken Sie auf OK zwecks Start des Imports.

Import von Daten mit Hilfe des Daten Import-/Export-Frameworks

Der Daten Import-/Export-Framework erledigt für Sie die ganze schwere Arbeit.

Import von Daten mit Hilfe des Daten Import-/Export-Frameworks

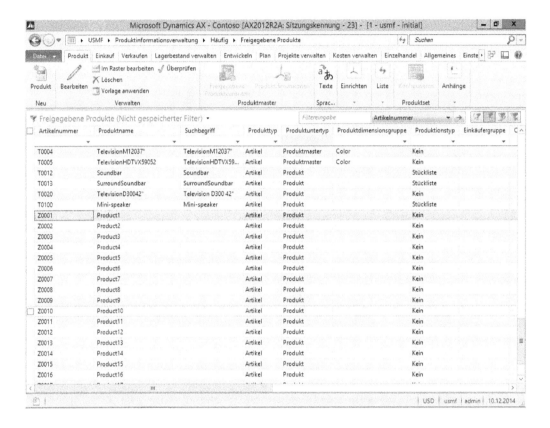

Wenn Sie jetzt Ihre Tabelle Freigegebene Produkte betrachten, stehen alle neuen Daten zur Weiterverarbeitung bereit.

How cool is that.

Begrenze Feldzugriff durch Sicherheitsrollen

Die vorkonfigurierten Rollen innerhalb Dynamics AX sollen den Benutzern den Zugriff auf Bereiche, die sie gewöhnlich nicht benötigen, verwehren. Aber das ist noch nicht alles. Sie können die Datensicherheit mit Hilfe der Sicherheitsrollen noch erheblich optimieren, indem Sie den Zugriff bis auf Feldebene hinab einschränken. Sie können den Anwendern nur Leserechte zuweisen oder bei sensiblen Informationen nicht einmal das Feld anzeigen lassen. Ein zusätzlicher Vorteil ist, falls Sie den Zugriff auf diese Art und Weise begrenzen, dass der Anwender nicht in der Lage ist, auf die Daten mit Hilfe von Reports oder dem Excel Add-In zuzugreifen.

Falls Ihre Anwender schon paranoid sind, weil Sie nicht alle Daten sehen können, dann wird sie eine Bearbeitung des Zugriffs auf diese Art den Wahnsinn noch näher bringen.

Begrenze Feldzugriff durch Sicherheitsrollen

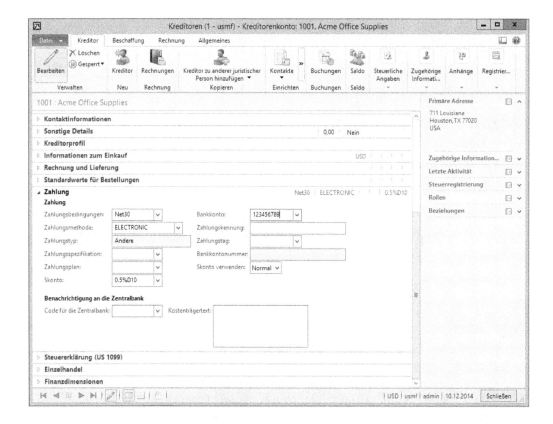

Starten Sie mit dem Auffinden des Feldes, für das Sie den Zugriff beschränken möchten. In diesem Fall wollen wir einzelne Benutzer daran hindern, das Bankkonto des Lieferanten zu bearbeiten.

Begrenze Feldzugriff durch Sicherheitsrollen

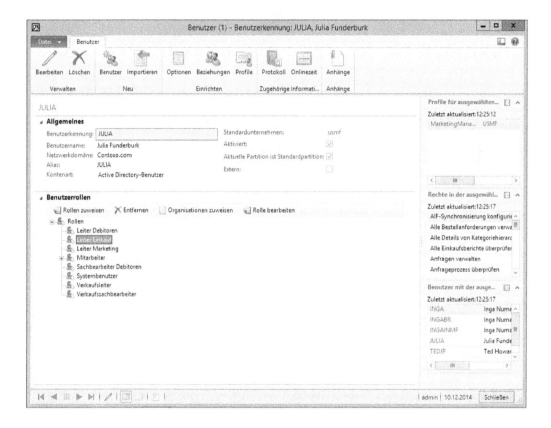

Finden Sie die Rolle, deren Zugriff Sie begrenzen möchten – bei diesem Beispiel schummeln wir etwas und finden die Rolle mit Hilfe des Benutzerkontos. Klicken Sie im Register Benutzerrollen auf Rolle bearbeiten.

Begrenze Feldzugriff durch Sicherheitsrollen

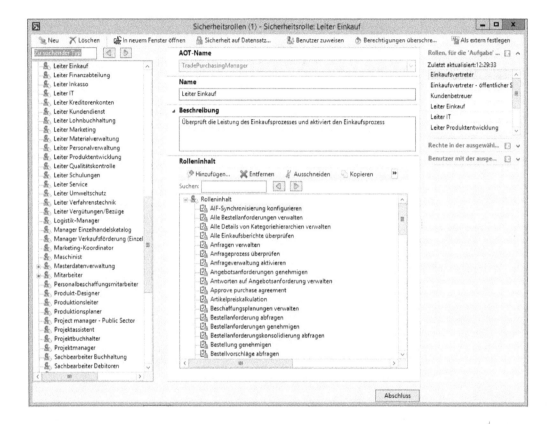

In der Maske Sicherheitsrollen klicken Sie auf den Schaltknopf Berechtigungen überschreiben.

Begrenze Feldzugriff durch Sicherheitsrollen

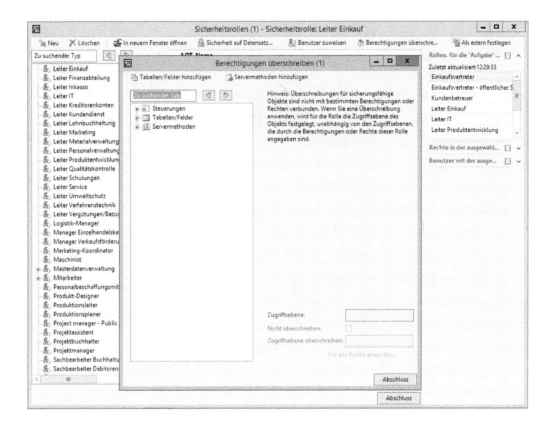

Daraufhin wird das Formular Berechtigungen überschreiben geöffnet. Um
Berechtigungen in einer Tabelle zu überschreiben, klicken Sie auf den
Tabellen/Felder Knoten.

Begrenze Feldzugriff durch Sicherheitsrollen

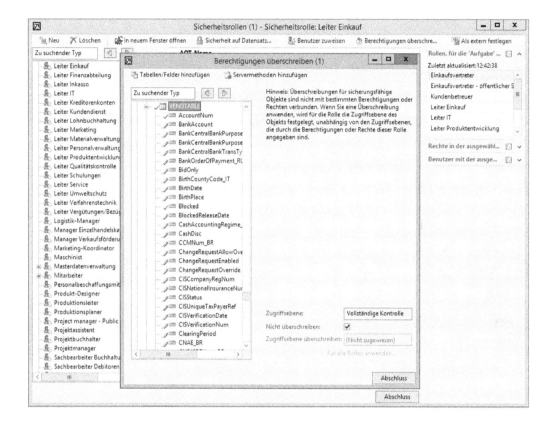

Sie können sich jetzt durch alle Tabellen in Dynamics AX bewegen. Wählen Sie die Tabelle, für die Sie den Zugriff beschränken möchten (in diesem Fall die VendTable), und erweitern Sie die Tabelle, so dass Sie sämtliche Felder sehen können.

Um die Berechtigungen der Felder zu überschreiben, wählen Sie die Tabelle und deaktivieren Sie nicht überschreiben.

Begrenze Feldzugriff durch Sicherheitsrollen

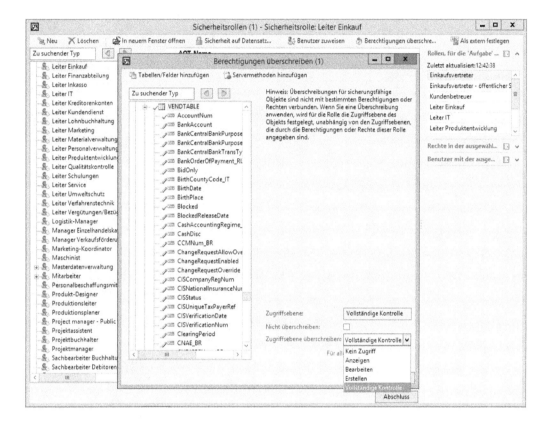

Dies gestattet es Ihnen (falls Sie es möchten), den allgemeinen Zugriff auf die Tabelle zu überschreiben. In diesem Beispiel lassen wir die Zugriffsebene Vollständige Kontrolle stehen, weil wir den Zugriff eines einzelnen Feldes überschreiben möchten.

Begrenze Feldzugriff durch Sicherheitsrollen

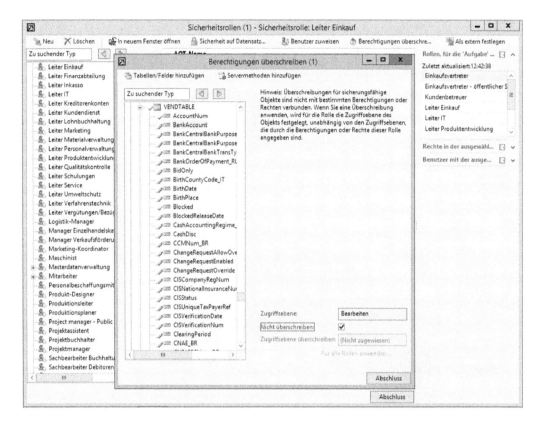

Wählen Sie jetzt das Feld, das Sie überschreiben möchten, und deaktivieren Sie Nicht Überschreiben.

Begrenze Feldzugriff durch Sicherheitsrollen

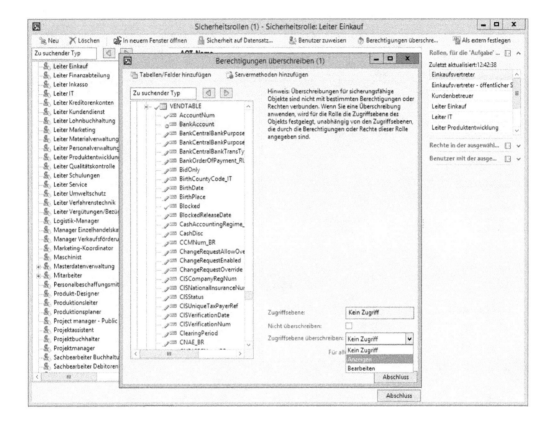

Jetzt können Sie das Zugriffsrecht für das Feld ändern, indem Sie die Zugriffsebene mit Hilfe einer Auswahlliste auswählen. Sie können Kein Zugriff, Anzeigen oder Bearbeiten setzen. In diesem Fall setzen wir Anzeigen.

Begrenze Feldzugriff durch Sicherheitsrollen

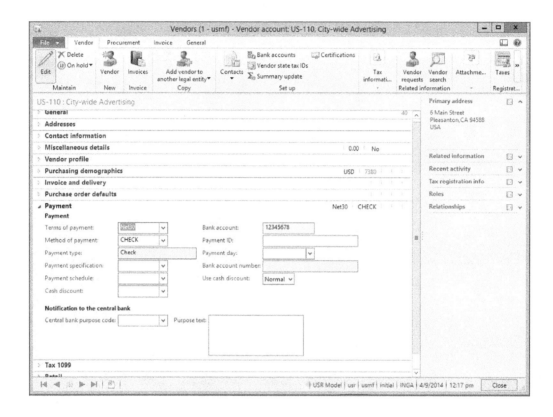

Wenn der Anwender nun erneut die Maske aufruft, ist er nicht in der Lage, den Feldinhalt zu ändern, wenn er dieser Sicherheitsrolle angehört.

Zugriff verweigert.

Kopiere Daten zwischen Organisationen schnell mit Hilfe des Daten Import/Export Framework

Das Daten Import-/Export-Framework Modul ist nicht nur dazu da, Daten aus Dynamics AX heraus und hinein zu bekommen mit Hilfe von Export und Import Dateien, es hat auch ein hübsches Feature, das es Ihnen erlaubt, Daten innerhalb Ihrer Organisation zu kopieren, d.h. wenn Sie eine neue Instanz für Test- oder Produktionszwecke konfiguriert haben und möchten sie mit Informationen von einen anderen bereits vorhandenen Mandanten füllen, können Sie die Daten innerhalb von Minuten replizieren.

Es ist wie der Besitz eines perönlichen Sketch-A-Graph Zeichnungstools, doch es macht nicht soviel Spaß …

Kopiere Daten zwischen Organisationen schnell mit Hilfe des Daten Import/Export Framework

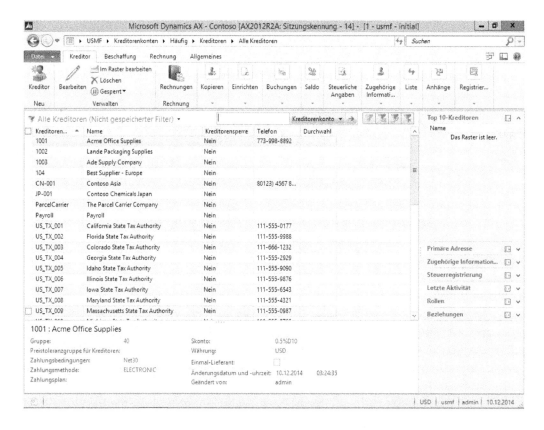

In diesem Beispiel haben wir eine Organisation mit einer Vielzahl an Lieferanten.

Kopiere Daten zwischen Organisationen schnell mit Hilfe des Daten Import/Export Framework

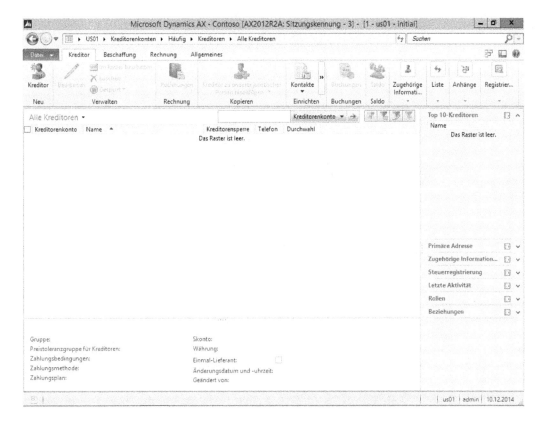

Und eine andere Organisation, die über keine Lieferanten-Datensätze verfügt.

Kopiere Daten zwischen Organisationen schnell mit Hilfe des Daten Import/Export Framework

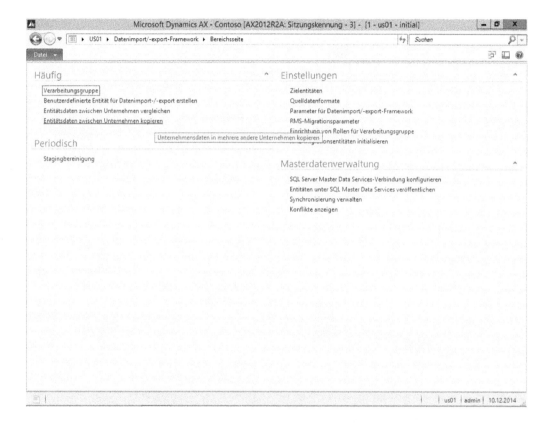

Um Daten zwischen den Organisationen zu kopieren, klicken Sie auf den Menüpunkt Entitätsdaten zwischen Unternehmen kopieren unter Häufig im Modul Datenimport/-Export-Framework.

Kopiere Daten zwischen Organisationen schnell mit Hilfe des Daten Import/Export Framework

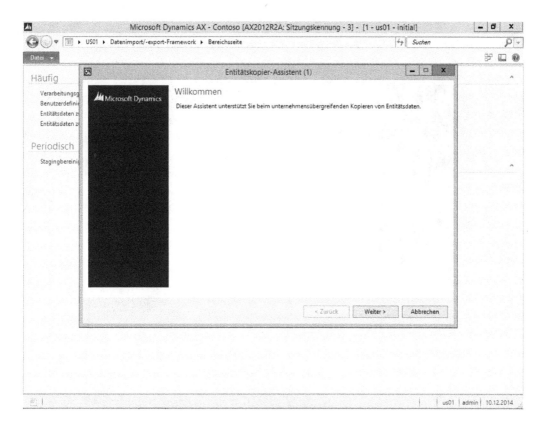

Daraufhin wird der Entitätskopier-Assistent geöffnet.

Kopiere Daten zwischen Organisationen schnell mit Hilfe des Daten Import/Export Framework

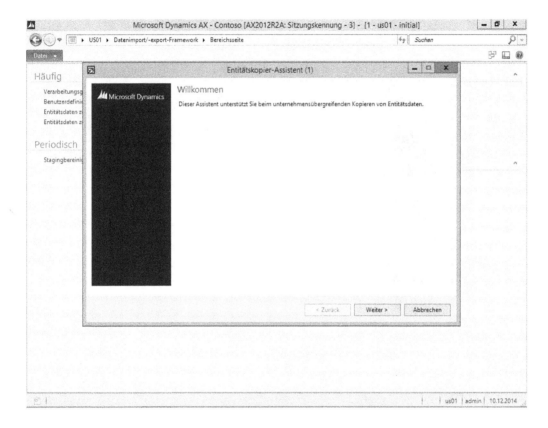

Klicken Sie auf Weiter, um den Vorgang zu starten.

Kopiere Daten zwischen Organisationen schnell mit Hilfe des Daten Import/Export Framework

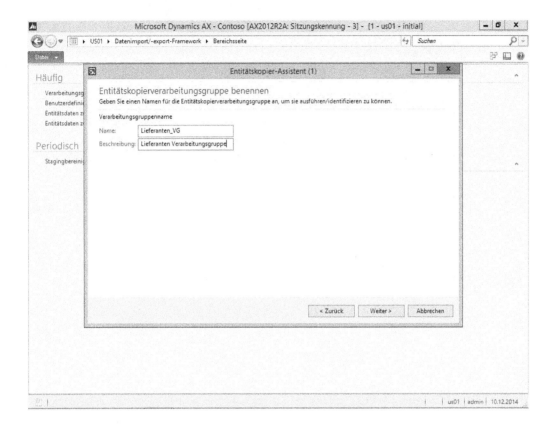

Geben Sie Ihrer Entitätsverarbeitungsgruppe einen Namen und eine Beschreibung und klicken dann auf Weiter.

Kopiere Daten zwischen Organisationen schnell mit Hilfe des Daten Import/Export Framework

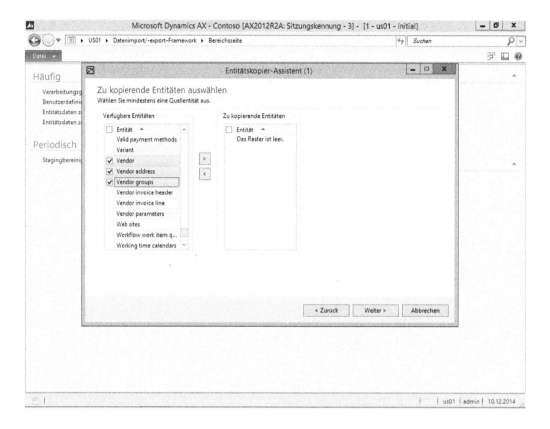

Wählen Sie aus der Liste Verfügbare Entitäten diejenigen Entitäten aus, die Sie hinüber kopieren möchten und klicken auf >, um sie auf die Zu kopierende Entitäten Seite zu bewegen.

In diesem Fall wählen wir die Lieferanten (Vendor), aber wenn Sie eine vollständig neue Organisation mit Daten einer existierenden füllen möchten, dann können Sie alles auswählen.

Kopiere Daten zwischen Organisationen schnell mit Hilfe des Daten Import/Export Framework

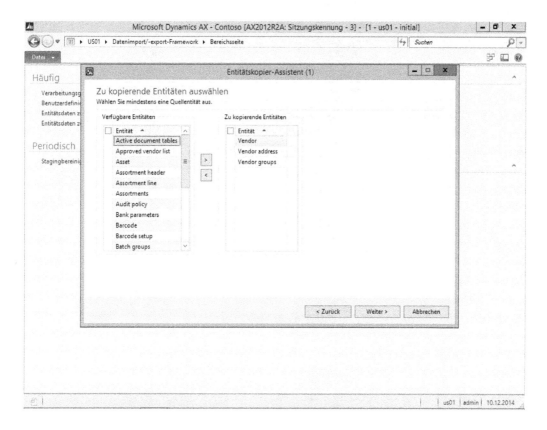

Wenn Sie die zu kopierenden Entitäten ausgewählt haben, klicken Sie auf Weiter, um fortzufahren.

Kopiere Daten zwischen Organisationen schnell mit Hilfe des Daten Import/Export Framework

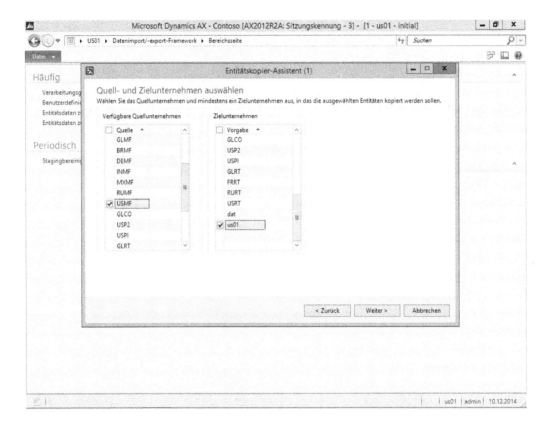

Auf der Seite Quell- und Zielunternehmen auswählen wählen Sie auf der linken Seite das Unternehmen, von dem die Daten kopiert werden sollen, und wählen auf der rechten Seite das Zielunternehmen, wo Sie die Daten hin kopieren möchten.

Dann klicken Sie auf Weiter.

Kopiere Daten zwischen Organisationen schnell mit Hilfe des Daten Import/Export Framework

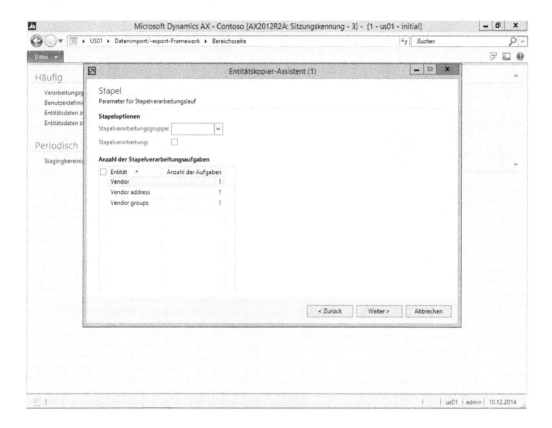

Falls es ein umfangreiches Update ist, können Sie hier Batchdetails spezifizieren; aber in diesem Fall klicken wir nur auf Weiter.

Kopiere Daten zwischen Organisationen schnell mit Hilfe des Daten Import/Export Framework

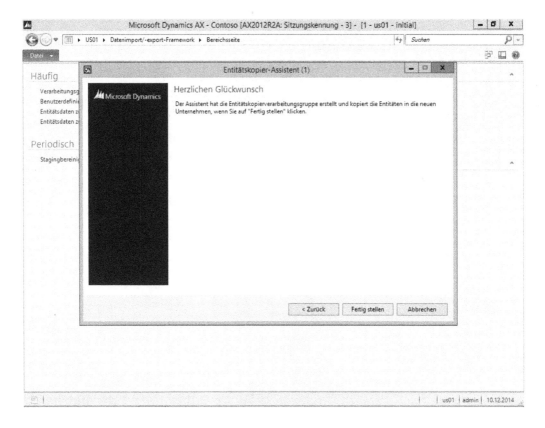

Jetzt haben wir die Konfiguration des Kopiervorgangs beendet. Klicken Sie auf Fertig stellen, um den Vorgang zu starten.

Kopiere Daten zwischen Organisationen schnell mit Hilfe des Daten Import/Export Framework

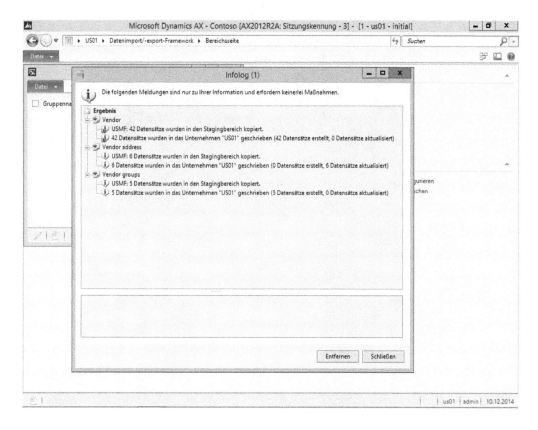

Nach einer kurzen Zeit bekommen Sie die Meldung, dass die Datensätze zwischen den zwei Entitäten kopiert wurden.

Kopiere Daten zwischen Organisationen schnell mit Hilfe des Daten Import/Export Framework

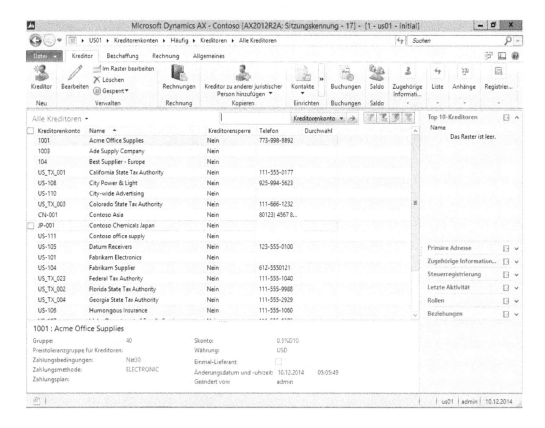

Und wenn Sie nun das Unternehmen betrachten, wo die Daten fehlten, können Sie alle neuen Daten sehen, die Sie importiert haben.

Das ist mit Sicherheit erheblich einfacher als das Neuerfassen der Daten.

Ergänze Links für Webseiten als Schaltfläche in der Aktions-leiste

Es gibt vermutlich eine Menge Webseiten, die Sie täglich in Verbindung mit Dynamics AX immer wieder besuchen. Obgleich es keine große Herausforderung ist, den Browser zu öffnen und die Webseiten-Adresse einzugeben, möchten Sie Ihr Arbeitsleben bestimmt etwas einfacher gestalten und die Webseiten-Links direkt in einer häufig aufgerufenen Dynamics AX Maske ergänzen. Auf diese Art und Weise sind Sie nur noch einen Klick von der Seite entfernt, anstatt einer Vielzahl von Klicks und Schreibarbeiten.

Dennoch würde ich nicht empfehlen, dass Sie Farm Town als Link ergänzen, ganz gleich wieviel Getreide Sie noch zu dreschen haben.

Ergänze Links für Webseiten als Schaltfläche in der Aktionsleiste

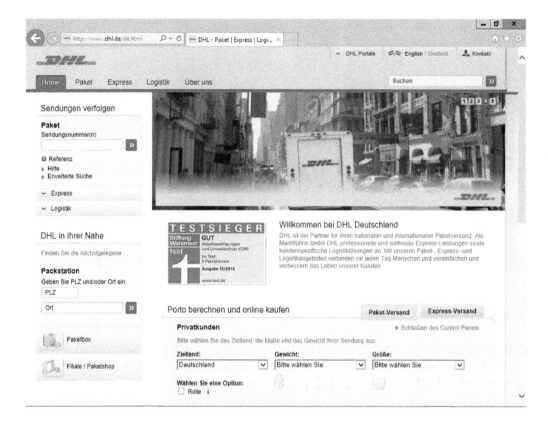

Finden Sie zuerst die Webseite, die Sie aus Dynamics AX heraus öffnen möchten.

Ergänze Links für Webseiten als Schaltfläche in der Aktionsleiste

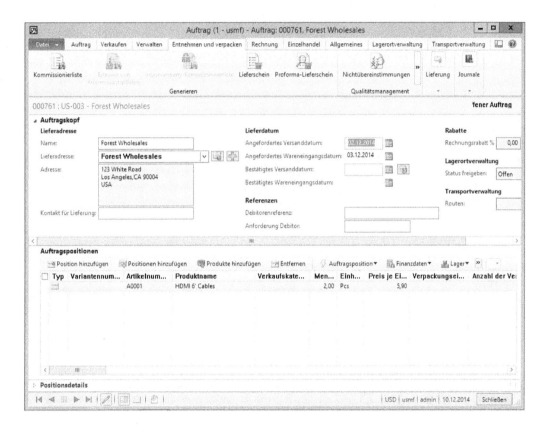

Dann finden Sie die Maske, von der Sie einen Link auf die Webseite ergänzen wollen.

Ergänze Links für Webseiten als Schaltfläche in der Aktionsleiste

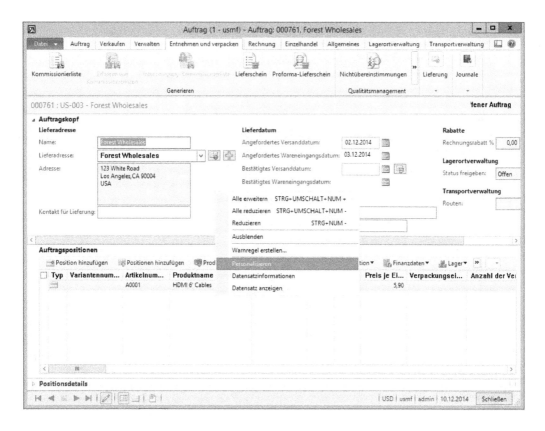

Jetzt müssen wir das Formular editieren. Ein schneller Trick, um das Formular im AOT zu finden, ist das Klicken der rechten Maustaste im Formular und Personalisieren zu wählen.

Ergänze Links für Webseiten als Schaltfläche in der Aktionsleiste

In der Maske Benutzereinstellungen wechseln Sie zum Register Informationen und klicken auf Bearbeiten rechts von Formularname.

Ergänze Links für Webseiten als Schaltfläche in der Aktionsleiste

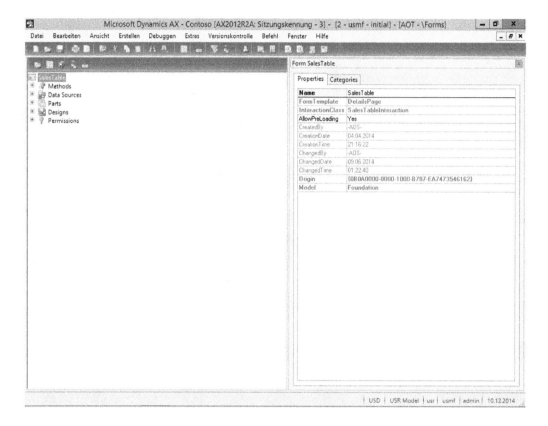

Daraufhin wird der Application Object Tree (AOT) geöffnet, und Sie werden direkt zurm Formular geführt, das Sie modifizieren möchten.

Ergänze Links für Webseiten als Schaltfläche in der Aktionsleiste

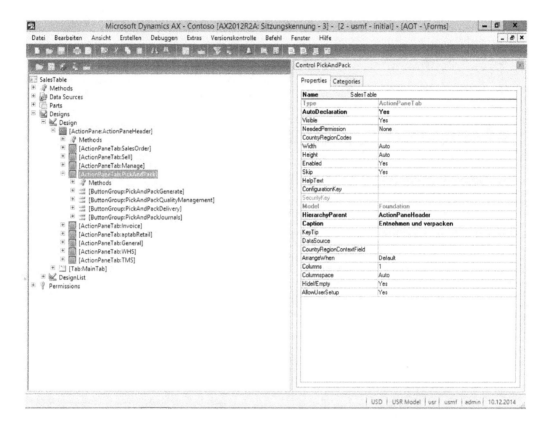

Erweitern Sie den Bereich Design und danach ActionPane (Aktionsleiste) und finden Sie die Leiste, wo Sie einen Schaltknopf ergänzen wollen.

Ergänze Links für Webseiten als Schaltfläche in der Aktionsleiste

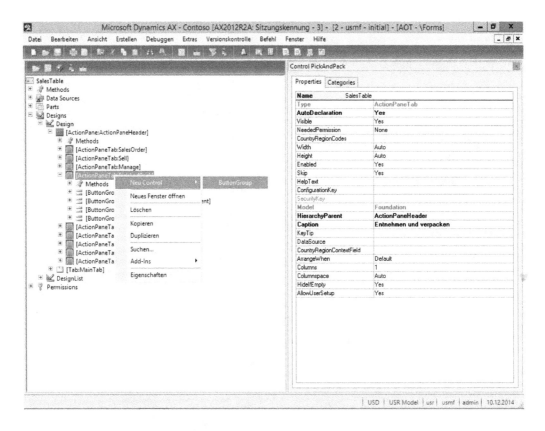

Klicken Sie auf ActionPane die rechte Maustaste, wählen Neu Control und anschließend den Menüpunkt ButtonGroup.

Ergänze Links für Webseiten als Schaltfläche in der Aktionsleiste

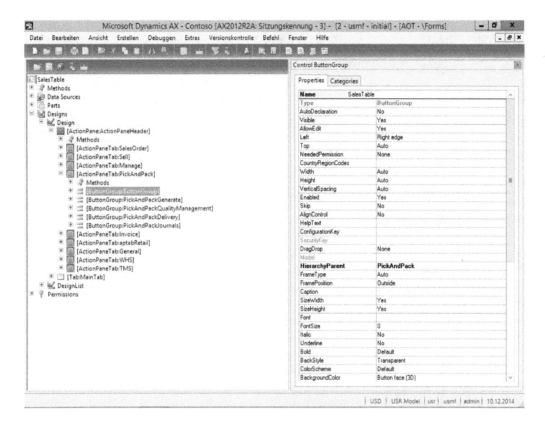

Daraufhin wird der Aktionsleiste eine neue Gruppe ergänzt.

Ergänze Links für Webseiten als Schaltfläche in der Aktionsleiste

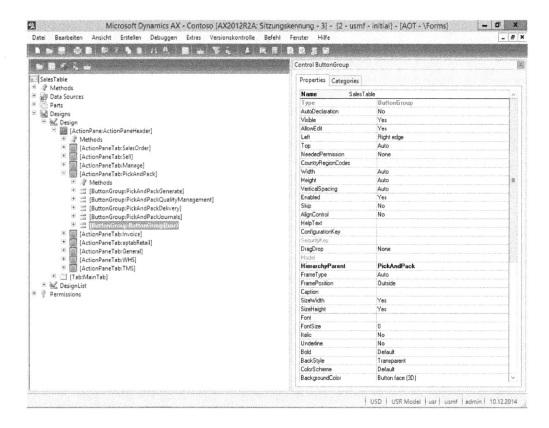

Halten Sie die ALT-Taste gedrückt und verwenden die Pfeil-Ab-Taste, um die Gruppe an das Ende der Liste zu bewegen.

Ergänze Links für Webseiten als Schaltfläche in der Aktionsleiste

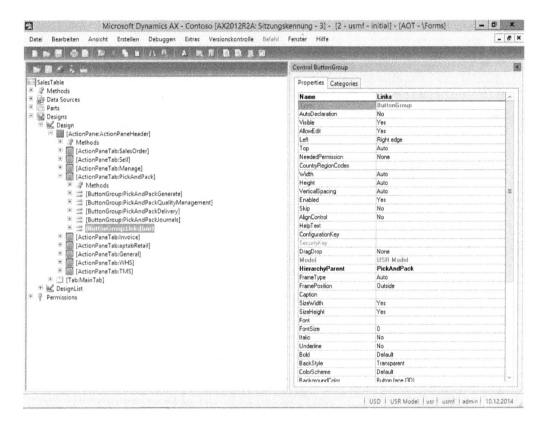

Jetzt müssen wir die Button Gruppe noch ausformulieren. Beginnen Sie mit der Vergabe eines besseren Namens im Eigenschaften Panel.

Ergänze Links für Webseiten als Schaltfläche in der Aktionsleiste

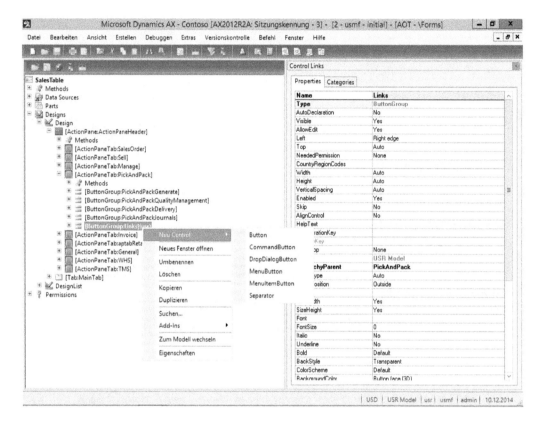

Klicken Sie dann auf der Gruppe die rechte Maustaste, wählen Neu Control und danach den Menüpunkt Button, um die Schaltfläche zu erstellen.

Ergänze Links für Webseiten als Schaltfläche in der Aktionsleiste

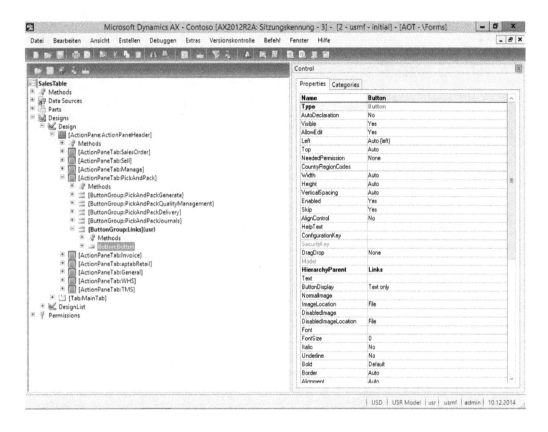

Jetzt haben Sie ein neues Button Control.

Ergänze Links für Webseiten als Schaltfläche in der Aktionsleiste

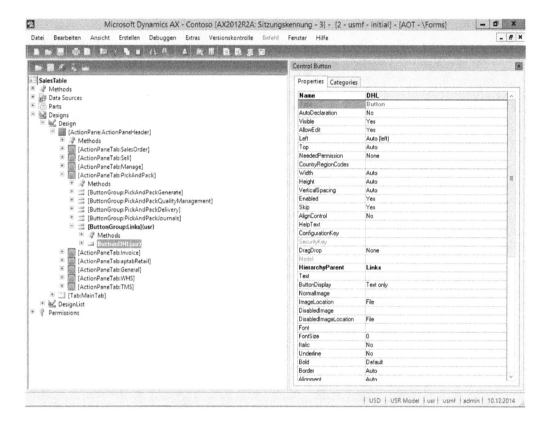

Ändern Sie den Namen für den Button im Eigenschaften Panel.

Ergänze Links für Webseiten als Schaltfläche in der Aktionsleiste

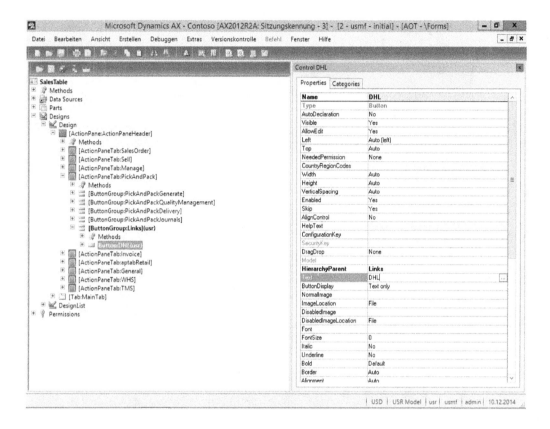

Dann ändern Sie den Text, der für den Button gezeigt wird.

Ergänze Links für Webseiten als Schaltfläche in der Aktionsleiste

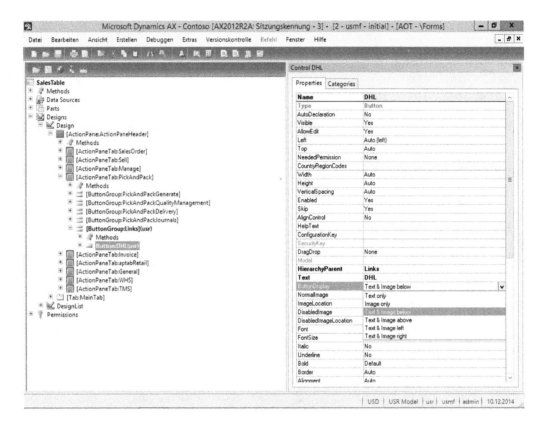

Ändern Sie ButtonDisplay auf Text & Image Below.

Ergänze Links für Webseiten als Schaltfläche in der Aktionsleiste

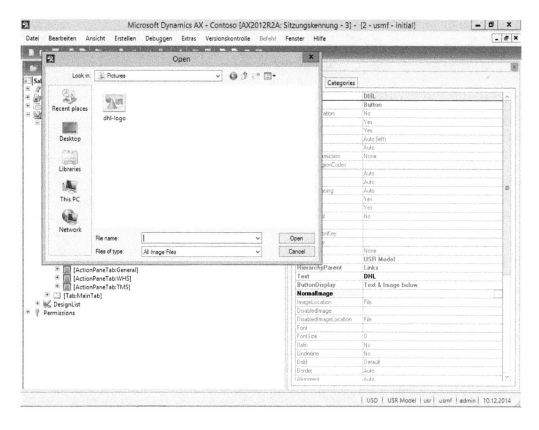

Dann klicken Sie auf den ... Button rechts von NormalImage und wählen ein Icon für den Button.

Ergänze Links für Webseiten als Schaltfläche in der Aktionsleiste

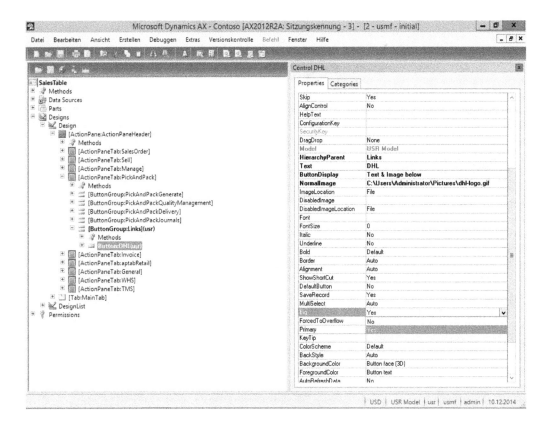

Schlussendlich wollen wir ein großes Image, deswegen ändern wir die Big Eigenschaft auf YES.

Ergänze Links für Webseiten als Schaltfläche in der Aktionsleiste

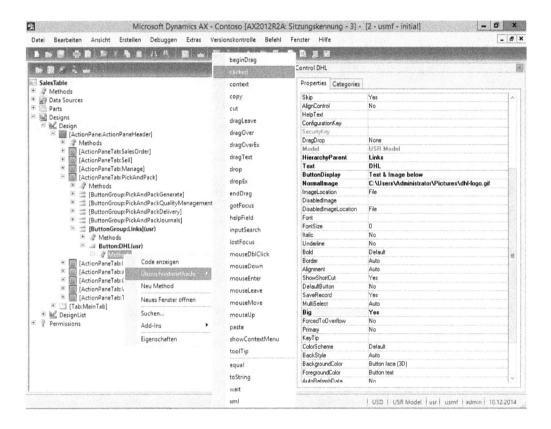

Jetzt erweitern Sie den Button Control, klicken auf den Knoten Methode die rechte Maustaste, wählen das Untermenü Überschreibmethode und wählen dann die Methode Clicked, damit wir festlegen können, was passieren soll, wenn der Button angeklickt wird.

Ergänze Links für Webseiten als Schaltfläche in der Aktionsleiste

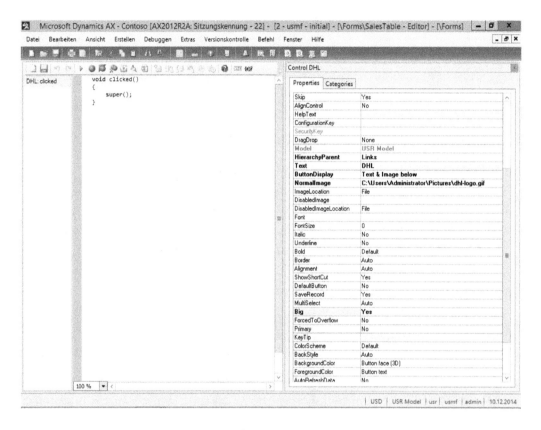

Daraufhin wird der Methode-Editor geöffnet.

Ergänze Links für Webseiten als Schaltfläche in der Aktionsleiste

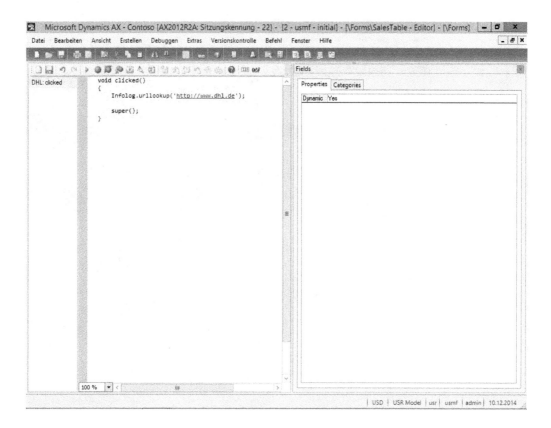

Ergänzen Sie folgenden Code am Anfang der Methode:

Infolog.urllookup('http://www.dhl.de');

Danach können Sie den Editor schließen.

Ergänze Links für Webseiten als Schaltfläche in der Aktionsleiste

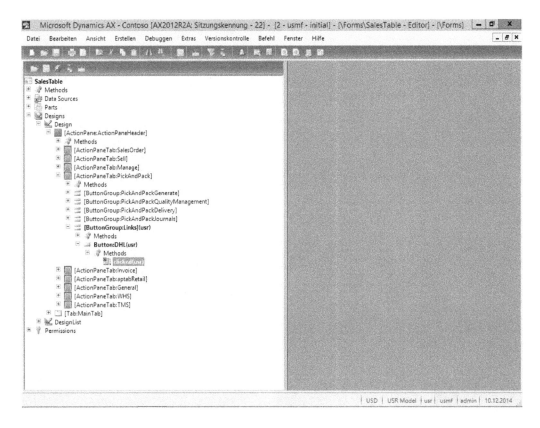

Jetzt müssen Sie nur noch alles speichern und das Formular schließen.

Ergänze Links für Webseiten als Schaltfläche in der Aktionsleiste

Wenn Sie jetzt Ihr Formular öffnen, ist ein Icon mit Ihrer Webseite vorhanden.

Ergänze Links für Webseiten als Schaltfläche in der Aktionsleiste

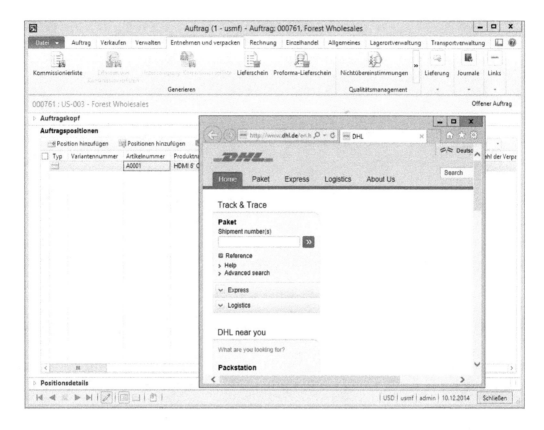

Wenn Sie darauf klicken öffnet Dynamics AX Ihren Standard-Browser und bewegt sich schnurstracks zu der Seite, die Sie hinterlegt haben.

That is cool!

Befördere Blog Feeds unmittelbar in das Rollencenter

Blogs sind eine gute Informationsquelle, und sie kommen in unterschiedlicher Gestalt entweder von einem externen Blog, den Sie periodisch zur Inspiration und Informationsgewinnung aufrufen, oder als interner Blog, den Sie innerhalb Ihrer Organisation aufgesetzt haben, um die Mitarbeiter über Neuigkeiten im Unternehmen zu informieren. Die wirklich wichtigen Blogs können Sie Ihrer Rollencenterseite hinzufügen, so dass sie Ihnen direkt zugestellt werden.

Es ist wie die Zustellung einer eigenen Zeitschrift – jedoch ohne den Nachbarn, der sie Ihnen wegnimmt, bevor Sie das Blatt in der Hand hatten.

Befördere Blog Feeds unmittelbar in das Rollencenter

Rufen Sie zuerst den Blog auf, den Sie mit Ihrem Rollencenter verknüpfen möchten.

Befördere Blog Feeds unmittelbar in das Rollencenter

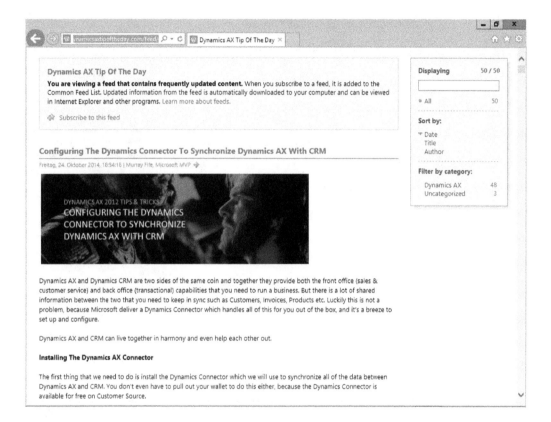

Dann finden Sie den RSS Feed für den Blog.

Tip: Normalerweise können Sie den Feed finden durch Hinzufügen von RSS oder Feed am Ende der Webseiten URL.

Befördere Blog Feeds unmittelbar in das Rollencenter

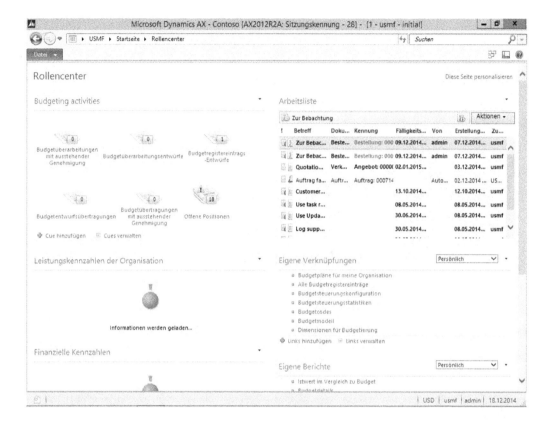

Jetzt starten Sie Dynamics AX und öffnen Ihre Rollencenter Homepage (Startseite -> Rollencenter).

Dann klicken Sie auf Diese Seite Personalisieren rechts oben im Formular.

Befördere Blog Feeds unmittelbar in das Rollencenter

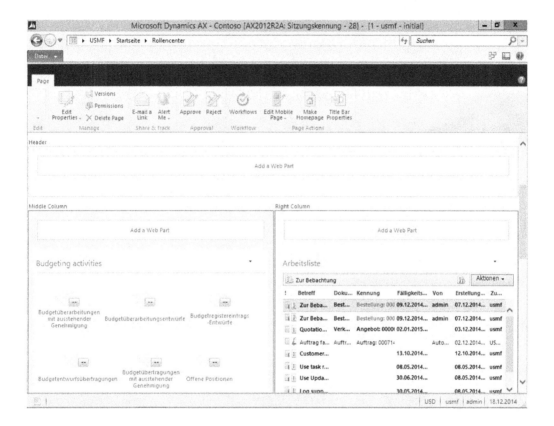

Daraufhin wird die Seite im Personalisierungsmodus geöffnet. Sie können erkennen, dass einige Bereiche über einen Add a Web Part Link verfügen. Klicken Sie auf einen in dem Bereich, wo Sie Ihre Blog Nachrichten hinzufügen möchten.

Befördere Blog Feeds unmittelbar in das Rollencenter

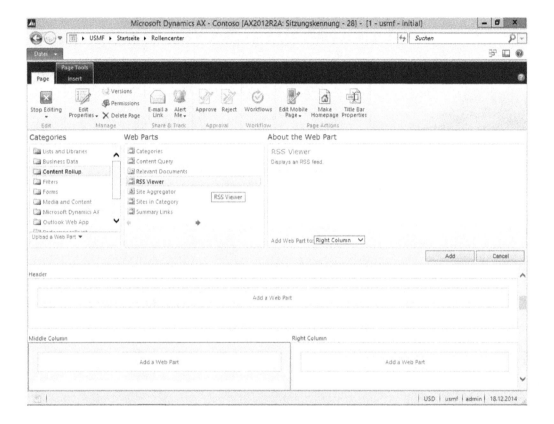

Wenn der Web Part Browser angezeigt wird, wählen Sie die Kategorie Content Rollup und RSS Viewer in der Web Parts Liste, und dann klicken Sie auf den Add Button.

Befördere Blog Feeds unmittelbar in das Rollencenter

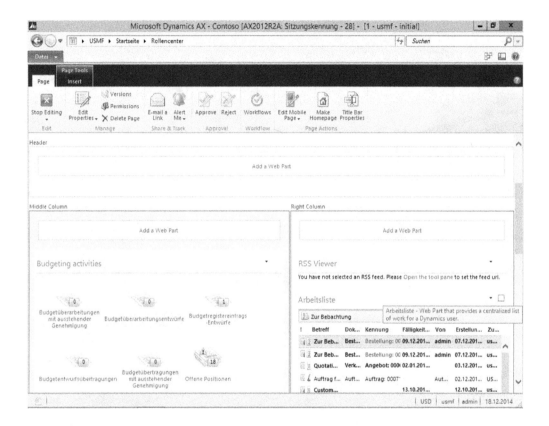

Wenn Sie zur Rollencenterseite zurückkehren, können Sie sehen, dass dem
Formular ein neuer Control hinzugefügt wurde, der jedoch noch nicht konfiguriert
ist. Klicken Sie auf Open The Tool Pane.

Befördere Blog Feeds unmittelbar in das Rollencenter

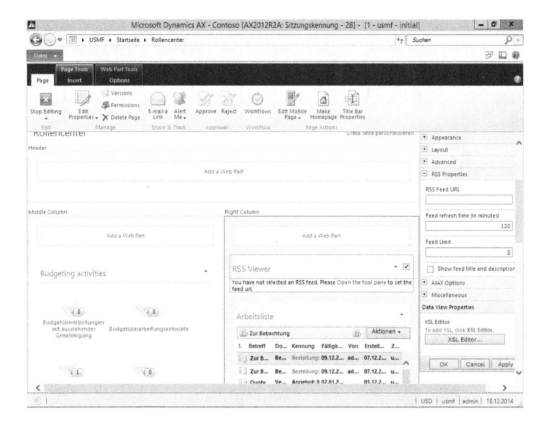

Daraufhin wird rechts das Eigenschaftspanel für den RSS Viewer Web Part geöffnet.

Befördere Blog Feeds unmittelbar in das Rollencenter

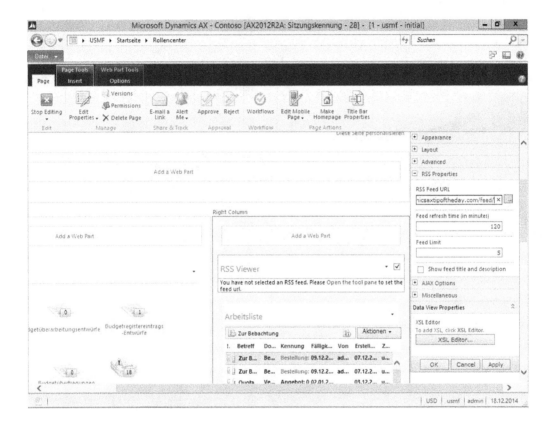

Innerhalb der RSS Eigenschaftsgruppe fügen Sie die URL für den RSS Feed ein, den Sie vorher ausfindig gemacht haben.

Befördere Blog Feeds unmittelbar in das Rollencenter

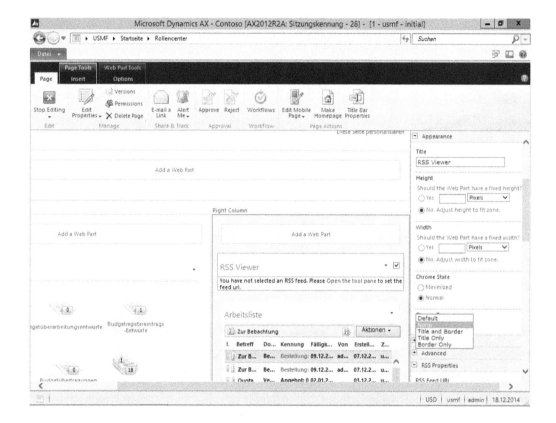

Innerhalb der Gruppe Appearance ändern Sie die Chrome State Eigenschaft auf None. Dadurch wird der Titel vom Web Part entfernt, was das Ganze etwas ansehnlicher macht.

Befördere Blog Feeds unmittelbar in das Rollencenter

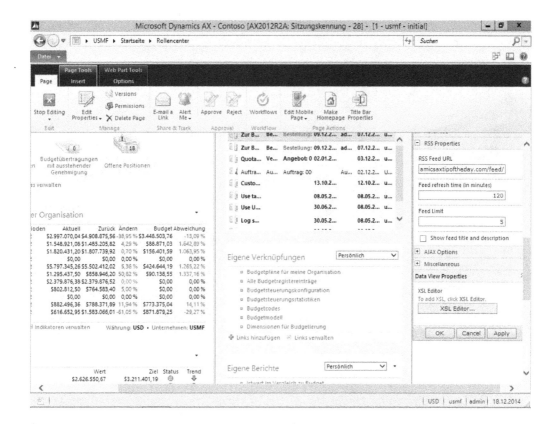

Die Standard Ansicht des Blog-Beitrags sieht etwas langweilig aus, so dass wir das Ganze etwas herausputzen, indem wir das Format ändern. Dazu scrollen Sie an das Ende und klicken auf XSL Editor.

Befördere Blog Feeds unmittelbar in das Rollencenter

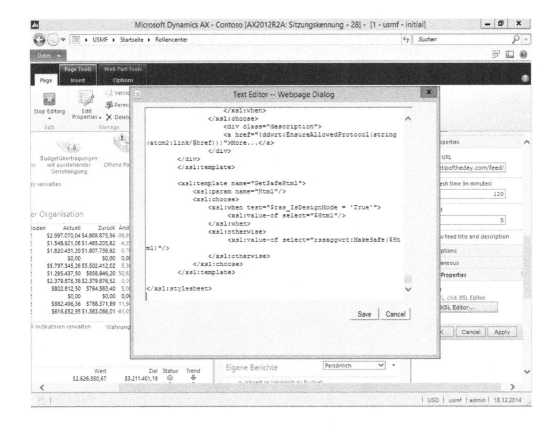

Daraufhin wird der XSL Text Editor geöffnet. An dieser Stelle könnten eventuelle Änderungen am Erscheinungsbild des Web Parts vorgenommen werden. Danach klicken Sie auf Save.

Befördere Blog Feeds unmittelbar in das Rollencenter

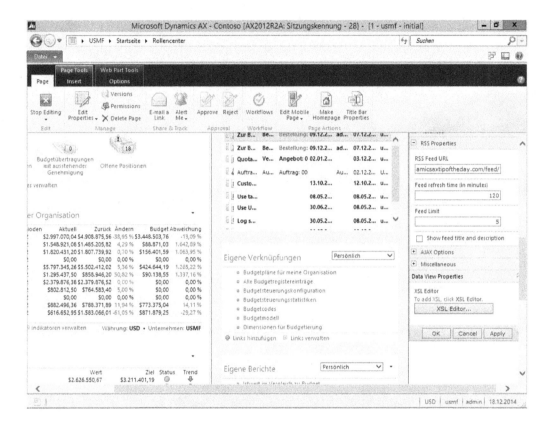

Und dann klicken Sie auf OK, um die Änderungen zu speichern.

Befördere Blog Feeds unmittelbar in das Rollencenter

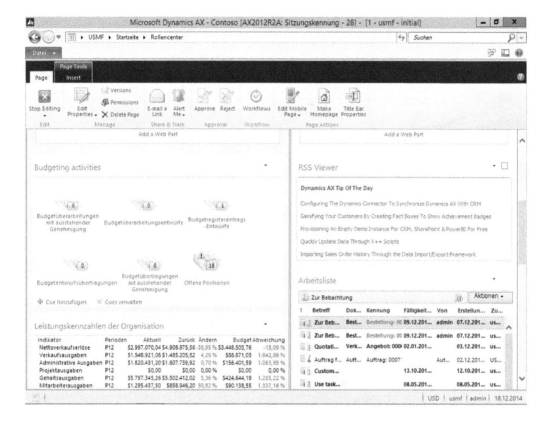

Wenn das Rollencenter aktualisiert wurde, können Sie erkennen, dass die Blog-Nachrichten abgerufen wurden und im Designermodus angezeigt werden.

Sie müssen jetzt nur noch in der Aktionsleiste auf Stop Editing klicken.

Befördere Blog Feeds unmittelbar in das Rollencenter

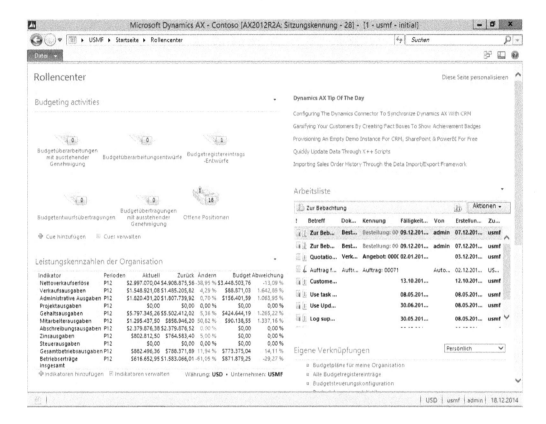

Jetzt haben Sie einen ultra coolen Link auf eine Ihrer Lieblings-Blogseiten.

Lass Benutzer als etwas besonderes erscheinen durch das Erstellen neuer Rollen- center

Dynamics AX wird ausgeliefert mit über 40 Standard Rollencenter für eine große Anzahl von normalen Benutzertypen, wie sie in vielen Organisationen angetroffen werden – Finanzmanager, Verkäufer, Einkaufssachbearbeiter etc. Dennoch werden Sie in Ihrer Organisation Rollen haben, die nicht unbedingt mit den Standardrollen deckungsgleich sind. Sie können entweder versuchen, diese Anwender mit einer Rolle zu verbinden, die den Anforderungen am nächsten kommt, oder Sie können für diese Anwender ein ganz neues Rollencenter erstellen.

Lass Benutzer als etwas besonderes erscheinen durch das Erstellen neuer Rollencenter

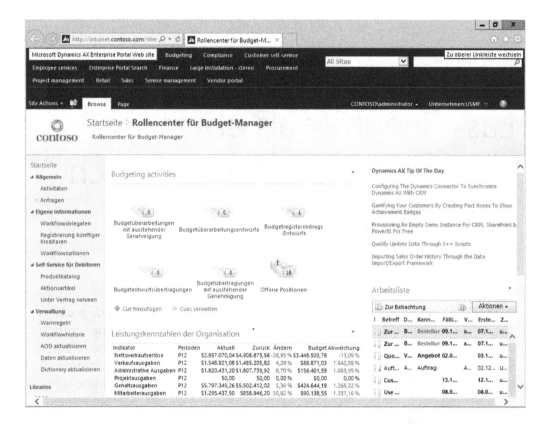

Browsen Sie zu Beginn zu einer Ihrer Standard Rollencenterseiten.

Lass Benutzer als etwas besonderes erscheinen durch das Erstellen neuer Rollencenter

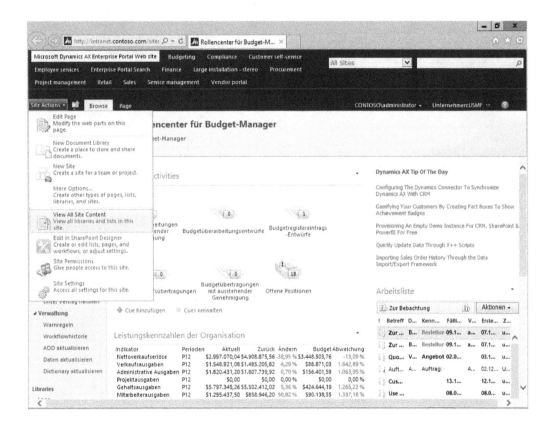

Im Site Actions Menü klicken Sie auf den Menüpunkt View All Site Content.

Lass Benutzer als etwas besonderes erscheinen durch das Erstellen neuer Rollencenter

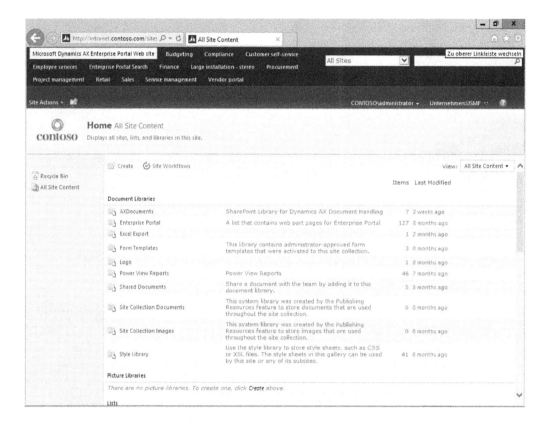

Wenn Site Content angezeigt wird, klicken Sie auf die Enterprise Portal Dokument-Bibliothek.

Lass Benutzer als etwas besonderes erscheinen durch das Erstellen neuer Rollencenter

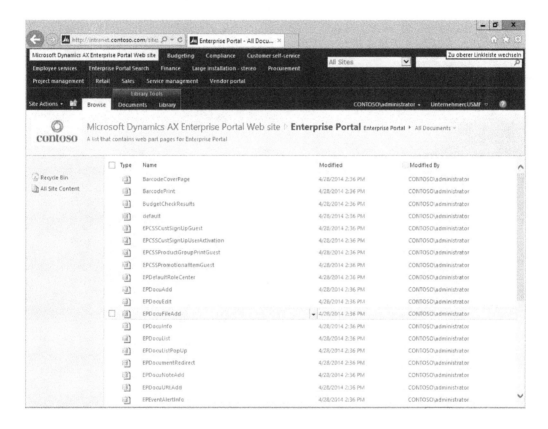

In der Enterprise Portal Bibliothek werden Ihnen sämtliche Standard Rollencenter angezeigt. Sie sind leicht zu entdecken, da sie alle mit RoleCenter beginnen.

Lass Benutzer als etwas besonderes erscheinen durch das Erstellen neuer Rollencenter

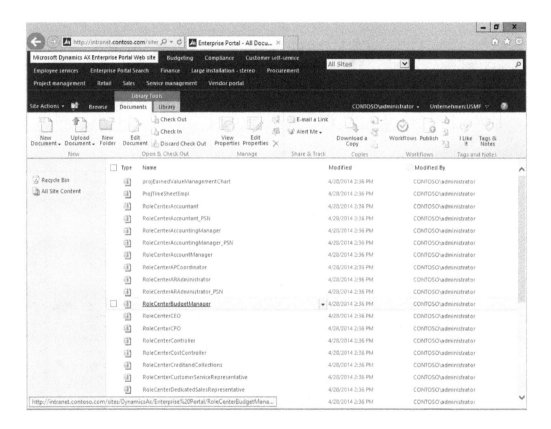

Um eine neue Rollencentervorlage zu erstellen, klicken Sie auf den Menüpunkt New Document innerhalb des Registers Documents in der Aktionsleiste.

Lass Benutzer als etwas besonderes erscheinen durch das Erstellen neuer Rollencenter

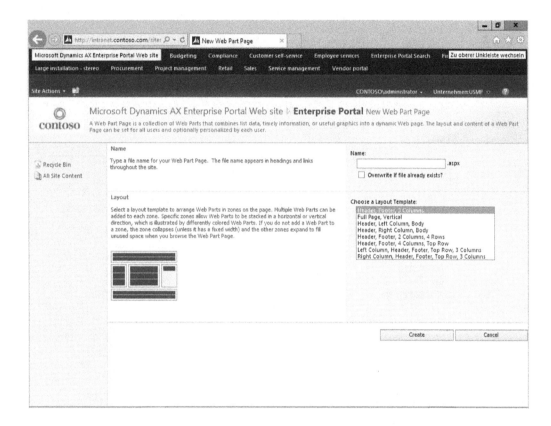

Daraufhin wird eine Seite zur Erstellung einer New Web Part Page geöffnet.

Lass Benutzer als etwas besonderes erscheinen durch das Erstellen neuer Rollencenter

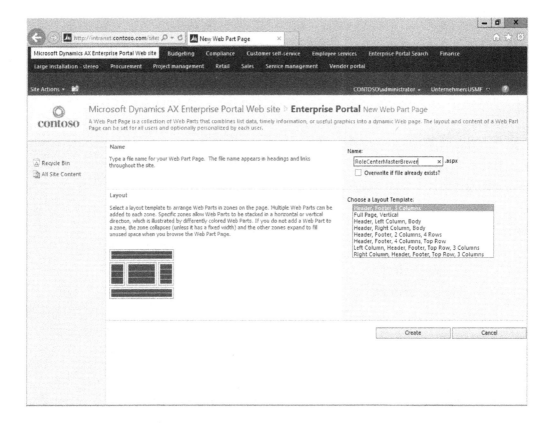

Geben Sie Ihrer Rollencenter-Vorlage einen Namen und klicken Sie auf Create.

Beachte: Sie können das Layout Ihrer Vorlage ändern, aber es ist besser, die Vorgabe zu verwenden.

Lass Benutzer als etwas besonderes erscheinen durch das Erstellen neuer Rollencenter

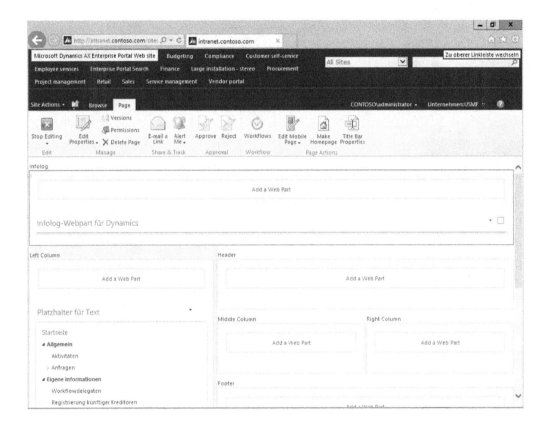

Nachdem das neue Rollencenter erstellt wurde, befinden Sie sich im Bearbeitungs-modus für die Seite. Um Einstellungen an der Seite vorzunehmen, klicken Sie in irgendeiner Spalte auf Add a Web Part.

Lass Benutzer als etwas besonderes erscheinen durch das Erstellen neuer Rollencenter

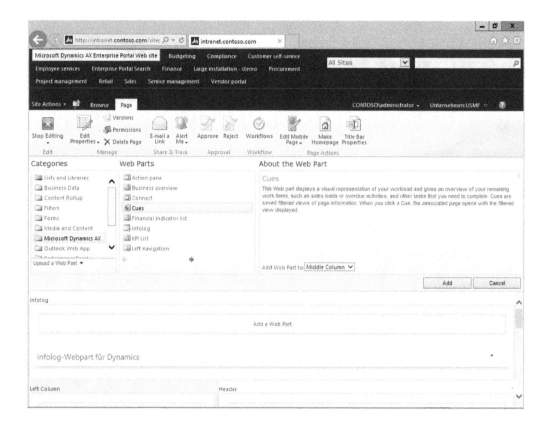

Daraufhin wird oberhalb der Seite der Web Part Browser geöffnet. Wählen Sie einen standardmäßig mit SharePoint und Dynamics AX gelieferten Web Part, den Sie der Seite ergänzen möchten, und klicken dann auf Add.

Lass Benutzer als etwas besonderes erscheinen durch das Erstellen neuer Rollencenter

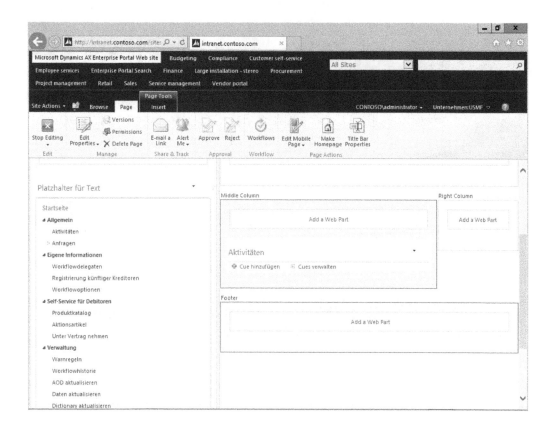

In diesem Fall ergänzen wir das Cues Control der Seite.

Lass Benutzer als etwas besonderes erscheinen durch das Erstellen neuer Rollencenter

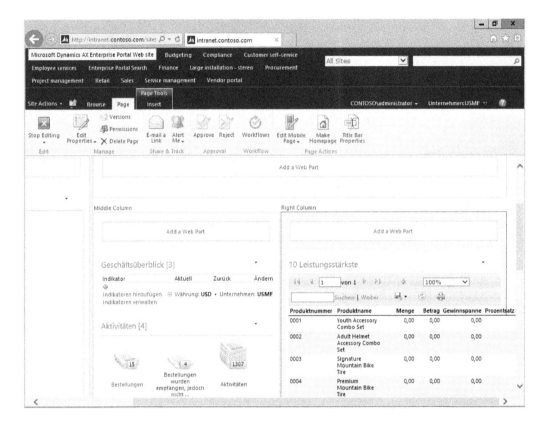

Sie können fortfahren, Web Parts hinzuzufügen, bis Sie mit der Vorlage zufrieden sind. Dann klicken Sie auf Stop Editing in der Aktionsleiste.

Lass Benutzer als etwas besonderes erscheinen durch das Erstellen neuer Rollencenter

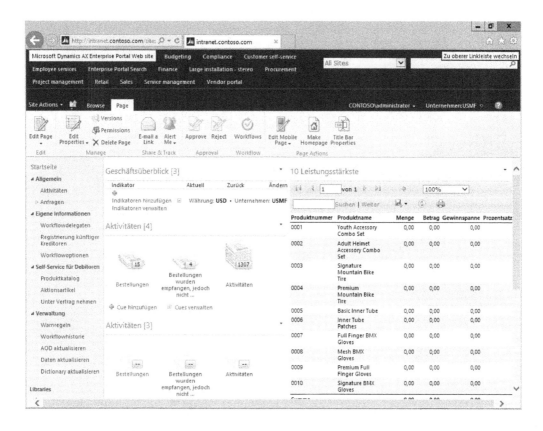

Das bringt Sie in den Ansichtsmodus zurück, und Sie haben die Erstellung eines Rollencenters erfolgreich beendet.

Lass Benutzer als etwas besonderes erscheinen durch das Erstellen neuer Rollencenter

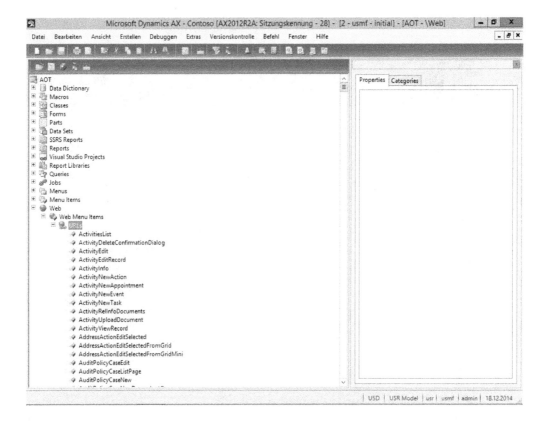

Der nächste Schritt ist die Erstellung eines Menüpunktes für das Rollencenter im AOT. Dazu gehen Sie direkt in den AOT Baum und drillen in den URL Knoten im Ordner Web Menu Items.

Lass Benutzer als etwas besonderes erscheinen durch das Erstellen neuer Rollencenter

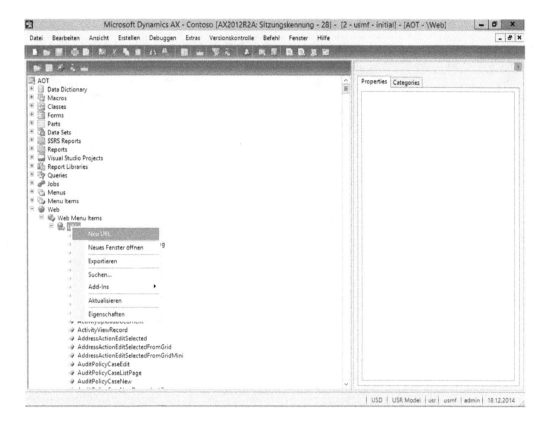

Klicken Sie auf dem URL Knoten die rechte Maustaste, und wählen Sie im Kontextmenü den Menüpunkt Neu URL.

Lass Benutzer als etwas besonderes erscheinen durch das Erstellen neuer Rollencenter

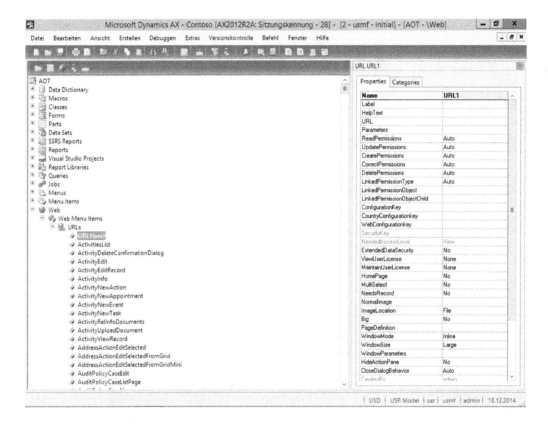

Jetzt wurde ein neuer URL Datensatz erstellt, den wir konfigurieren werden, um auf unser zuvor erstelltes Rollencenter zu zeigen.

Lass Benutzer als etwas besonderes erscheinen durch das Erstellen neuer Rollencenter

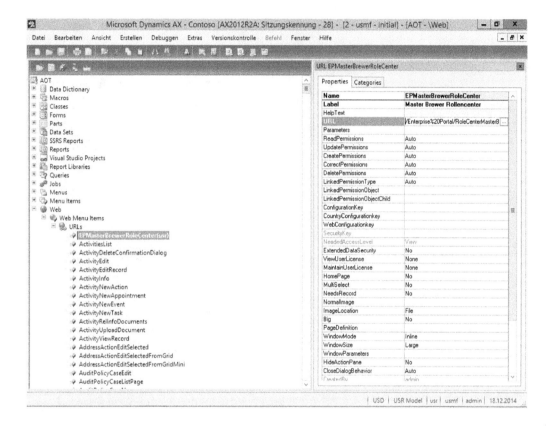

Geben Sie den URL Objekt einen Namen und eine Bezeichnung (Label).

Im Feld URL geben Sie den relativen Pfad für Ihr Rollencenter ein. Es wird wahrscheinlich sein:

/Enterprise Portal/RoleCenterName.aspx

Lass Benutzer als etwas besonderes erscheinen durch das Erstellen neuer Rollencenter

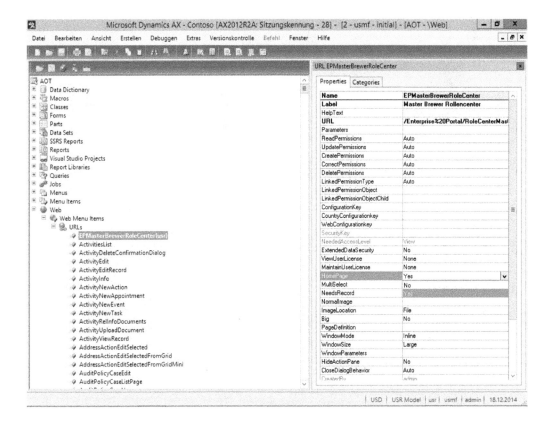

Außerdem sollten Sie das Feld HomePage auf Yes setzen. Wenn Sie das unterlassen, wird das Rollencenter in einem anderen Fenster geöffnet.

Lass Benutzer als etwas besonderes erscheinen durch das Erstellen neuer Rollencenter

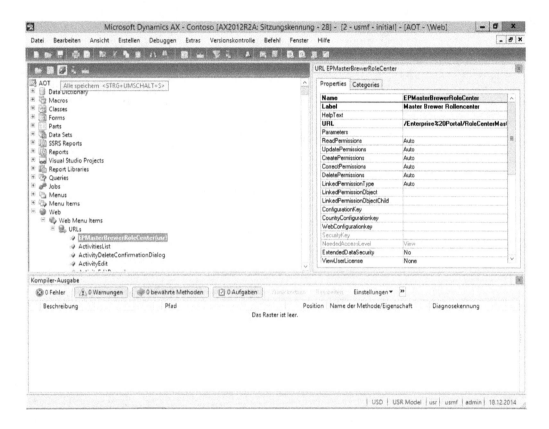

Sobald das getan ist, klicken Sie in der Aktionsleiste auf Speichern.

Lass Benutzer als etwas besonderes erscheinen durch das Erstellen neuer Rollencenter

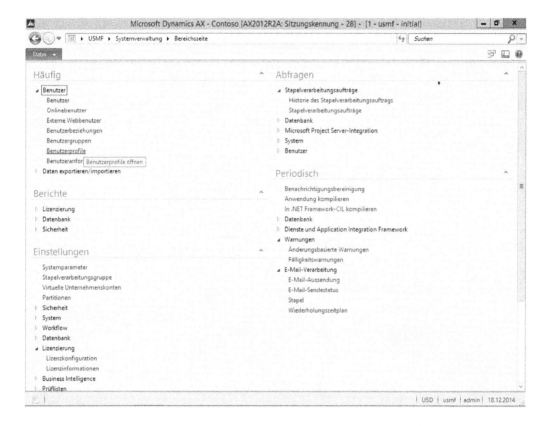

Jetzt werden wir ein neues Benutzerprofil erstellen. Dazu klicken Sie auf den Menüpunkt Benutzerprofile im Ordner Benutzer unter Häufig im Modul Systemverwaltung.

Lass Benutzer als etwas besonderes erscheinen durch das Erstellen neuer Rollencenter

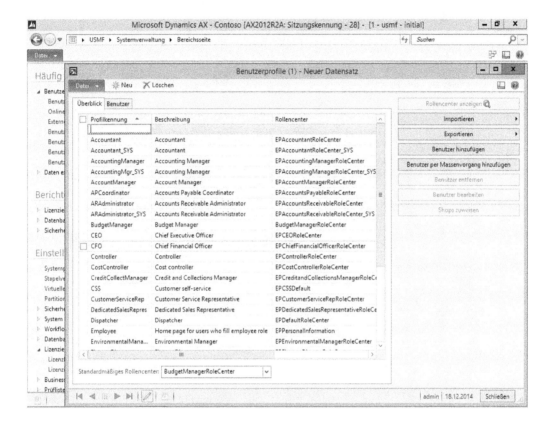

Daraufhin wird eine Liste mit allen Benutzerprofilen angezeigt. Klicken Sie auf Neu in der Aktionsleiste, um einen neuen Datensatz zu erstellen.

Lass Benutzer als etwas besonderes erscheinen durch das Erstellen neuer Rollencenter

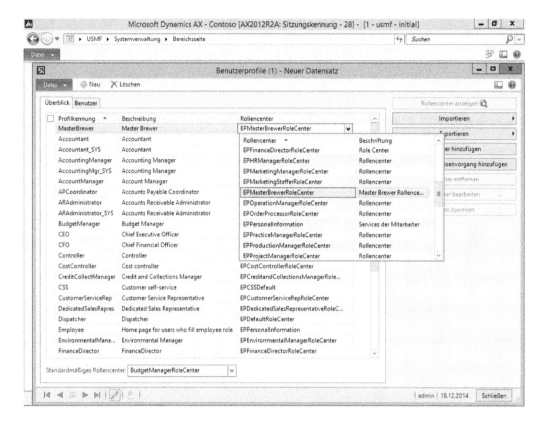

Sie können Ihrem neuen Profil einen Namen und eine Beschreibung geben und in der Auswahlliste im Feld Rollencenter sollten Sie Ihr neues Rollencenter finden, das Sie zuvor erstellt haben.

Lass Benutzer als etwas besonderes erscheinen durch das Erstellen neuer Rollencenter

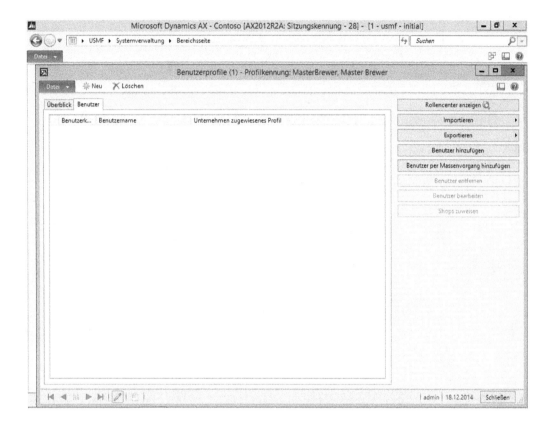

Dann klicken Sie auf das Register Benutzer. Um Ihr Profil zuzuweisen klicken Sie rechts auf Benutzer hinzufügen.

Lass Benutzer als etwas besonderes erscheinen durch das Erstellen neuer Rollencenter

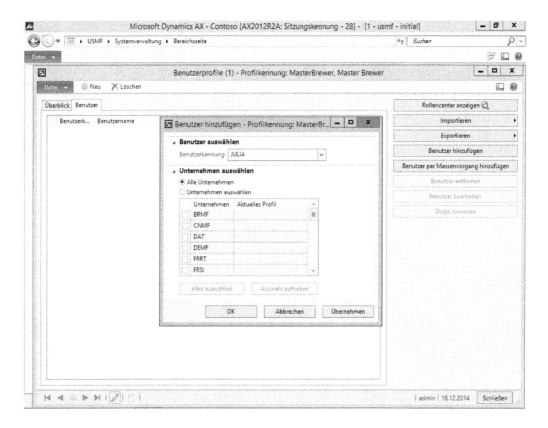

Jetzt können Sie den Benutzer wählen, den Sie das Profil zuordnen wollen, und klicken danach auf OK.

Lass Benutzer als etwas besonderes erscheinen durch das Erstellen neuer Rollencenter

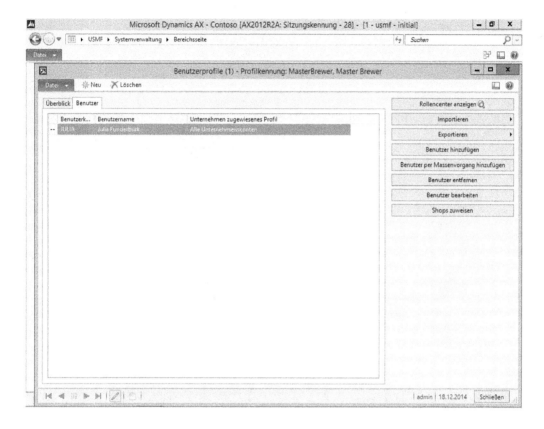

Das war es !

Lass Benutzer als etwas besonderes erscheinen durch das Erstellen neuer Rollencenter

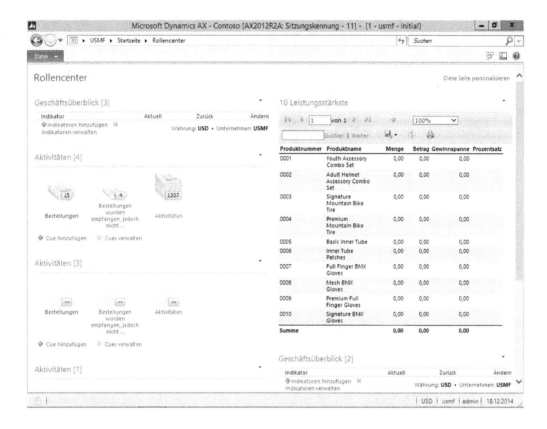

Wenn sich der Benutzer das nächste Mal einloggt, wird das Rollencenter, das Sie erstellt haben, die neue Vorlage sein.

Lass Benutzer als etwas besonderes erscheinen durch das Erstellen neuer Rollencenter

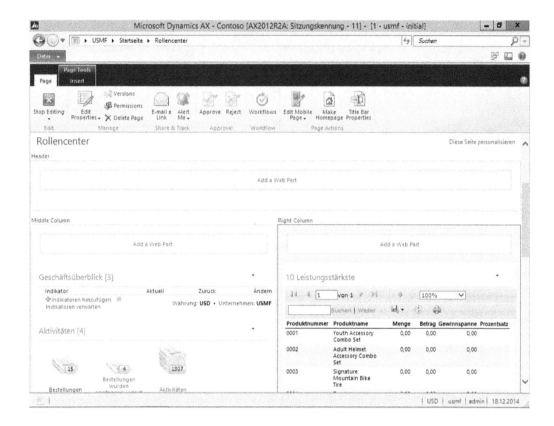

Und Ihr Benutzer ist sogar in der Lage, sein eigenes benutzerspezifisches Rollencenter zu personalisieren.

Very cool.

Gestalte Masken aufregender mit optischen Hinweisen

Hinweise begegnen uns ständig. Sie bekommen welche beim Überprüfen Ihres Lieblingsrestaurants mit Hilfe von Foursquare, beim Schreiben von Code in Visualstudio, und Sie werden Hinweise definitiv bekommen bei irgendeinem Spiel, das Sie auf Ihrem Phone spielen. Warum nicht auch Hinweise in Ihren Dynamics AX Masken ergänzen ...

In den unsterblichen Worten von Stan... Ich muß über Ihr Flair sprechen.

Gestalte Masken aufregender mit optischen Hinweisen

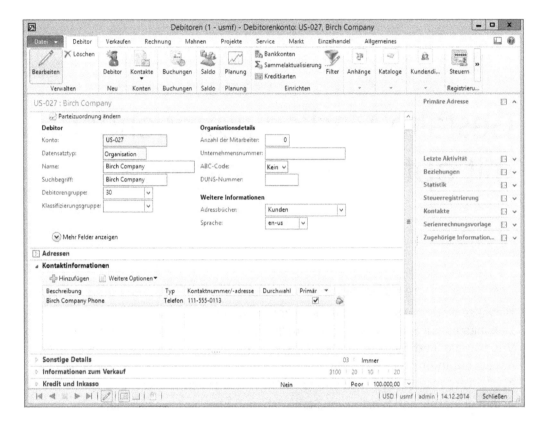

Beginnen Sie mit dem Auffinden der Maske, der Sie Ihre Hinweise ergänzen möchten.

Gestalte Masken aufregender mit optischen Hinweisen

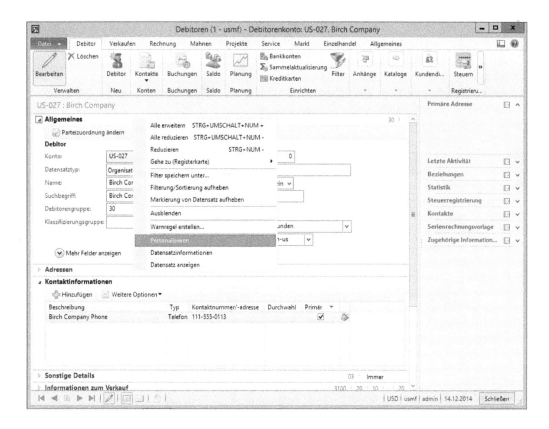

Klicken Sie in der Maske die rechte Maustaste, und wählen Sie die Option Personalisieren im Auswahlmenü.

Gestalte Masken aufregender mit optischen Hinweisen

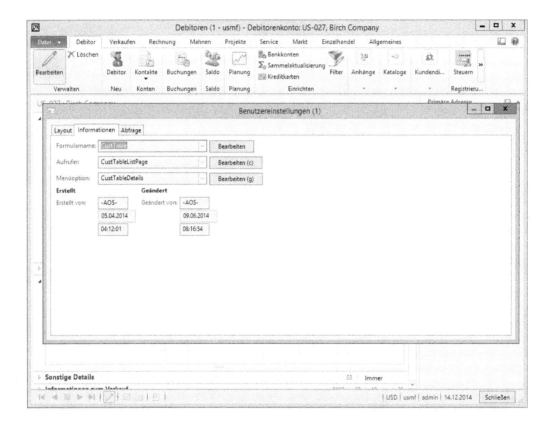

Im Personaliserungs-Formular wechseln Sie zum Register Informationen und klicken rechts vom Feld Formularname auf den Schaltknopf Bearbeiten.

Gestalte Masken aufregender mit optischen Hinweisen

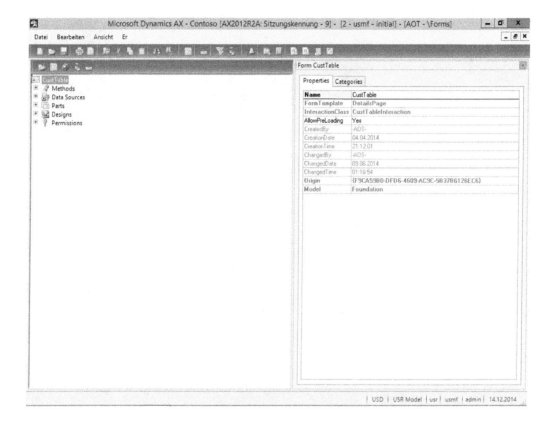

Daraufhin wird der AOT Explorer mit dem Formular geöffnet, das wir ausgewählt haben.

Gestalte Masken aufregender mit optischen Hinweisen

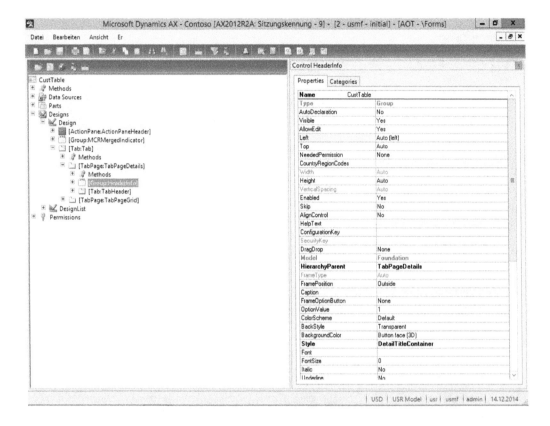

Erweitern Sie den Bereich Design zu der Stelle, wo Sie Ihren optischen Hinweis ergänzen wollen. In diesem Fall möchten wir in unterhalb der Überschrift der Formulardetails hinzufügen.

Gestalte Masken aufregender mit optischen Hinweisen

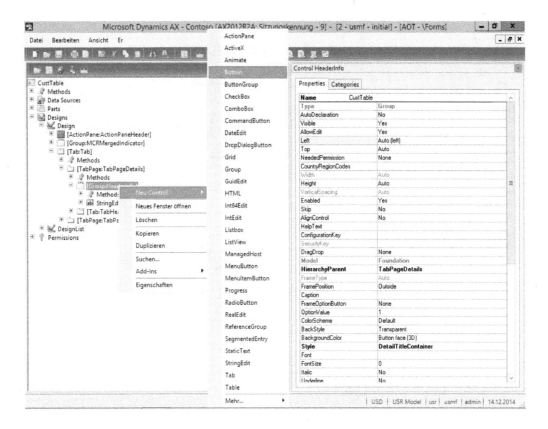

Klicken Sie die rechte Maustaste im Gruppen-Kopf und wählen die Option Neu Control im Auswahlmenü und dann den Control Button.

Gestalte Masken aufregender mit optischen Hinweisen

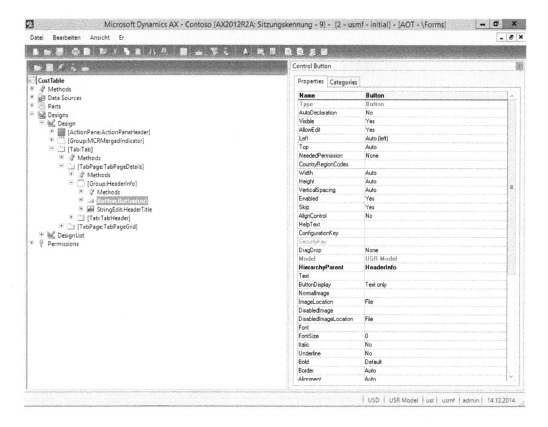

Daraufhin wird ein neuer Button Control der Gruppe hinzugefügt.

Gestalte Masken aufregender mit optischen Hinweisen

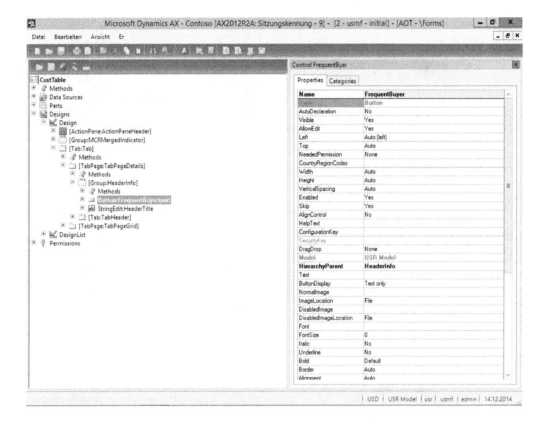

Im Panel Eigenschaften überschreiben Sie den Namen.

Gestalte Masken aufregender mit optischen Hinweisen

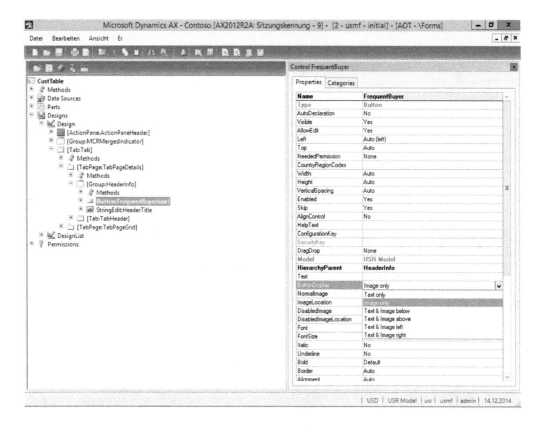

Setzen Sie die Eigenschaft ButtonDisplay auf Image Only.

Gestalte Masken aufregender mit optischen Hinweisen

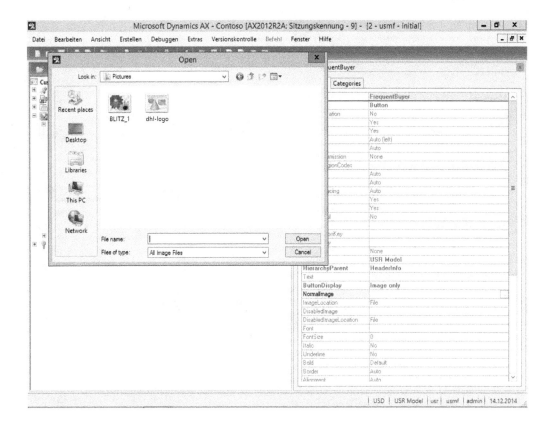

Dann klicken Sie auf ... rechts von der Eigenschaft NormalImage, so dass Sie browsen und ein Bild wählen können, das als Button angezeigt wird.

Gestalte Masken aufregender mit optischen Hinweisen

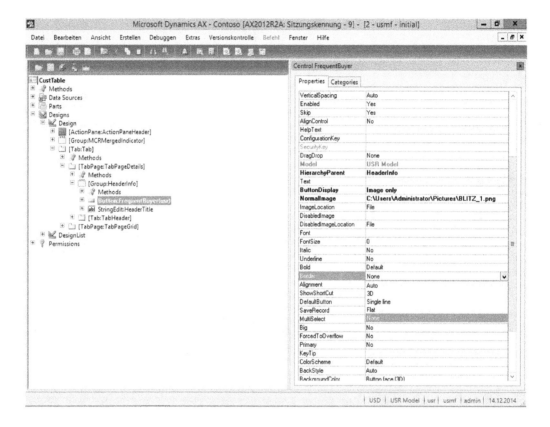

Setzen Sie Border auf None, so dass der Button als flaches Bild gezeigt wird … Das sieht freundlicher aus.

Gestalte Masken aufregender mit optischen Hinweisen

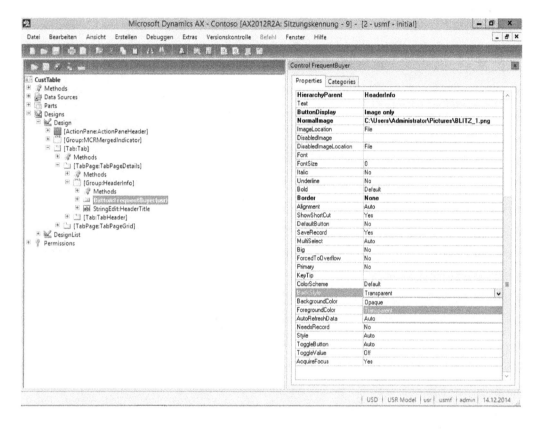

Zum Abschluß setzen Sie BackStyle auf Transparent, damit es nicht wie ein Button aussieht ☺

Gestalte Masken aufregender mit optischen Hinweisen

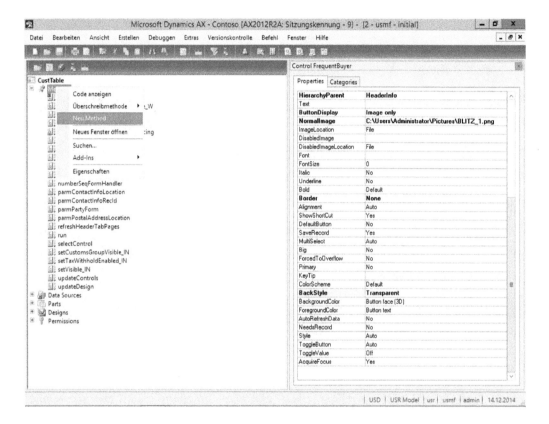

Jetzt müssen wir nur noch eine Methode erstellen, mit der wir Dynamics AX sagen möchten, wann wir den Hinweis anzeigen wollen oder wann nicht. Dazu klicken Sie auf dem Ordner Methode die rechte Maustaste und wählen den Menüpunkt Neu Method.

Gestalte Masken aufregender mit optischen Hinweisen

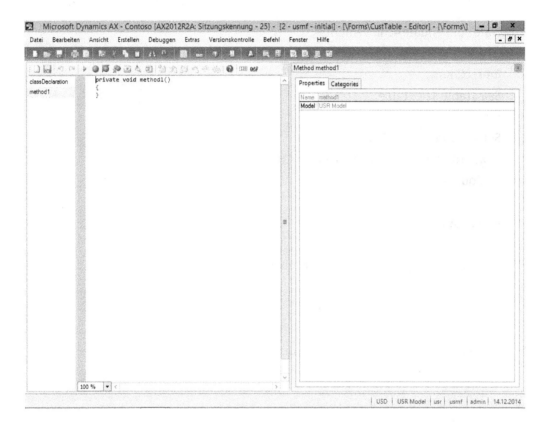

Daraufhin wird ein neues X++ Editorfenster geöffnet.

Gestalte Masken aufregender mit optischen Hinweisen

```
private void updateAchievements()
{
  int recCount;
  SalesTable salesTable;
  ;
  Select count(RecId) From salesTable
     where salesTable.CustAccount == CustTable.AccountNum;
  recCount = salesTable.RecId;

  if (recCount > 1)
  {
  element.design().controlName("FrequentBuyer").visible(true);
  }
  else
  {
  element.design().controlName("FrequentBuyer").visible(false);
  }
}
```

Ersetzen Sie den Code in der Methode mit folgenden Code.

Gestalte Masken aufregender mit optischen Hinweisen

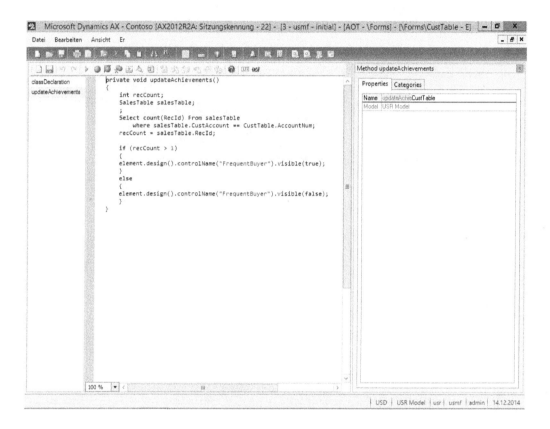

Sobald Sie den Code aktualisiert haben, können Sie den Editor schließen.

Gestalte Masken aufregender mit optischen Hinweisen

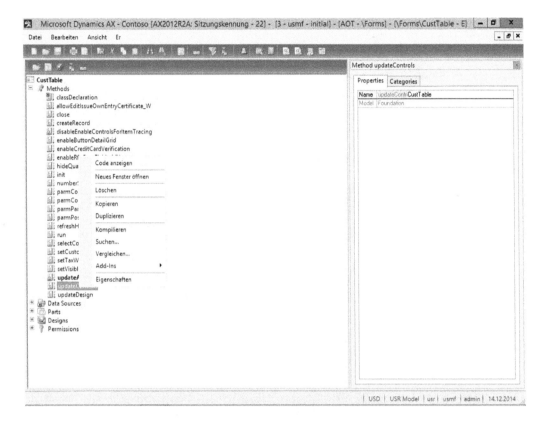

Jetzt haben wir den Rahmen für unseren Hinweis. Als nächstes müssen wir den Formular sagen, dass bei jeden Datensatz ein Auffrischen (Refresh) durchgeführt werden soll. Dazu erweitern wir den Ordner Methode und Doppelklicken auf die Methode UpdateControls.

Gestalte Masken aufregender mit optischen Hinweisen

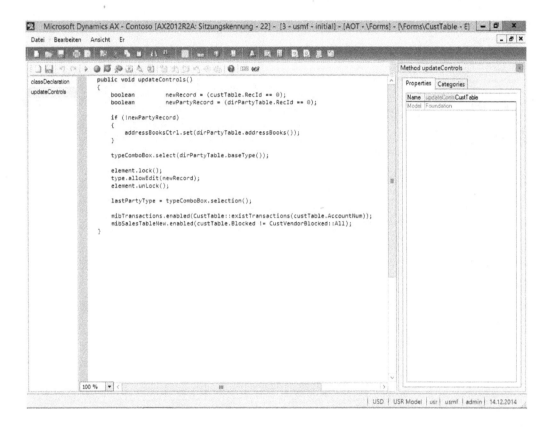

Daraufhin wird der X++ Editor geöffnet mit dem Code, der jedesmal ausgeführt wird, wenn der Datensatz aufgefrischt oder geändert wird.

Gestalte Masken aufregender mit optischen Hinweisen

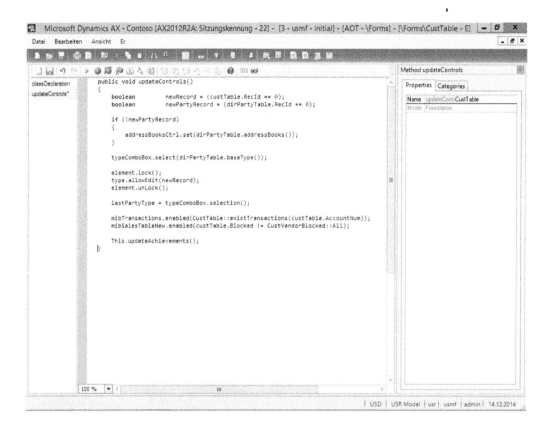

Ergänzen Sie folgenden Code im Fuß der Methode:

This.updateAchievements();

Sobald das getan ist, speichern Sie die Änderungen und verlassen die Entwicklungsumgebung (AOT).

Gestalte Masken aufregender mit optischen Hinweisen

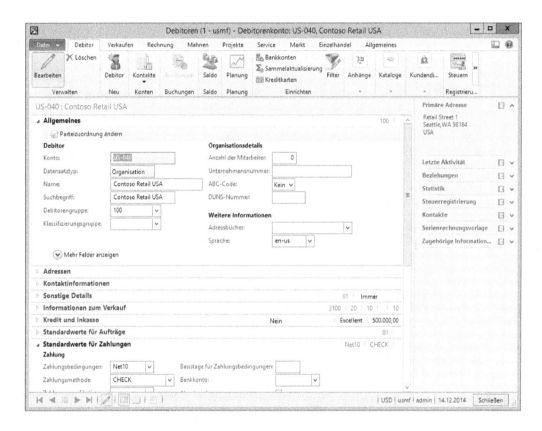

Wenn wir nun die Maske öffnen, und die Bedingung zutrifft (in unserem Fall mehr als ein Auftrag für den Kunden vorhanden) sieht alles ganz normal aus.

Gestalte Masken aufregender mit optischen Hinweisen

Aber wenn das Kriterium nicht zutrifft, wird ein Bild als Hinweis eingeblendet.

How cool is that.

Wähle das Ziel, wenn Sie Einblendbenachrichtigungen anklicken

Einblendbenachrichtigungen sind großartig, weil die Einblendung jedesmal wie eine persönliches Geschenk wirkt, das Ihnen Dynamics AX sendet. Sie können eine personalisierte Benachrichtigung erhalten, die Sie selbst aufgesetzt haben, oder Sie werden aufgefordert, bei einer Workflow Aufgabe zu helfen, um das Geschäft zu optimieren. Sie können individuell justieren, was geschehen soll, wenn Sie auf den Link klicken. Falls Sie mehr ein vorsichtiger Typ sind, dann kann Sie der Link zu den Benachrichtigungsdetails führen, wo Sie zuerst darüber nachdenken können, was Sie zu tun gedenken. Wenn Sie mehr eine impulsive Person sind, dann können Sie jede Vorsicht aufgeben und sich geradewegs vom Link zur Transaktion begeben, um die Dinge sofort zu erledigen.

So oder so bin ich mir sicher, Sie werden aufgeregt sein zu sehen, was die Benachrichtigung für ...

Wähle das Ziel, wenn Sie Einblendbenachrichtigungen anklicken

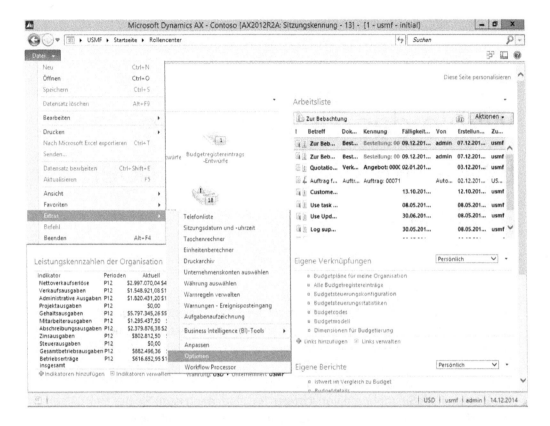

Um zu wählen, was geschehen soll, wenn Sie in Dynamics AX auf eine Benachrichtigung klicken, klicken Sie auf den Menübefehl Datei, wählen das Untermenü Extras und anschließend den Menüpunkt Optionen.

Wähle das Ziel, wenn Sie Einblendbenachrichtigungen anklicken

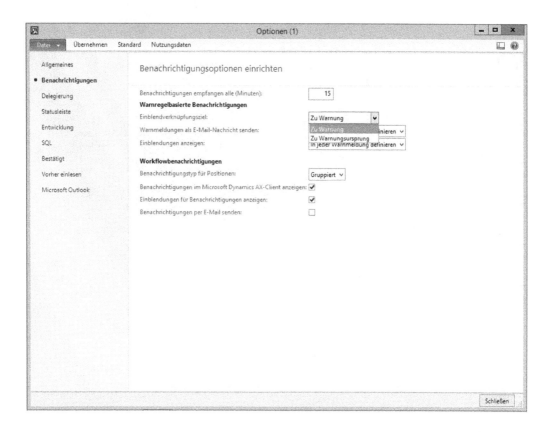

Wenn die Dialogbox Optionen angezeigt wird, wechseln Sie zur Seite Benachrichtigungen. Sie können das Feld Einblendverknüpfungsziel erkennen. Um zu den Benachrichtigungsdetails zu gelangen, wählen Sie die Option Zu Warnung aus und verlassen danach mit Schließen das Formular.

Wähle das Ziel, wenn Sie Einblendbenachrichtigungen anklicken

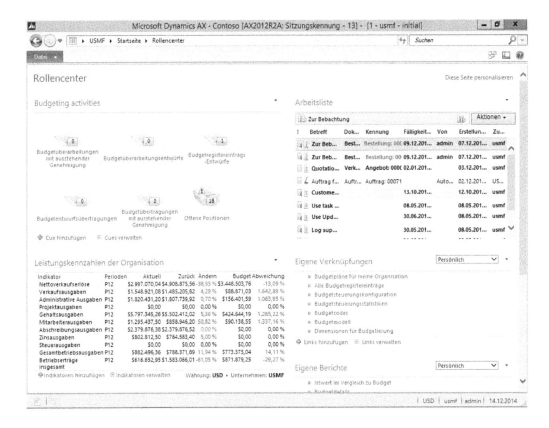

Warten Sie jetzt auf eine Benachrichtigung und klicken dann darauf.

Wähle das Ziel, wenn Sie Einblendbenachrichtigungen anklicken

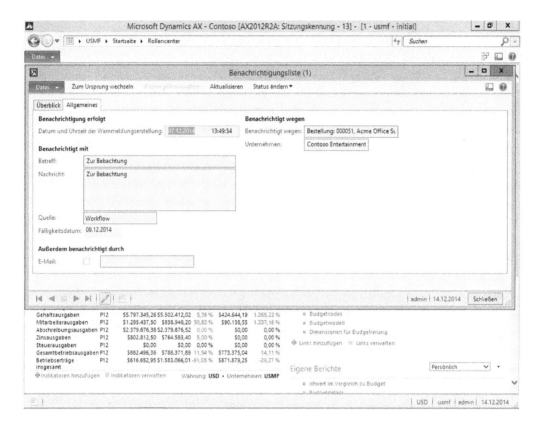

Ein Klick auf die Benachrichtigung führt Sie direkt in die Benachrichtigungsdetails mit der Meldungsinformation, und von hier können Sie in der Menüleiste auf Zum Ursprung Wechseln klicken, um zur Original-Transaktion zu navigieren.

Wähle das Ziel, wenn Sie Einblendbenachrichtigungen anklicken

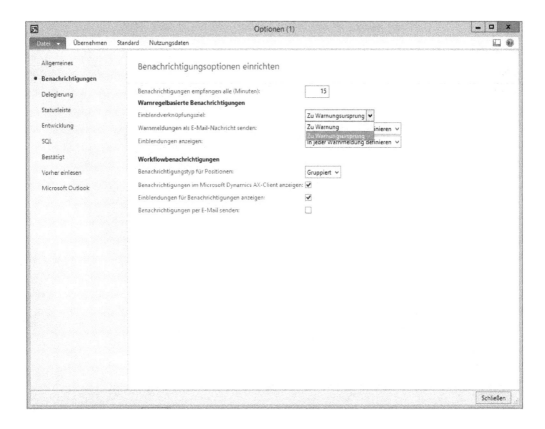

Wenn Sie den Benachrichtigungs-Bildschirm umgehen und direkt zur Transaktion gelangen möchten, kehren Sie zu den Optionen zurück und ändern das Einblend-verknüpfungsziel auf Zu Warnungsursprung.

Wähle das Ziel, wenn Sie Einblendbenachrichtigungen anklicken

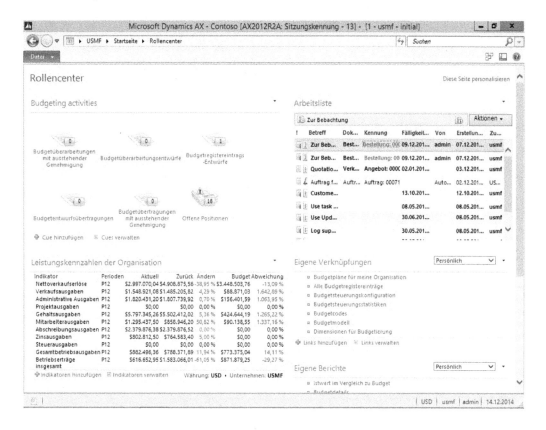

Klicken Sie jetzt erneut auf eine Benachrichtigung.

Wähle das Ziel, wenn Sie Einblendbenachrichtigungen anklicken

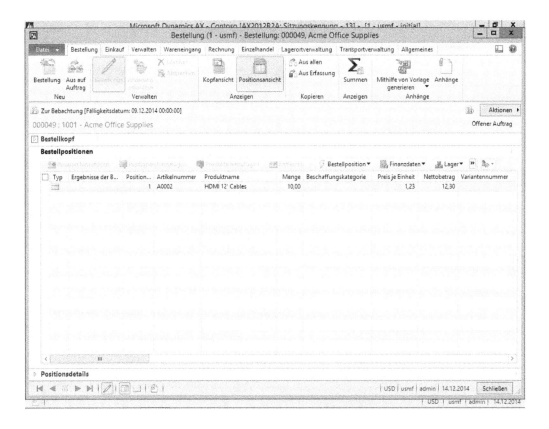

Jetzt gelangen Sie unmittelbar zu der Transaktion, die die Meldung verursacht hat.

Ripping wrapping paper off presents is much more fun.

Entrümple das System durch Abschalten von nicht benötigten Lizenz Features

Dynamics AX ist rappelvoll mit nützlichen Funktionen, aber wahrscheinlich werden Sie einige in den wenigsten Fällen nutzen, und in anderen Situationen jedoch werden andere Personen ein einzelnes Feature benötigen, das Sie niemals in Erwägung gezogen hätten. Anstatt alles im System zu aktivieren, können Sie das Lizenzkonfigurations-Werkzeug verwenden, um all das zu deaktivieren, was nicht in Formularen und in den Menüs angezeigt werden soll. Falls Sie später die Funktion doch einmal benötigen sollten, dann können Sie das Feature jederzeit wieder anschalten.

Seien Sie nicht so überspannt wie ein Hamster, wenn es um ERP Feature geht.

Entrümple das System durch Abschalten von nicht benötigten Lizenz Features

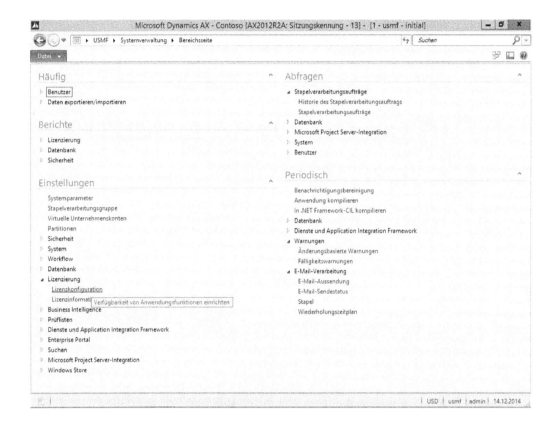

Dazu klicken Sie auf den Menüpunkt Lizenzkonfiguration im Ordner Lizenzierung unter Einstellungen im Modul Systemverwaltung.

Entrümple das System durch Abschalten von nicht benötigten Lizenz Features

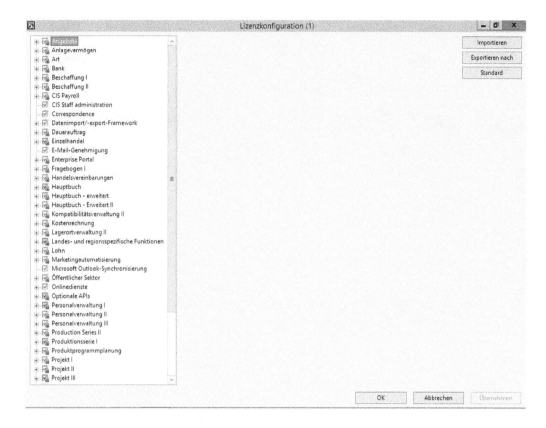

Im Formular Lizenzkonfiguration können Sie all die verschiedenen Konfigurations-optionen sehen, die im System verfügbar sind.

Entrümple das System durch Abschalten von nicht benötigten Lizenz Features

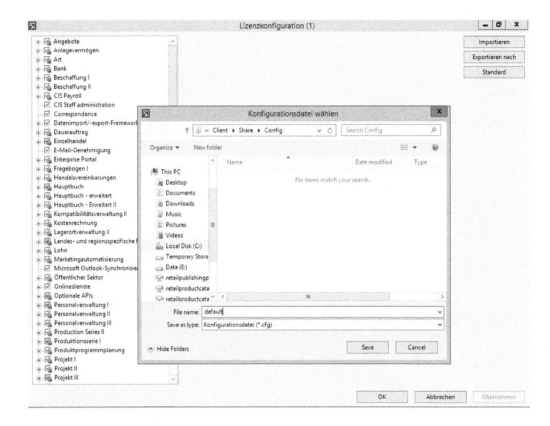

Tip: Bevor Sie weiter machen, sichern Sie mit Klick auf Exportieren nach Ihre derzeitige Konfiguration für den Fall, dass Sie den Ursprungszustand der Features wiederherstellen wollen.

Entrümple das System durch Abschalten von nicht benötigten Lizenz Features

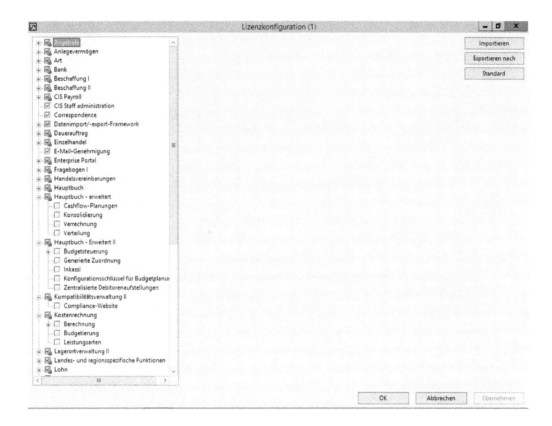

Jetzt können Sie durch all die verschiedenen Optionen gehen und die Features deaktivieren, die Sie nicht benötigen. Wenn Sie es besonders einfach haben wollen, dann klicken Sie auf Standard, um alle zu deaktivieren, außer den allernötigsten.

Entrümple das System durch Abschalten von nicht benötigten Lizenz Features

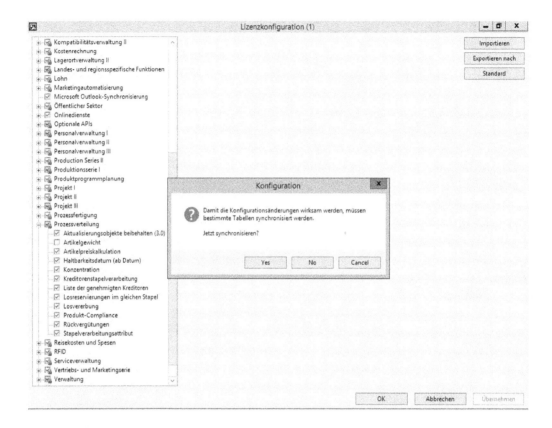

Nachdem Sie Ihre Lizenzoptionen aufgeräumt haben, klicken Sie auf OK. Sie werden gefragt, ob Sie eine Synchronisierung durchführen möchten. Dabei wird durch sämtliche Tabellen hindurchgegangen und alle notwendigen Anpassungen für Sie vorgenommen.

Entrümple das System durch Abschalten von nicht benötigten Lizenz Features

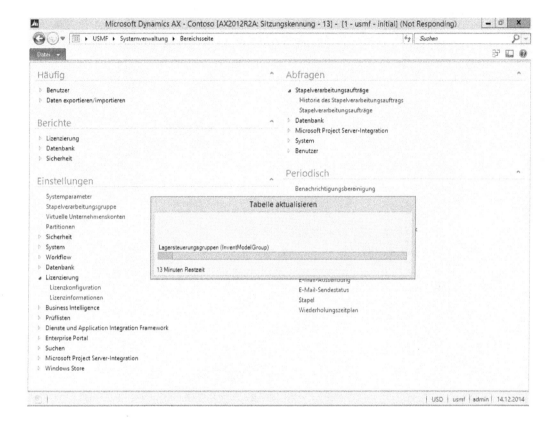

Sie können sich nun einen Kaffee holen, solange dieser Vorgang läuft.

Entrümple das System durch Abschalten von nicht benötigten Lizenz Features

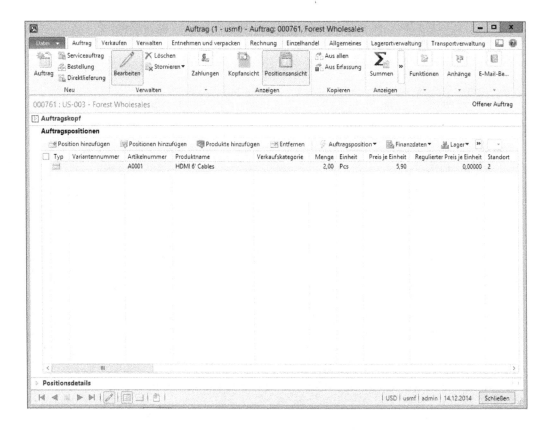

Nachdem die Synchronisation abgeschlossen ist, werden Sie bemerken, dass nicht mehr soviel Schnickschnack im System konfiguriert ist. Zum Beispiel: Wenn Sie die Option Artikelgewicht deaktivieren, schaut der Auftragsbildschirm viel kompakter aus.

Entrümple das System durch Abschalten von nicht benötigten Lizenz Features

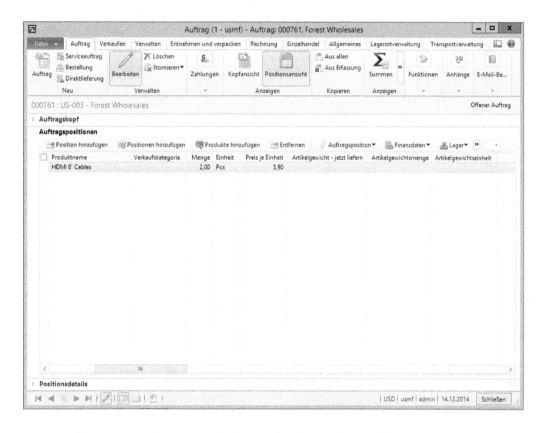

Wenn alle Optionen aktiviert sind, sind viel mehr Spalten verfügbar, die von Ihnen verdeckt werden müßten.

Entrümple das System durch Abschalten von nicht benötigten Lizenz Features

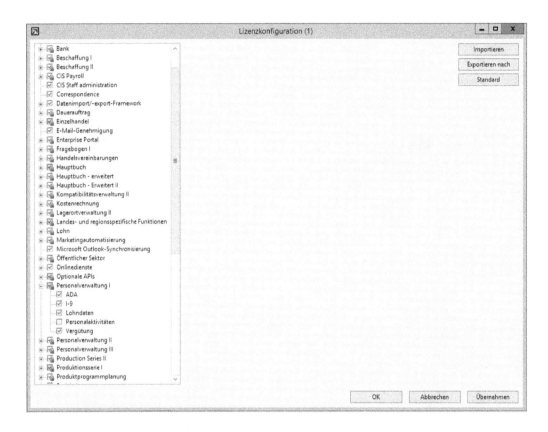

Nur am Rande bemerkt: Um nicht irgendein Feature zu übersehen, kann es ratsam sein, die Lizenzkonfiguration durchzusehen, um eventuell Optionen aufzuspüren, die Sie vermissen.

Entrümple das System durch Abschalten von nicht benötigten Lizenz Features

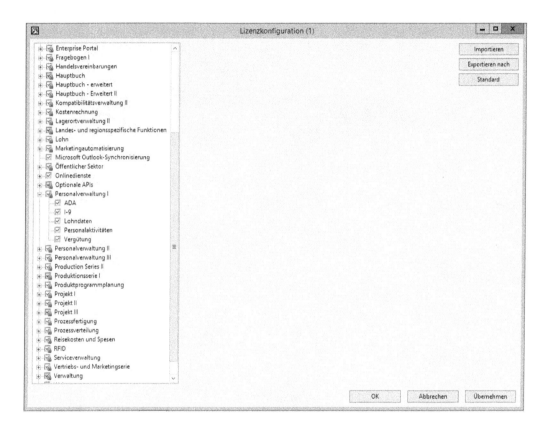

Um sicherzustellen, dass Sie nicht etwas verpassen, können Sie weitere Features wie Personalaktivitäten freigeben.

Entrümple das System durch Abschalten von nicht benötigten Lizenz Features

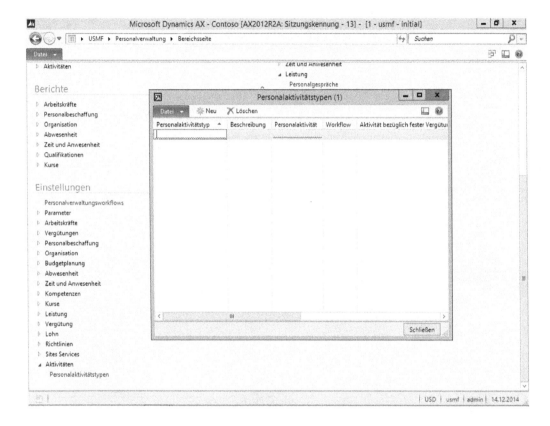

Und wie durch ein Wunder haben Sie plötzlich neue Funktionen, die Sie bisher nicht kannten und genutzt haben.

Ergänze Menüpunkte im Menü Extras

Sie wissen sicherlich bereits, dass Sie eigene Menüpunkte und Menüs innerhalb Dynamics AX erstellen können, aber zusätzlich zu der Möglichkeit, Navigationsmenüs in den Bereichsseiten zu ändern, können Sie ebenso das Menü Extras aktualisieren, um irgendein Utility oder eine Maske hinzuzufügen, auf die der Anwender Zugriff haben sollte. In diesem Fall benötigt der Benutzer keinen Zugriff auf den AOT (Application Object Tree), um diese verborgenen Hilfsprogramme öffnen zu können.

Falls Sie wirklich clever sein wollen, können Sie auch Tetris hinzufügen.

Ergänze Menüpunkte im Menü Extras

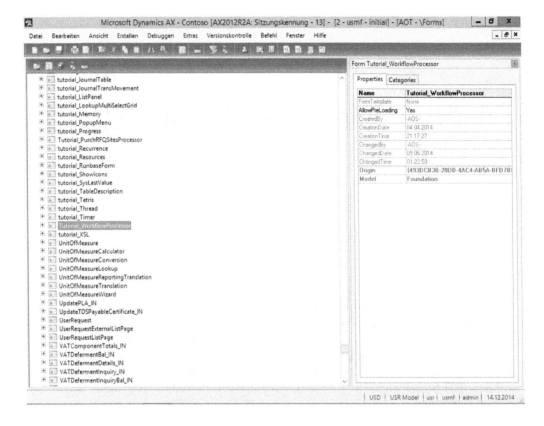

Beginnen Sie, indem Sie den AOT öffnen und den Menüpunkt finden, den Sie dem Menü Extras hinzufügen möchten.

Ergänze Menüpunkte im Menü Extras

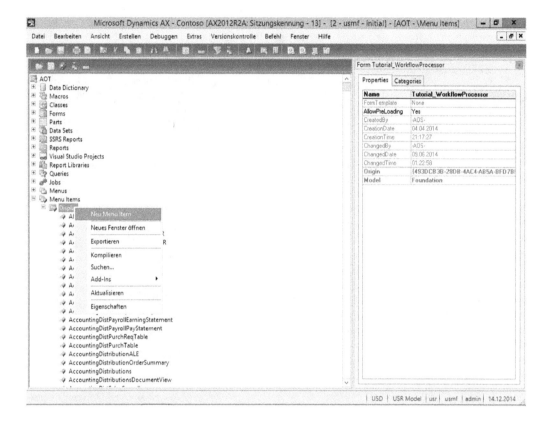

Als nächstes erstellen wir ein Menüpunkt. Dazu navigieren wir zum Ordner Menu Items, klicken auf dem Display-Knoten die rechte Maustaste und wählen den Menüpunkt Neu Menu Item.

Ergänze Menüpunkte im Menü Extras

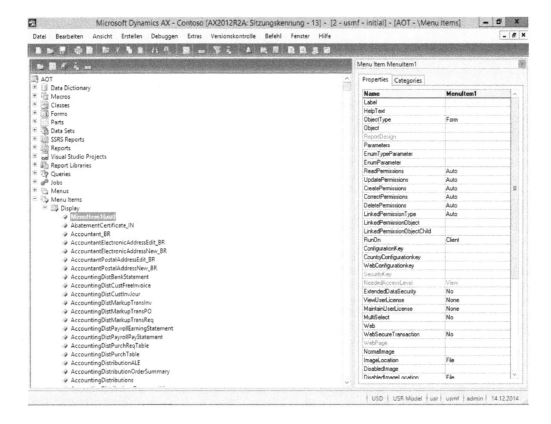

Daraufhin wird ein neues Menu Item Element erstellt.

Ergänze Menüpunkte im Menü Extras

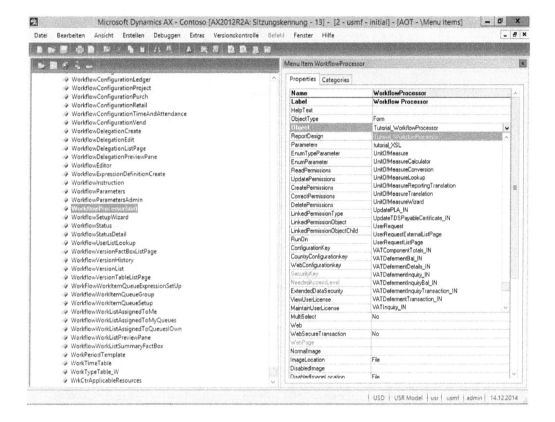

Geben Sie dem neuen Menüpunkt einen Namen und eine Bezeichnung (Label), und wählen Sie aus der Object Auswahlliste das Formular, das Sie dem Menü ergänzen wollen.

Ergänze Menüpunkte im Menü Extras

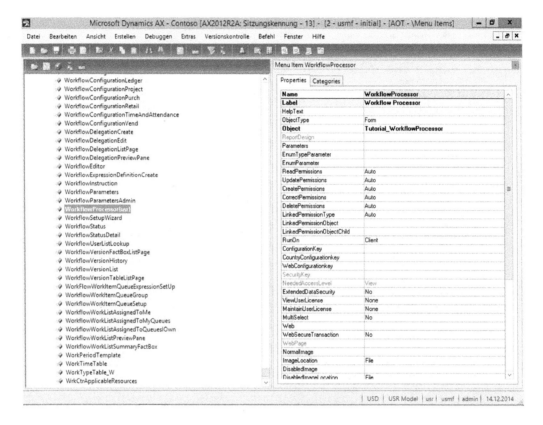

Weitere Änderungen müssen Sie den Menu Item Control nicht hinzufügen.

Ergänze Menüpunkte im Menü Extras

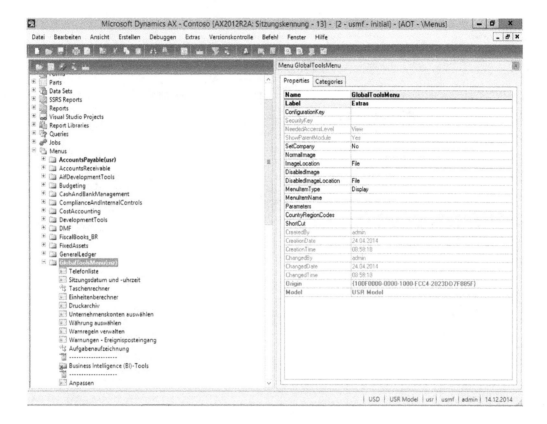

Jetzt werden wir den Menüpunkt dem Menü Extras ergänzen. Dazu erweitern Sie den Ordner Menus und finden den Menüpunkt GlobalToolsMenu.

Ergänze Menüpunkte im Menü Extras

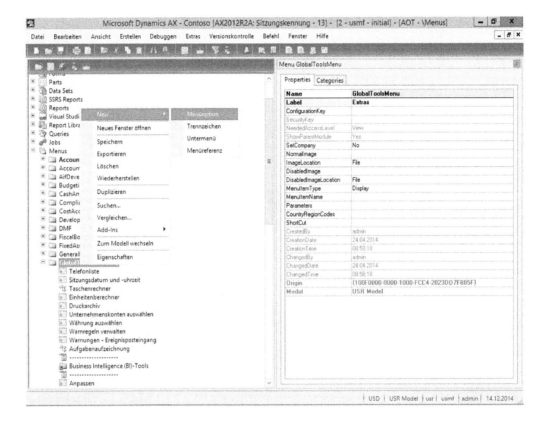

Klicken Sie auf GlobalToolsMenu die rechte Maustaste, wählen Neu und Menüoption.

Ergänze Menüpunkte im Menü Extras

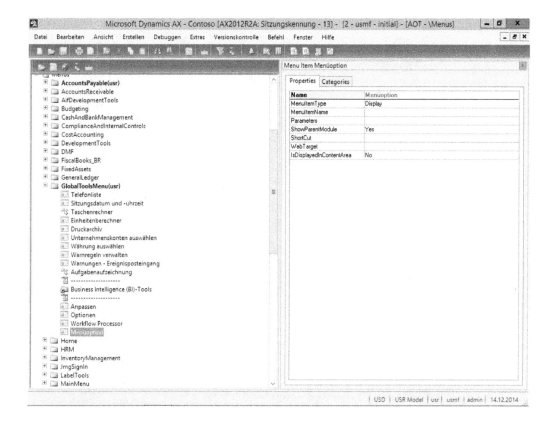

Daraufhin wird ein neuer Menüpunkt im GlobalToolsMenu erstellt.

Ergänze Menüpunkte im Menü Extras

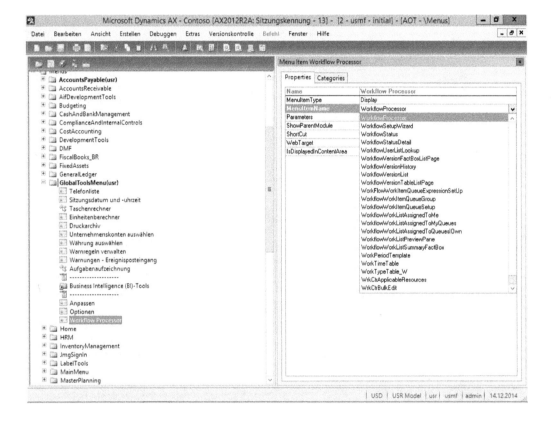

In der Auswahlliste MenuItemName finden Sie den neuen Menüpunkt, den Sie vorher erstellt haben.

Ergänze Menüpunkte im Menü Extras

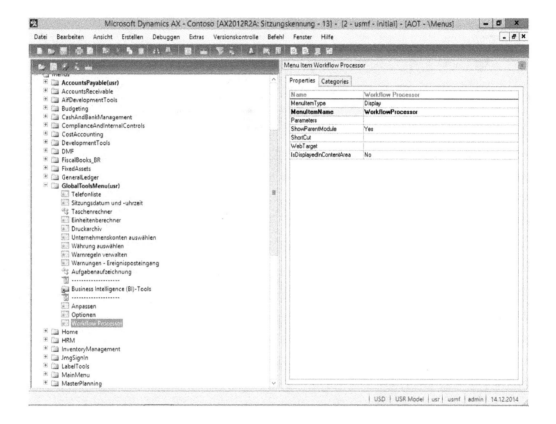

Die Eigenschaften werden für Sie automatisch von den MenuItem Details übernommen.

Ergänze Menüpunkte im Menü Extras

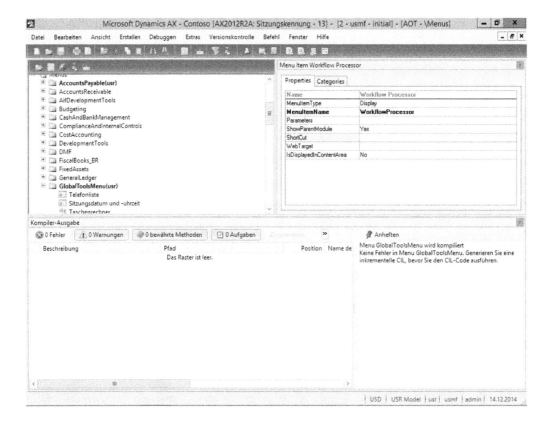

Sie müssen jetzt nur noch auf Speichern klicken, um den Code zu aktualisieren.

Ergänze Menüpunkte im Menü Extras

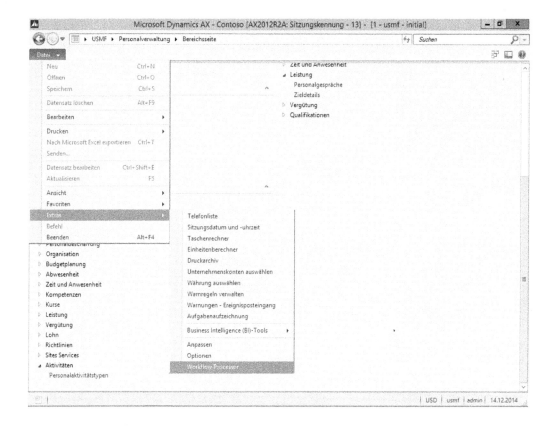

Wenn Sie jetzt das Untermenü Extras öffnen, können Sie den neuen Menüpunkt sehen.

Ergänze Menüpunkte im Menü Extras

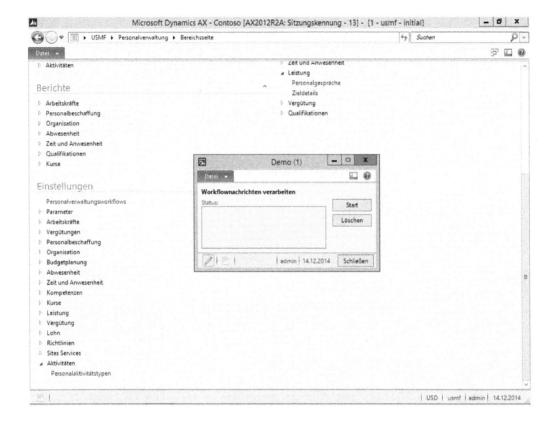

Ein Klick darauf öffnet das entsprechende Formular.

That's too simple.

Erstelle Verbundmenüs, die Funktionen aus verschiedenen Bereichen kombinieren

Wenn Sie Dynamics AX immer öfters verwenden, werden Sie herausfinden, dass Sie manchmal einige Funktionen aus einem Bereich des Systems nutzen, und dann wiederum andere Features aus einem anderen Bereich, um eine Aufgabe zu vollenden. Obgleich sich alles an einem logischen Platz befindet, würden Sie dennoch gerne über eine Möglichkeit verfügen, auf alles unmittelbar über ein Menü zuzugreifen. Das stellt kein wirkliches Problem dar. Sie können auf einfache Art und Weise Ihre eigenen Menügruppen erstellen, die mehrere Bereiche an einem Ort kombinieren, um den Zugriff auf Informationen zu vereinfachen.

Und Sie müssen auf keine Eingebung warten, um das Ganze lebendig werden zu lassen.

Erstelle Verbundmenüs, die Funktionen aus verschiedenen Bereichen kombinieren

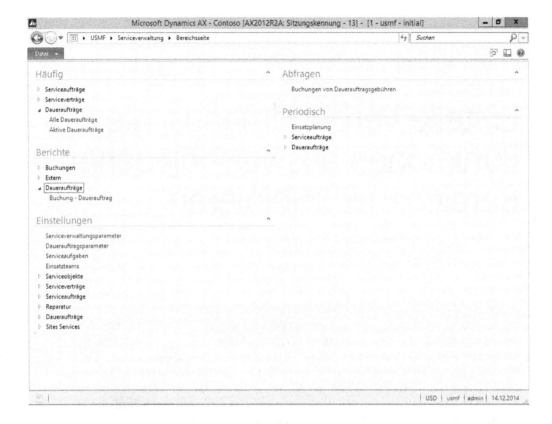

In diesem Beispiel wollen wir ein Menü erstellen, das zwei Bereiche in einem Menü zusammenführt. Das erste ist das Menü Serviceverwaltung.

Erstelle Verbundmenüs, die Funktionen aus verschiedenen Bereichen kombinieren

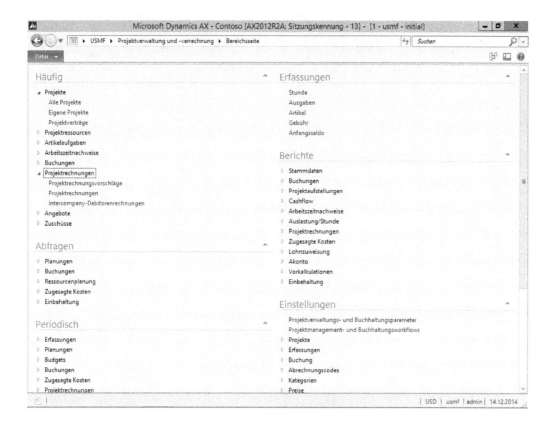

Und das zweite das Menü Projektverwaltung und –verrechnung.

Erstelle Verbundmenüs, die Funktionen aus verschiedenen Bereichen kombinieren

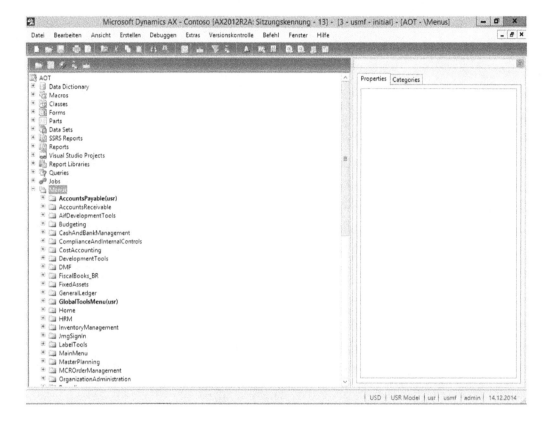

Öffnen Sie zuerst den AOT und erweitern Sie im Baum den Menüknoten.

Erstelle Verbundmenüs, die Funktionen aus verschiedenen Bereichen kombinieren

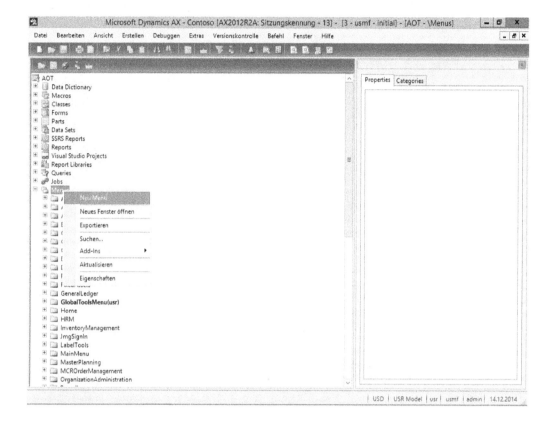

Klicken Sie auf den Knoten Menu die rechte Maustaste und wählen den Menüpunkt Neu Menu.

Erstelle Verbundmenüs, die Funktionen aus verschiedenen Bereichen kombinieren

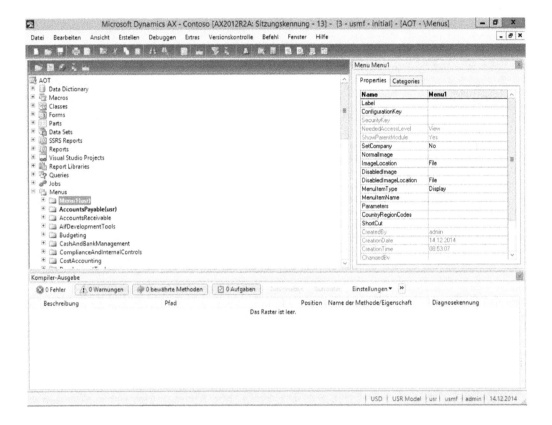

Das erstellt für Sie ein neues Menü.

Erstelle Verbundmenüs, die Funktionen aus verschiedenen Bereichen kombinieren

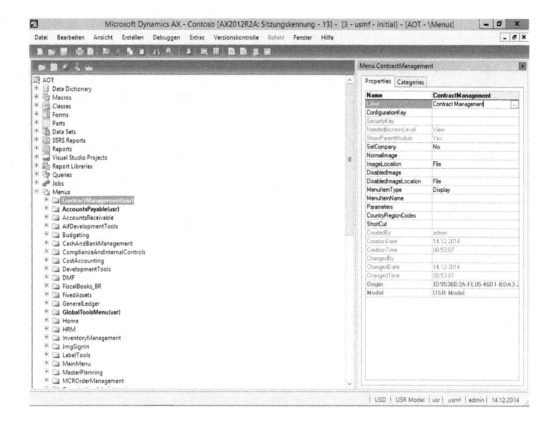

Im Panel Eigenschaften geben Sie Ihren Menü einen Namen und eine Bezeichnung (Label).

Erstelle Verbundmenüs, die Funktionen aus verschiedenen Bereichen kombinieren

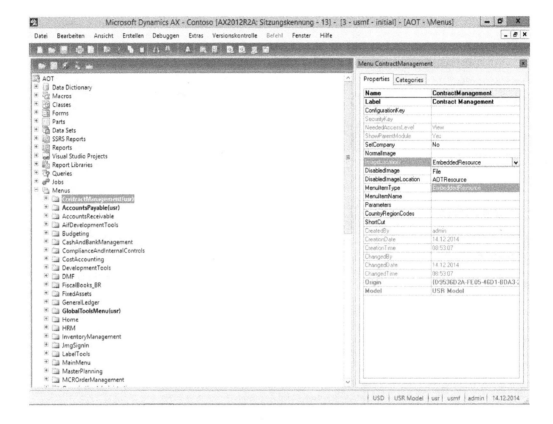

Damit dieses Menü wie die anderen aussieht, werden wir dem Menü ein Bildzeichen (Icon) zuweisen. Dazu wählen Sie im Feld ImageLocation Embedded Resource, so dass wir ein bereits existierendes Icon nutzen können.

Erstelle Verbundmenüs, die Funktionen aus verschiedenen Bereichen kombinieren

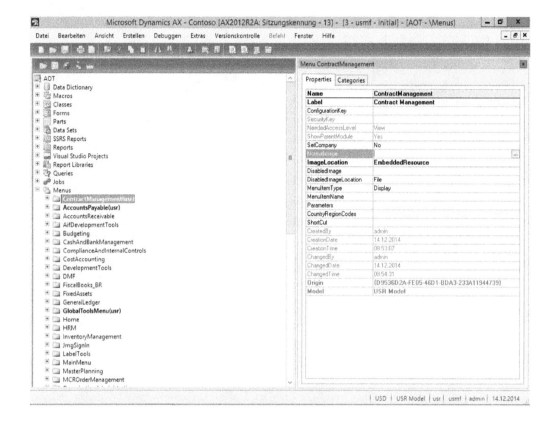

Dann wählen Sie das Feld NormalImage und klicken auf das ... Symbol rechts vom Feld.

Erstelle Verbundmenüs, die Funktionen aus verschiedenen Bereichen kombinieren

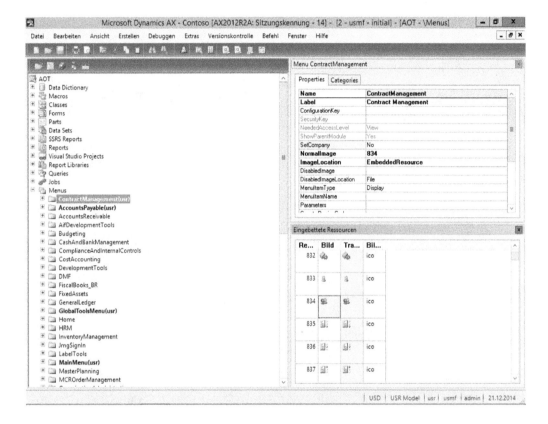

Daraufhin wird der Eingebettete Ressourcen Browser geöffnet, und Sie können nach unten scrollen, um das Icon zu finden, das Sie nutzen wollen. Kopieren Sie die Resource ID ins Feld NormalImage.

Erstelle Verbundmenüs, die Funktionen aus verschiedenen Bereichen kombinieren

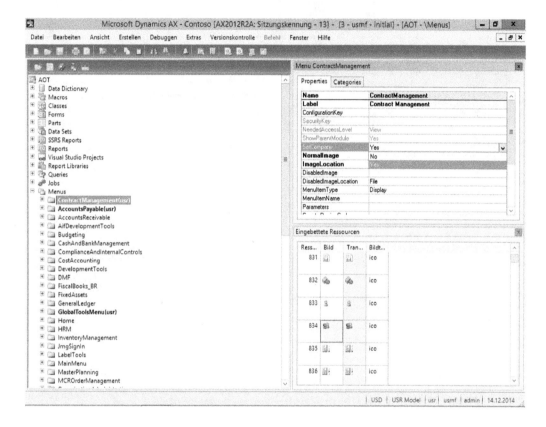

Außerdem tragen Sie im Feld SetCompany Yes ein.

Erstelle Verbundmenüs, die Funktionen aus verschiedenen Bereichen kombinieren

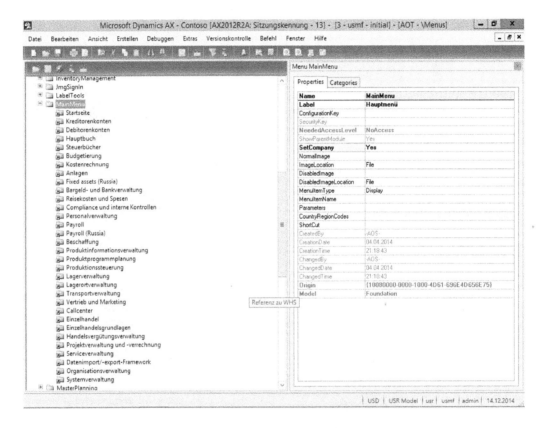

Jetzt wollen wir unser neues Menü den MainMenu hinzufügen. Dazu scrollen Sie nach unten in der Gruppe Menu und erweitern das Menü MainMenu.

Erstelle Verbundmenüs, die Funktionen aus verschiedenen Bereichen kombinieren

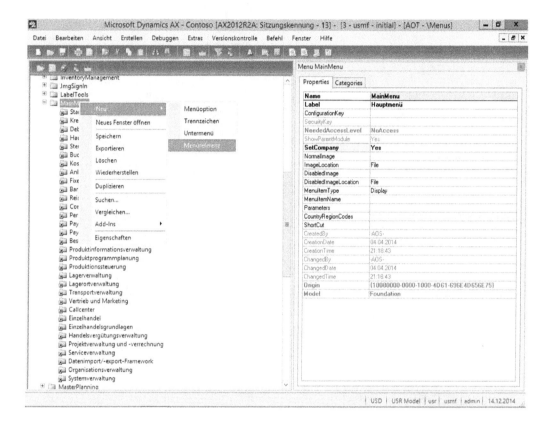

Auf dem Knoten MainMenu klicken Sie die rechte Maustaste, wählen Neu und dann den Menüpunkt Menüreferenz.

Erstelle Verbundmenüs, die Funktionen aus verschiedenen Bereichen kombinieren

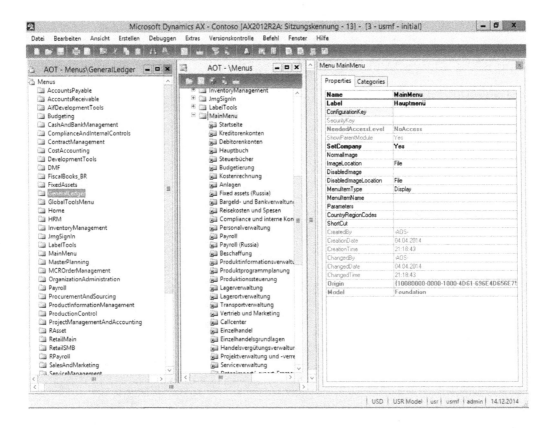

Daraufhin wird ein Panel mit Auswahlmenüs geöffnet.

Erstelle Verbundmenüs, die Funktionen aus verschiedenen Bereichen kombinieren

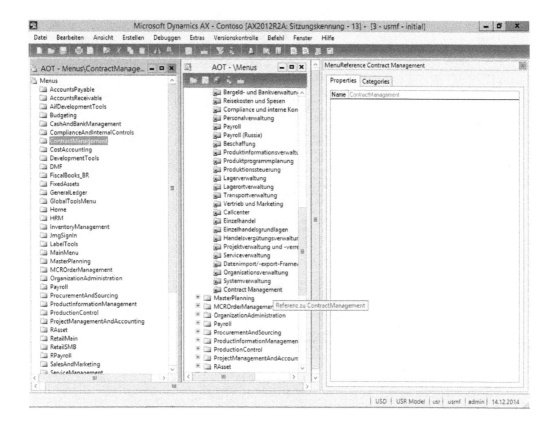

Sie müssen jetzt nur noch das neue Menü, das Sie erstellt haben, zum MainMenu hinüberziehen.

Erstelle Verbundmenüs, die Funktionen aus verschiedenen Bereichen kombinieren

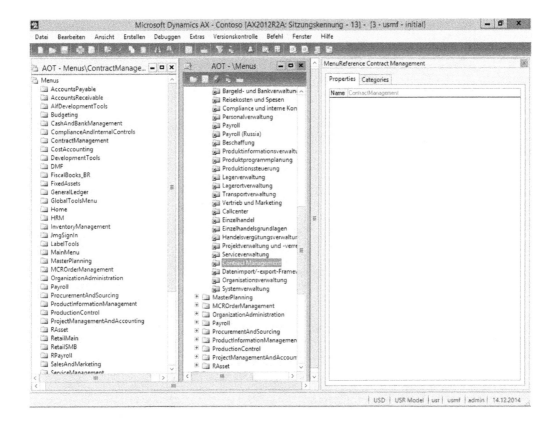

Das Menü wird am Fuß des Mainmenu eingefügt. Um die Reihenfolge neu anzuordnen, wählen Sie die Menüreferenz und bewegen das Menü mit ALT+PFEIL AUF in der Liste nach oben.

Erstelle Verbundmenüs, die Funktionen aus verschiedenen Bereichen kombinieren

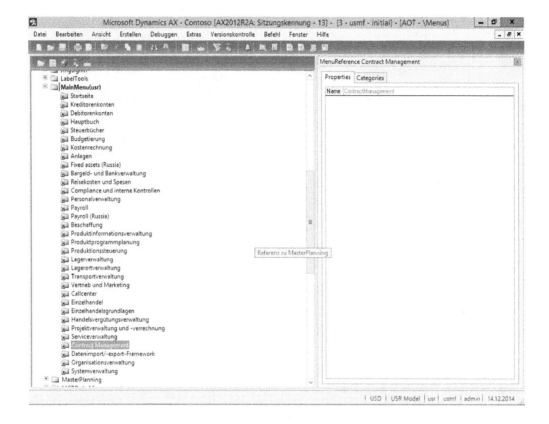

Dann schließen Sie die Menü-Auswahlliste.

Erstelle Verbundmenüs, die Funktionen aus verschiedenen Bereichen kombinieren

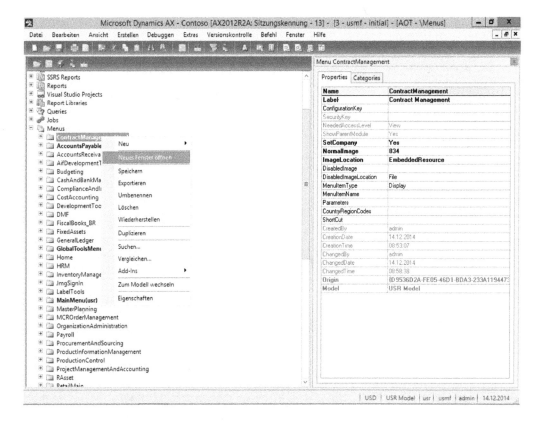

Als nächstes wollen wir die Untermenüs unserem Menü hinzufügen. Dazu klicken Sie auf dem neuen Menü die rechte Maustaste und wählen den Menüpunkt Neues Fenster Öffnen.

Erstelle Verbundmenüs, die Funktionen aus verschiedenen Bereichen kombinieren

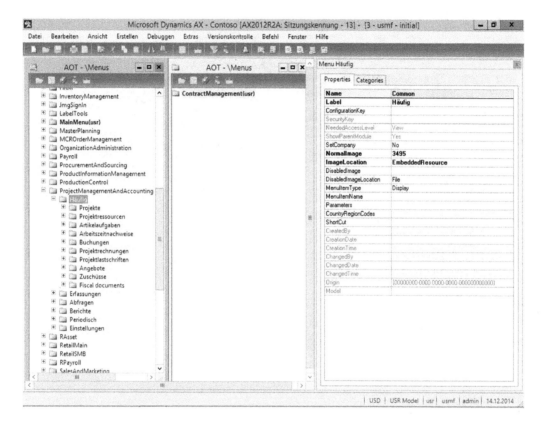

Für das Menü wird daraufhin eine neues Fenster erstellt, und Sie können die Fenster nebeneinander stellen, so dass Sie den Original-Explorer sehen und das Menüfenster, das Sie gerade erzeugt haben.

Erstelle Verbundmenüs, die Funktionen aus verschiedenen Bereichen kombinieren

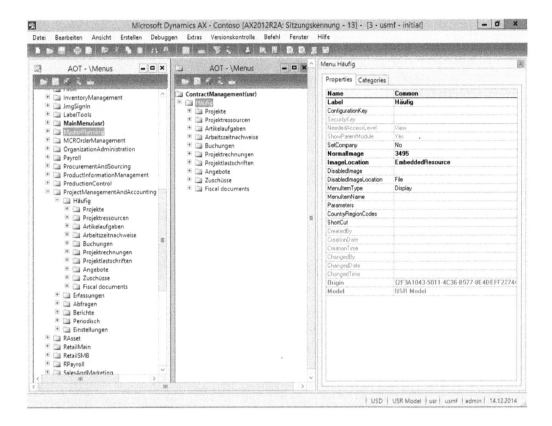

Erweitern Sie das Menü, von dem Sie Menüpunkte kopieren möchten, und dann ziehen Sie mit gedrückter CTRL-Taste (so dass Sie kopieren und nicht bewegen) das Untermenü, das Sie ins neue Menü übernehmen wollen, in das neue Menüfenster.

Erstelle Verbundmenüs, die Funktionen aus verschiedenen Bereichen kombinieren

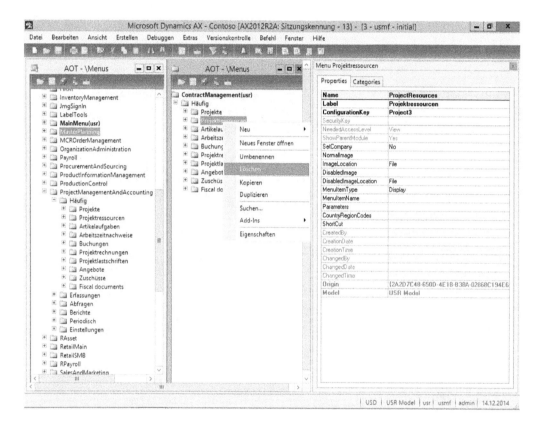

In diesem Fall benötigen wir nicht alle Unterordner innerhalb der Gruppe, deswegen löschen Sie alle, die Sie nicht brauchen. Das ist einfacher, als die Menüpunkte Schritt für Schritt zu kopieren.

Erstelle Verbundmenüs, die Funktionen aus verschiedenen Bereichen kombinieren

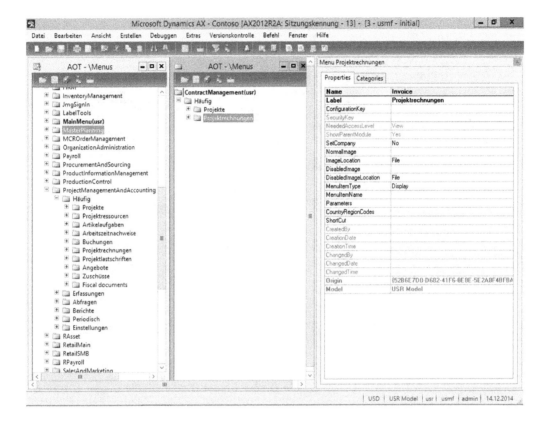

Nachdem Sie alle Menüpunkte, die Sie nicht benötigen, gelöscht haben, sollte Ihr Menü etwas schlanker aussehen.

Erstelle Verbundmenüs, die Funktionen aus verschiedenen Bereichen kombinieren

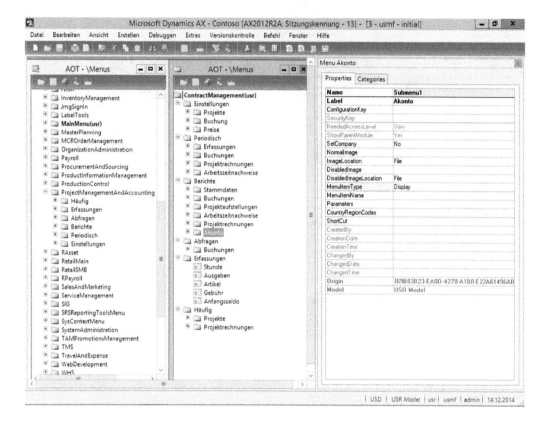

Wiederholen Sie den Vorgang für alle anderen Unter-Ordner des Menüs.

Erstelle Verbundmenüs, die Funktionen aus verschiedenen Bereichen kombinieren

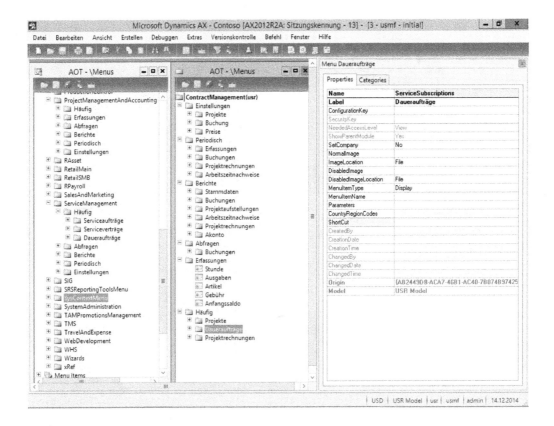

Jetzt erweitern Sie das zweite Menü, das Sie mit dem ersten kombinieren wollen, und wiederholen den Vorgang.

Erstelle Verbundmenüs, die Funktionen aus verschiedenen Bereichen kombinieren

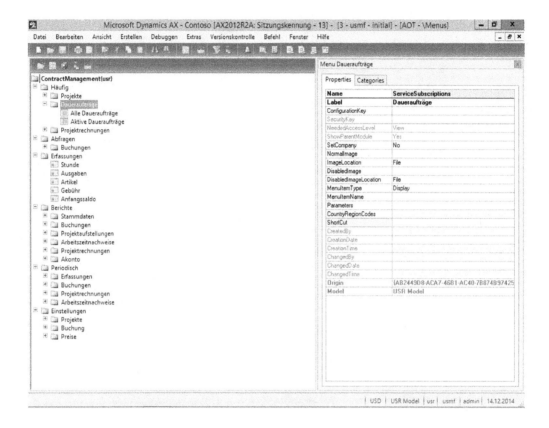

Nach ein paar Minuten sollten Sie ein neues zusammengesetztes Menü haben. Nach Neuanordnung der Menügruppen speichern Sie das Menü durch Drücken von CTRL+S.

Erstelle Verbundmenüs, die Funktionen aus verschiedenen Bereichen kombinieren

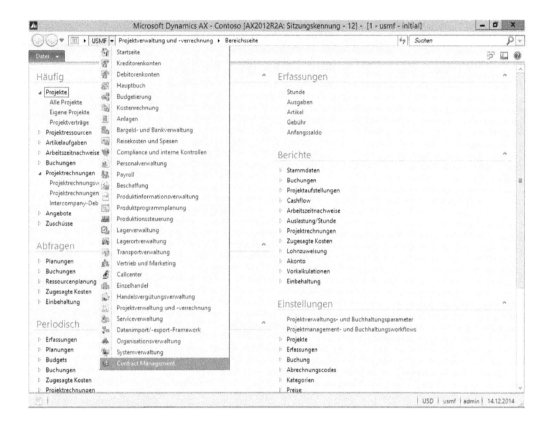

Wenn Sie sich das nächste Mal bei Dynamics AX anmelden, können Sie das neue Menü sehen.

Erstelle Verbundmenüs, die Funktionen aus verschiedenen Bereichen kombinieren

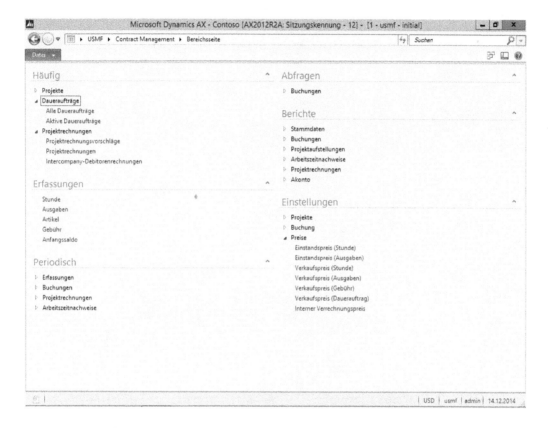

Und wenn Sie das Menü öffnen, können Sie all diejenigen Menüpunkte erkennen, die Sie einzig und alleine sehen wollen.

Jetzt verfüge ich über ein Contract Management Menü.

ZUSAMMENFASSUNG

Es gibt soviele Tricks & Tipps, aus denen Sie innerhalb Dynamics AX Ihren persönlichen Vorteil ziehen können, aber diejenigen, die wir mit Hilfe dieses Buchs aufgezeigt haben, sind schon ein guter Anfang.

Noch mehr Tips & Tricks Für Dynamics AX?

Die Tips & Tricks Serie ist eine Zusammenstellung all der coolen Dinge, die Sie innerhalb Dynamics AX nutzen können, und sie ist auch die Basis für meine Tips & Tricks Präsentationen, die ich für die AX Usergroup und Online zur Verfügung gestellt habe. Unglücklicherweise ist der Buchumfang auf maximal 50 Tips & Tricks begrenzt, aber ich werde jedesmal neue Bände auflegen, sobald die fünfziger Marke erreicht ist.

Das 1. Buch der Tips & Tricks Serie ist seit August 2014 als deutsche Ausgabe verfügbar.

Hier ist der Link, um weitere Details zu dieser Serie zu bekommen:

http://dynamicsaxcompanions.com/tipsandtricks

Mehr Hilfe für Dynamics AX?

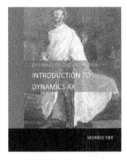 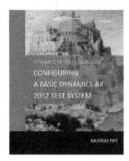  

Nach der Erstellung mehrerer Anweisungen auf SlideShare, wo ich aufgezeigt habe, wie die verschiedenen Bereiche innerhalb Dynamics AX konfiguriert werden, habe ich eine Menge Anfragen nach den Originaldokumenten bekommen, so dass die Leser einen besseren Blick auf viele meiner Bildschirmausdrucke bekommen und einen einfachen Verweis, wenn Sie denselben Vorgang in Ihrem eigenen System nachvollziehen möchten. Um den Zugriff zu erleichtern, werde ich Schritt für Schritt die Inhalte zur Dynamics AX Ratgeber-Webseite transferieren. Wenn Sie nach Details für die Konfiguration und Nutzung von Dynamics AX suchen, ist diese Webseite ein guter Ausgangspunkt für Sie.

Hier ist der Link für die Seite:

http://dynamicsaxcompanions.com/

Über den Autor

Murray Fife ist Microsoft Dynamics AX MVP mit über 20 Jahren Erfahrung in der Softwareindustrie.

Wie viele Leute in dieser Branche hat er als Entwickler, Consultant sowie Trainer gearbeitet. Augenblicklich verbringt er die meiste Zeit damit, Unternehmen bei der Lösung von Aufgabenstellungen im Zusammenhang mit Dynamics AX zu unterstützen.

EMAIL	murray@dynamicsaxcompanions.com
TWITTER	@murrayfife
SKYPE	murrayfife
AMAZON	www.amazon.com/author/murrayfife
WEB	www.dynamicsaxcompanions.com

Über den Übersetzer

Kurt Mekelburg verfügt ebenfalls über 20 Jahre Erfahrung in der Softwareindustrie. Seit einigen Jahren beschäftigt er sich vorrangig als technischer Consultant und Trainer mit Dynamics AX.